教育部人文社会科学重点研究基地
华东师范大学中国现代城市研究中心　主办

中国城市研究（第九辑）

宁越敏　主编

科学出版社

北　京

图书在版编目(CIP)数据

中国城市研究. 第九辑 / 宁越敏主编. —北京：科学出版社， 2016.12
ISBN 978-7-03-050384-8

Ⅰ. ①中… Ⅱ. ①宁… Ⅲ. ①城市发展－研究－中国 Ⅳ. ①F299.2

中国版本图书馆 CIP 数据核字（2016）第261960号

责任编辑：杨婵娟 / 责任校对：李 影
责任印制：徐晓晨 / 封面设计：黄华斌
编辑部电话：010-64035853
E-mail：houjunlin@mail. sciencep.com

科 学 出 版 社 出版
北京东黄城根北街 16 号
邮政编码：100717
http://www.sciencep.com

北京中石油彩色印刷有限责任公司 印刷
科学出版社发行 各地新华书店经销
＊
2016 年 12 月第 一 版 开本：720×1000 1/16
2017 年 4 月第二次印刷 印张：17 3/4
字数：357 000
定价：78.00元
（如有印装质量问题，我社负责调换）

目　录

城市社会与行为空间

近期西方城市发展理论回顾与论争

武前波　徐　伟

摘　要　对近十多年来以北美学者为代表的西方典型城市发展理论进行回顾，包括创意阶层与城市、消费型城市及智力 - 文化经济城市，分析了城市发展理论核心及其相互争论焦点。在 21 世纪知识经济发展背景下，城市增长究竟是根源于以人力资本为核心的城市设施环境氛围（amenities），还是来自于专业化集聚经济及劳动力市场供应，即是就业来源于人力资本，还是劳动力追随工作机会。同时，城市发展理论之争还表现在对区域发展和城市空间演变的不同解释，如美国冰雪带和阳光带的复兴与崛起。不同的城市理论框架主要来源于差异性的分析视角，如对个体或家庭行为选择的分析和对企业集聚经济演变的研究，这在中国城市理论建构时可以进行参考借鉴，并能够批判解读当前经济社会转型背景下创新型城市与区域的发展特征。

关键词　城市发展理论；知识经济；人力资本；消费型城市；集聚经济

1　引言

自 18 世纪后期开始的工业革命至 20 世纪 50 年代在西方发达国家达到顶峰，此后知识经济与服务业兴起，城市产业结构逐步转型，由此产生后工业社会理论（Bell，1973）。彼得·霍尔指出，20 世纪后期决定城市发展的主要影响因素有四个：第三产业化、信息化、新的劳动分工和全球化（Hall，1996）。艾伦·J. 斯科特认为，19 世纪的英国见证了传统工业城镇的形成和工人阶层的崛起，20 世纪的北美大都市孕育了福特主义的大批量生产系统，21 世纪则可以称为后福特

作者单位：武前波，浙江工业大学城市化协同创新中心、城市规划系、加拿大莱斯桥大学地理系；徐伟，加拿大莱斯桥大学地理系、华东师范大学中国现代城市研究中心。

主义或智力－文化经济时代（Scott，2007）。在此经济社会转型背景下，西方学者对城市增长（urban growth）理论做了诸多贡献，除了近期较热的世界 / 全球城市研究外，还出现了斯科特的智力－文化经济理论、佛罗里达的创意阶层概念（Florida，2002）及格莱泽的消费城市主张（Glaeser et al，2001），这些理论对知识经济时代城市发展具有重要的参考借鉴意义，能够揭示出新时期经济社会发展背景下的城市发展动力之源。

20 世纪以来我国城市也正在向以知识技术为核心的创新型经济转型，特别是以"北上广深"及各省会城市为代表的大都市区。近期国内学者通过引介西方城市研究的相关理论，针对国内案例做了大量经验性分析，在各个城市研究细分领域取得了较有影响力的成果，如创新型城市、创意城市、宜居城市等。但与国外理论成果相比，我们在城市增长本源（即究竟是何种因素在驱动城市发展）理论层面还缺少争鸣与突破，由此也影响了城市经验性分析的深度。本文拟在创新经济背景下对西方学者特别是北美学者提出的典型城市增长理论进行回顾与评述，以供新时期我国城市研究学者参考借鉴。

2　城市发展理论的相关回顾

2.1　理查德·佛罗里达的"创意城市"

简·雅各布斯较早提出创意城市的思想（Jacobs，1969，1984），主要针对创新型小规模手工艺术制作产业，其借鉴了萨贝尔（Sabel）对"第三意大利"产业发展的思考。这是一种集聚性专业化创新的经济形态，并在当时得到了广泛的探讨。随着西方经济社会的转型，后福特主义生产方式开始兴起，至 90 年代创意城市概念逐步流行，英国的格拉斯哥一度被称为欧洲文化之都。这也推动了文化创意城市相关政策报告的产生，成为西方发达国家很多城市关注的焦点。但是，创意的概念更多局限于文化艺术活动，创新则与制造业经济特别是高技术密集型产业紧密相连，当时相关学者更加强调正在崛起的后福特主义或弹性生产的理论分析框架，并对城市文化经济开展了深入探讨，如 21 世纪以理查德·佛罗里达和艾伦·J.斯科特为代表的展现不同视角的经济地理学者。基于 21 世纪全球经济社会转型的背景，知识经济开始占据新时期城市的主导地位，并推动了城市社区的复兴或新兴城市的崛起，生活环境日趋美化且具有消费性和娱乐性，促使相关学者认为正是这些优越的消费环境氛围驱动着城市经济增长。

佛罗里达早期开展过外资企业投资活动及风险资本与高技术产业组织方面的相关研究。他后来发现人力资本是推动城市与区域发展的关键要素，由此将创意阶层（creative class）概念应用于城市增长理论，认为那些能够提供高水平社区环境氛围（amenities）的城市将可以吸引更多的创意阶层入驻，进而推动城市经济的发展（Florida，2002）。同时，佛罗里达基于创意阶层概念提出了"3T"理论，即人才（talent）、技术（technology）、宽容（tolerance）成为支撑新时期创意城市的基本要素。他在回顾近十多年的创意阶层与经济发展研究时指出，由于受马科斯和熊彼特的技术、产业与经济演化学说，以及雅各布斯的地方、聚集与城市思想的启发，自己从企业或产业方面的研究转向对创意产生的地方本身的分析，而创意的概念建构不同于简单的知识、技术或创新，它广泛存在于不同类型、不同社会地位或不同职业的人群之中，并可以通过教育、工作、交流等方式得到提升。雅各布斯指出，企业能够提高效率，创新产生于地方（Jacobs，1984）；卢卡斯则提出人力资本的外部性概念（Lucas，1988），即由于创意阶层人群聚集在城市而推动经济的增长，这些正是创意阶层和创意城市的理论来源（Florida，2014）。尽管创意阶层理论不断受到相关学者的批判或质疑，但其对地方社区环境营造的关注显然具有较大的吸引力，得到了世界范围内各城市地方政府的大力倡导。

2.2 爱德华·格莱泽的"消费型城市"

过去、当前或未来的城市依赖于人口密度，那些生存下来且繁荣兴盛的城市，都具有显著的集聚效应或密度效应，这也是城市具有吸引力的关键因素。然而，当前大部分学者均将城市视为具有生产功能的集聚经济形态，忽略了城市拥有的消费功能，或将之作为负面的集聚效应。事实上，企业或个体在城市中获取的利润或收入越多，需要支付的地租或通勤成本往往也越高，但究竟是何种原因促使城市仍然在吸引人口聚集？针对当前信息技术经济的兴起和制造业的外迁，格莱泽认为，在未来城市发展过程中，随着居民或家庭日益富裕，生活质量将逐步成为特定区域具有吸引力的关键因素，人们将会把收入花费在使生活更愉悦的地方，而就业地点的约束力将会越来越弱。例如，美国人口向"阳光带"城市的迁移，是由于他们宁可承受较低的收入，也要享受宜人的气候及较低价格的住房；迁居纽约则与此相反，以相对不高的实际可支配收入换取大都市丰富的设施环境和高价格的住房（Glaeser，2001，2005）。

良好的城市生活氛围或设施环境主要包括四个方面，一是消费型服务或产品的多样性与丰裕度，诸如特色餐馆、咖啡馆、剧院、画廊、博物馆等消费设施，对教育水平较高且相对富裕的工作者吸引力较大；二是审美化的物质环境和温度适中的地点，如建筑风格与城市气候；三是良好的公共设施，高质量的学校和低犯罪率对接受过高等教育的就业者具有较强吸引力；四是可达性或移动速度，能够保证在较短的时间内上下班或享受到消费型设施服务。同时，格莱泽提出"三个均衡"机制理论来解释城市发展进程，即收入、人口和专业化可以通过自动调节机制推动城市经济增长（Glaeser，2007）。其中，人口多寡由开发商或建造者均衡机制来决定，人口数量、住房供给和土地开发相互制约；工资收入和就业岗位由企业均衡机制决定，其生产水平受技术因素影响，收入水平受到就业、人口增长乃至建造者机制的制约；个人或家庭对城市生活环境（amenities）的选择相对灵活，但受制于地方工资水平、人口压力及便利设施容量。上述三个循环均衡过程的交互作用构成了城市发展的结构性机制，并在不同区位或类型的城市中表现出来，由此可以解释美国东北部城市与"阳光带"城市的变迁过程。

2.3 艾伦·斯科特和迈克尔·斯托泼的"新经济城市"

斯科特对资本主义在19世纪、20世纪和21世纪的发展特征进行了阶段划分，认为当今世界已经进入"新经济"（new economy）发展时期，当代经济中增长和创新的前沿由诸如高技术产业、新工艺制造、商业、金融服务和文化产业等部门组成，它们共同组成了"新经济"。由此，斯科特提出了"智力-文化"（cognitive-cultural）经济概念，对当前资本主义城市化与城市增长进行了剖析。他认为学习、创意、创新是新时期经济形态的典型特征，正是这些集聚性专业化的经济形态，逐步吸引了多元性劳动力阶层的聚集，这也是"创意场"（creative field）理论的核心特征（Scott，1999）。"创意场"理论是20世纪斯科特针对创新型经济发展提出的基本概念，用于整合当时的各种创新产业空间理论，以分析当代资本主义"新经济"中创造活动的空间基础。他认为，创意场概念可用于描述任何塑造或影响人类聪明才智和创造力的社会关系系统，它构成了各种创新相伴发生的场所，表征由一系列产业活动和社会现象所组成的地理差异化的相互作用网络，这些相互作用网络产生了多样的创业和创新结果。若将创意场理论用在城市发展过程中，创意场就是城市社区增长的重要组织单位，其核心要素表现为各种技术密集、生产服务、文化创意的产业集群，即共享（sharing）、匹配（matching）和学习（learning）的集聚经济，这些成为城市经济增长的动力基础。同时，围绕这些集群的劳动力市场是各种创意的重要来源，而大都市区域有利于维持个体创意的产生，并可以保证社会文化空间及地方环境氛围的再生产（Scott，2014）。

斯托泼认为有四种要素在推动城市发展，即专业化（specialisation）、人力资本（human capital）、偶然事件（accidents）和制度（institutions）（Storper，2010，2013）。其中，专业化与集聚经济密切相关，后者有利于降低交易成本，实现劳动力市场共享和本地技术溢出，地理集聚与地方专业化有利于产生创新型活动，从而获取更高的利润，并能够促进进一步的技术创新。偶然事件对城市发展也比较重要，一旦有利于创新活动的事件在特定地方发生，就会产生循环累积因果效应，进而促使技术创新、企业家精神萌生及集聚经济的形成。人力资本或技术对城市发展至关重要，特定类型的专业化集聚经济将会吸引相应的人力资本聚集，而非相反的由人才招徕进而形成集聚经济，这样能够形成具有特定产业功能的城市。在制度影响因素方面，除了正式的政策性体制对城市的市场、投资、创新等产生作用之外，以私人机构或个体所构成的行动者网络也会塑造城市经济形态，如城市商业或社会精英网络，以及非精英组织团体，这些要素有利于激发企业家精神，进而调动起知识、资本及人力资本的循环流动，促进城市创新活动的产生，并能够影响政策性制度或行动计划的制定，成为连接地方社区与城市政府的沟通桥梁。

3 城市发展理论的相互争论

3.1 城市发展的动力之源

创意城市或消费城市的理论核心在于如何塑造城市设施环境吸引高水平的人力资本，进而推动城市的复兴或发展；新经济城市理论则聚焦于智力 - 文化经济或创新型产业的培育，及由此吸引高层次人力资本及相关各类劳动力阶层的入驻。尽管上述理论的产生背景均是 21 世纪以来蓬勃发展的创新经济，但关于城市发展动力之源的相互争论却持续存在，这也并非是简单的"鸡"与"蛋"的关系。斯托泼和曼维尔（Manville）从个人行为与偏好的视角探讨了城市增长理论，认为以知识为基础的集聚经济和城市兴起关系更为密切，城市衰落并非由于产业外迁而是因为地方新兴产业没有得到培育，创意阶层将会追随具有生命力的公司或企业，这些创新企业集聚的地方一般都会拥有优越的审美化消费环境，进而吸引更多的高层次人力资本聚集。同时，他们指出由于各类产业集群劳动力市场的重要性，人们更愿意待在工作机会最多的大都市区域，进而推动各种便利设施与消费环境氛围的出现，郊区化现象也是由于便利的私人交通方式，能够保证短时间内享受到各类设施，那些年轻并受到良好教育的人群首先要选择能够提供高收入就业机会的城市社区，进而才会去尽力满足自身的各类设施消费需求，曼哈顿、奥兰多、硅谷等地区无不如此（Storper and Manville，2006）。

佛罗里达认为社区设施环境能够影响区域增长与发展，城市的开放性、包容性和生活便利设施有利于吸引创意群体，如 Clark 等将城市解释为"娱乐机器"（entertainment machine），可以为居民提供丰富多彩的娱乐休闲、夜生活及消费文化（Clark et al. 2002）。佛罗里达等不同意就业机会或预期高收入影响人力资本迁移的传统经济学观点，他们的经验分析表明，审美化的优良环境（beauty and aesthetics）是城市社区满意度的关键因素，生活设施氛围在城市与区域发展过程中发挥了重要的作用，如稳固的经济基础、高质量的教育设施和良好的社区关系网络（Florida et al，2011）。同时，他们通过美国 50 个州的 28 000 个样本调查发现，在影响人们迁移及入驻城市社区的主要因素中，完美且自然（beauty and physical）的地点（place）需求因素（如户外空间、娱乐设施、文化设施及社会关系等），胜于城市社区的经济环境状况和个体特征（如就业机会、收入、技能或年龄）。究其原因，在经济与心理两种不同影响因素中，人们愿意以高成本支出甚至低收入预期，来换取高质量的生活环境或高价位的住房，而社区环境设施缺乏的地区会促使人们逐步迁出（Mellander et al. 2011）。

3.2 城市化与区域发展

格莱泽在阐述消费型城市时，将美国城市划分为三个等级或类型（Glaeser et al，2001）：一是复兴后的高密度城市，如纽约、旧金山、波士顿、芝加哥、匹兹堡及其他类似城市，这类城市均具有蓬勃发展的信息经济产业，以及高水平的人力资本，同时拥有传统历史文化的建筑环境，并能够提供丰富多元的消费设施及活动，尽管人口数量没有显著增长，但以高技能、知识型与高收入为核心的人口结构却在浮现，这从城市住房密度的增加和绅士化进程中可以表现出来，与之相近的欧洲城市也是如此，包括伦敦、巴黎、巴塞罗那等。二是传统高密度且没有实质性变化的城市（如底特律、费城和圣路易斯），该类城市地产价格较低，传统产业日趋没落，人力资本水平不高，如工业革命后英国北部的曼彻斯特也如此，其城市物质环境建设明显滞后，也不具备维也纳或爱丁堡之类城市的政治资本，难以提供相对占优的消费型服务设施。三是低密度的边缘城市或汽车城市，如洛杉矶，这类城市尽管缺少政府机构的强力干预，但呈现出良好的发展势头，其分散化的就业中心削减了通勤成本，类似的还有澳大利亚和新西兰的城市蔓延发展模式，欧洲的边缘城市则受制于燃油税和公共交通补贴而缺少吸引力。同时，格莱泽认为当前社会进入消费城市时代，技术、气候环境及设施条件是城市增长的关键要素，"冰雪带"城市更需要提供高质量的生活环境设施，"阳光带"城市的崛起在于高技能（skills）、温暖的气候（sunshine）及郊区化或蔓延化（sprawl）的私人交通生活方式，或称之为"3S"理论（Glaeser，2005）。

斯托泼和斯科特对格莱泽的城市与区域发展观点进行了批判。其中，斯托泼（Storper，2010）指出，格莱泽的"三个均衡"机制理论可以解释完全不同的两种类型区域，如"高工资、高技术与住房短缺"型城市和"低工资、低级术与住房充裕"型城市，但无法解释相同区位或类型的城市发展过程，如旧金山和洛杉矶。美国阳光带的崛起也并非是东北部人口或产业转移的结果。同时，尽管新经济地理模型（NEG）提出集聚经济是城市与区域发展动力之源，但该理论仅能够描述一般性城市与区域发展过程，却无法阐释特定城市或区域的专业化集群现象。斯托泼和斯科特认为，高收入和高成本的城市能够实现持续性增长，是由于规模化集聚经济内部保持着一种高水平的协同效应，包括在产品、服务与技术方面的创新能力，促使单位交易成本下降，而外部市场更易于获取（Storper and Scott，2009）。尽管人力资本及其技能是城市增长不可缺少的要素，但他们不可能成为加速区域经济发展的独立变量。在美国"冰雪带"城市和"阳光带"城市此消彼长的过程中，20世纪六七十年代加利福尼亚州戏剧性地崛起了以新经济为特征的高技术生产中心，这是由于东北部城市的传统福特制生产体系遭遇危机，以及南部"阳光带"城市迎来了"区位机会窗口"（the window of locational opportunity）（Scott and Storper，1987）。新一轮专业化集群经济不但出现在高技术产业领域，同时也兴起于远离传统大规模生产为核心逻辑的其他行业内，并有选择地产生在"阳光带"城市，以及美国东北部中心城市（如纽约、波士顿和芝加哥），包括新技术、金融、媒体和时尚等产业，进而提供高收入的就业机会和高水平的设施环境。

3.3 城市空间重构现象

针对知识经济的资本主义全球化现象，斯科特认为当前世界正在进入以智力－文化资本主义为基础的第三次城市化浪潮，北美、西欧、亚太地区越来越多的大城市纷纷加入该发展潮流，甚至许多小城市乃至乡村地区也正在发生智力－文化经济转型（Scott，2014）。智力－文化生产系统趋向于集中在高密度的地方产业集群，包括高新技术、生产服务、艺术化制作、文化生产等，以保证企业外部网络交流、劳动力市场供应及地方化学习，由此对城市空间结构产生重塑作用。例如，城市边缘、核心区乃至外围地带的"中产阶层化"（gentrification）现象，促使传统工业、商业区转型升级，进而为智力－文化经济提供高水平的生产与消费活动空间。智力－文化经济生产系统吸引了大量创意文化阶层，以学习、创意、创新为典型特征，同时也容纳了大量低收入和低技能工作者，这些主要为来自于发展中国家和地区的外来劳动力，由此产生了劳动力市场分化和社会空间分异（Scott，2007）。例如，沙森曾系统阐述过全球城市生产服务行业中的低收入劳动者社会空间分异问题（沙森，2001）。

格莱泽比较赞赏全球资本主义背景下高密度城市的蓬勃发展，他在《城市的胜利》中指出，城市的胜利是 21 世纪人类发展的密码，这是由于城市属于高水平生产力、财富、社会流动、创新、互容、个体自由乃至环境可持续发展的重要源泉。他认为纽约、伦敦中心城市的蓬勃发展，是人们追求休闲、消费和社交的结果，如伦敦、纽约可称为豪华的娱乐胜地。他建议全球城市参考香港的发展模式，增加核心区建筑物密度，如巴黎核心区可以建造摩天大楼，实现向香港或纽约曼哈顿的城市空间转型。针对大都市区社会空间分异或贫民窟现象，格莱泽认为这也是城市胜利的象征，此类灰色过渡空间可以成为外来低收入移民阶层向城市中上等收入阶层转换的生活场所（Glaeser，2011）。斯托泼和斯科特分别撰文对《城市的胜利》做相关书评，其中，斯托泼认为，该书过于强调个体或家庭迁移与择居的行为分析，忽视了迁移目的地所在城市及其企业或公司机构的兴衰演变，如伦敦或纽约中心区的兴盛源于以金融为核心的相关产业集聚，巴黎核心区属于西方市场经济背景下比较成功的社会空间构建典范，要优于伦敦或纽约核心区的市场经济自由主义发展模式，即使是作者推崇的高密度城市空间重塑典范的香港，也催生了日常通勤距离较远且有大量底层居民生活的外围新市镇（Storper，2011）。斯科特则批评了该书仅仅将城市作为资本主义生产系统的动力引擎，而忽视了城市社会空间的不公平现象及资本主义本质原因（Scott，2012）。

4 理论评述与启示

21 世纪以来以知识、技术为核心的创新经济席卷全球，对城市与区域的经济社会及其空间形态产生重塑作用，对此国内外不同领域的学者已经形成共识，但针对城市发展动力之源的探讨仍然处于相互争论之中。本文中所提及的相关内容属于部分典型观点，如佛罗里达侧重于人力资本与创意阶层的视角，格莱泽关注个体或家庭的选择行为，斯科特和斯托泼采用经济地理或企业地理的分析范式，相关研究都发表在西方社会科学主流刊物，并引起了欧美及亚洲相关学者的引介或验证分析，成果反响较大（Freire-Gibb and Nielsen，2014；Leslie and Brail，2011；McGranahan et al. 2011；Niedomysl and Hansen，2010）。究其实质，近期西方城市增长理论争论的焦点主要表现在究竟是工作机会吸引外来劳动力的集聚，还是城市环境氛围影响了人力资本或创意阶层的迁移。

事实上，针对不同地区或不同发展阶段的城市与区域，以上相关研究均具有一定的参考借鉴意义。一是格莱泽倾向从个人或家庭的迁移择居视角进行分析，认为城市发展是由于个体或家庭区位选择的结果，即人们为了追求高质量的生活水平和生活环境，重点关注设施环境、住房价格、收入三个主要变量。斯科特和斯托泼注重企业或公司机构的成长或选址视角，认为城市的崛起或复兴在于企业或公司与劳动力市场的相互供求关系，由此可以形成专业化集聚经济。二是相关理论学说均是面对由知识经济驱动的城市增长模式，这与传统资源或资本驱动模式有显著的区别，正如迈克尔·波特将区域发展阶段划分为四个时期（要素驱动、投资驱动、创新驱动和财富驱动），斯科特和斯托泼相对关注城市增长在不同时期的相互连贯性，具有明显的以生产为核心的导向，佛罗里达和格莱泽重点阐释创新型或财富型城市增长模式，具有显著的以消费为核心的倾向，上述学者也均承认了人力资本、技术在城市发展过程中的重要作用。

例如，斯托泼和斯科特在重新评价人力资本、创造力和城市增长的关系中指出，并非完全否定良好城市设施环境的影响作用，而这些仅是城市经济发展的结果，个人的区位选择确实具有一定的偏好，如温暖的气候、完美的设施、安全的社区等，但这些只能够发生在新经济崛起之后，20 世纪 50～60 年代的硅谷仅有数量很少的小规模创新公司及其员工，洛杉矶在 1905～1915 年也仅是小规模的临时性媒体产业集群，随着专业化集群的逐步增长，才产生了各类工程师、演员、金融分析师等创意群体的集聚，并提醒要慎重运用卢卡斯和雅各布斯的理论观点（Storper and Scott，2009；Scott，2012）。所以，如何恰当地批判或借鉴这些分析视角、模式及方法，将是今后开展相关研究的重点所在。

首先，在城市发展理论构建方面，无论是采用人力资本、个体或家庭的分析视角，还是运用经济地理及劳动分工的理论范式，他们都选择了微观个体单元，将之作为城市发展的核心要素，探索其内在的运行机制及其影响因素，形成相对独特的分析框架。同时，在理论探讨和经验分析方面，也形成一定的相互争论，由此才推动城市理论框架的日益完善。佛罗里达等曾基于人力资本视角对中国传统经济向知识经济的转型过程进行分析，研究发现，尽管人力资本、大学及宽容的环境（tolerance）之间有一定的相互影响，但中国城市与区域经济的表现似乎与人才、技术无关，这将意味着当前的知识经济转型面临着相应的困境（Florida et al. 2012）。林初升则撰文对佛罗里达的相关研究进行批判，认为上述分析忽略了土地和资本的影响作用，尽管这些要素在发达国家被认为理所当然，但这却是中国大都市发展与转型的重要动力，政治经济背景下的土地商品化要高于人力资本或新技术的影响力，中国城市与区域发展既不完全归功于内在的集聚经济，也不是全球新自由主义市场力量干扰的结果，中国城市化理论构建将需要超越欧美理论范式适用区（Lin，2014）。目前，在中国城市化研究中已经有此方面的理论建构，其成果影响力也相对较大（宁越敏，1998；张庭伟，2001；Wu，2003；Wei，2005），也有学者开始采用企业家或创业精神来剖析国内外城市与区域发展进程（Glaeser et al. 2010；Freire-Gibb and Nielsen，2014；李志刚，2015）。

其次，在城市发展实践过程中，当前我国的确处于上述理论模式的验证过程中，其理论观点和研究方式还需要有选择地进行参考借鉴。最新人口普查数据显示，2010年以后我国大城市人口增长开始进入转型期，由外来劳动力的快速增加转变为城市人口的增长滞缓，成为影响城市经济运行和房地产市场价格的重要因素，这也意味着以土地资本化为核心的城市化进程将会日趋减弱，"大众创业、万众创新"的政策号召成为各级地方政府积极践行的发展目标。例如，杭州由之前的年均新增人口18万递减为3万～4万，上海的外来人口开始出现小幅度缩减，北京、广州、深圳的新增人口也出现了一定程度的萎缩，其他大中城市基本处于人口增长停滞状态（李晓江等，2014）。在此背景下，如何积极营造良好的城市社区环境，加快培育创新型经济集群，努力吸引知识型企业机构或人力资本入驻，无疑具有较强的现实意义。上述城市发展理论将会为我们提供相关的研究启示，这也将避免我国的创新城市或宜居城市研究陷入传统的宏观格局分布与竞争力排名的误区，而是要着眼于人力资本、劳动力市场或专业化集聚经济的微观单元视角，来探讨创新型城市和理想生活社区构建的内在机制及其影响因素。

最后，上述相关城市理论有利于评估当前我国区域发展与大都市空间格局。一是在过去 20 多年内我国相继实施了西部大开发和东北及重工业城市振兴的发展战略，其实施绩效褒贬不一，近期李克强总理提出能否突破胡焕庸人口分界线的问题，若参考西方学者对美国"冰雪带"城市和"阳光带"城市发展的相关争论，从中可以发现美国中西部的崛起及东北部传统工业城市的复兴，并不完全在于人口、产业、资本或基础设施的外部输入，更多依靠的是知识经济背景下城市与区域内部专业化特色集聚经济的培育。二是近十多年来我国大都市城市化进程发展较快，出现了明显的城市空间重构与社会分异现象，从大都市核心区到外围乡村均纳入了资本或消费驱动的范畴，斯科特对大都市"绅士化"现象的解释及佛罗里达或格莱泽的设施环境驱动理论，无疑为我们理解新时期城乡发展格局提供了相应的分析视角。同时，尽管可以认同格莱泽所推崇的高密度大都市发展模式，以及国外贫民区或国内城中村存在的合理性，即为外来移民提供低成本的居住空间，但针对所出现的中低收入群体的社会问题，仍然需要参考斯科特的相关建议（Scott，2012），积极借鉴地理学家和社会学家的有关理论，包括列斐伏尔、哈维、卡斯特等（Castells，1978；Harvey，1985；Lefebvre，1991），给予中国大都市社会结构更多的关注，以及外来低收入移民阶层更多的关怀，以避免陷入大都市分裂的二元结构发展格局。

致谢

本研究获得国家自然科学基金项目（41201165）、教育部人文社会科学研究规划基金项目（16YJAZH063）、浙江省自然科学基金项目（LY16D010008）、浙江省哲学社会科学规划课题（16NDJC211YB）和上海高校特聘教授（东方学者）岗位计划联合资助。

参考文献

李晓江，尹强，张娟．2014.《中国城镇化道路、模式与政策》研究报告综述．城市规划学刊，（2）：1-10.

李志刚 . 2015. 创业精神与郊区转型——以珠三角为例 . 国际城市规划, 30（6）: 34-40.

宁越敏 . 1998. 新城市化进程——90 年代中国城市化动力机制和特点探讨 . 地理学报, 53（5）: 470-477.

沙森 S. 2001. 全球城市: 纽约、伦敦、东京 . 周振华译 . 上海: 上海社会科学院出版社 .

张庭伟 . 2001. 1990 年代中国城市空间结构的变化及其动力机制 . 城市规划, 25（7）: 7-14.

Bell D. 1973. The Coming of Post-Industrial Society: A Venture in Social Forecasting. New York: Basic Books.

Castells M. 1978. City, Class and Power. New York: St Martin Press.

Clark T N, Lloyd R, Wong K K, et al. 2002. Amenities drive urban growth. Journal of Urban Affairs, 24: 493-515.

Florida R. 2002. The Rise of the Creative Class. New York: Basic Books.

Florida R. 2014. The creative class and economic development. Economic Development Quarterly, 28（3）: 196-205.

Florida R, Mellander C, Stolarick K. 2011. Beautiful places: The role of perceived aesthetic beauty in community satisfaction. Regional Studies, 45（1）: 33-48.

Florida R, Mellander C, Qian H. 2012. China's development disconnect. Environment and Planning A, 44: 628-648.

Freire-Gibb L C, Nielsen K. 2014. Entrepreneurship within urban and rural areas: Creative people and social networks. Regional Studies, 48（1）: 139-153.

Glaeser E L. 2005. Smart Growth: Education, Skilled Workers and the Future of Cold-Weather Cities. Cambridge, MA: Harvard University, Kennedy School, Policy Brief PB-2005-1.

Glaeser E L. 2011. Triumph of the City: How Our Greatest Invention Makes Us Richer, Smarter, Greener, Healthier, and Happier. London: Macmillan.

Glaeser E L, Tobio K. 2007. The Rise of the Sunbelt. NBER Working Paper 13071, Cambridge, MA.

Glaeser E L, Kolko J, Saiz A. 2001. Consumer city. Journal of Economic Geography,（1）: 27-50.

Glaeser E L, Rosenthal S S, Strange W C. 2010. Urban economics and entrepreneurship. Journal of Urban Economics, 67（1）: 1-14.

Hall P. 1996. The global city. International Social Science Journal, 48（1）: 15-23.

Harvey D. 1985. The Urbanization of Capital. Oxford: Blackwell.

Jacobs J. 1969. The Economy of Cities. New York: Vintage.

Jacobs J. 1984. Cities and the Wealth of Nations: Principles of Economic Life. New York, NY: Random House.

Lefebvre H. 1991. The Production of Space（Translated by D.Nicholson Smith）.Oxford: Blackwell.

Leslie D, Brail S. 2011. The productive role of "quality of place": A case study of fashion designers in Toronto. Environment and Planning A, 43: 2900-2917.

Lin G C S. 2014. China's landed urbanization: Neoliberalizing politics, land commodification, and municipal finance in the growth of metropolises. Environment and Planning A, 46: 1814-1835.

Lucas R. 1988. On the mechanics of economic development. Journal of Monetary Economics, 22（1）: 3-24.

McGranahan D A, Wojan T R, Lambert D M. 2011. The rural growth trifecta: Outdoor amenities, creative class and entrepreneurial context. Journal of Economic Geography, （11）: 529-557.

Mellander C, Florida R, Stolarick K. 2011. Here to stay—The effects of community satisfaction on the decision to stay. Spatial Economic Analysis, 6（1）: 5-24.

Niedomysl T, Hansen H K. 2010. What matters more for the decision to move: Jobs versus amenities. Environment and Planning A, 42: 1636-1649.

Scott A J. 1999. The cultural economy: Geography and the creative field. Culture, Media and Society, 21: 807-817.

Scott A J. 2007. Capitalism and urbanization in a new key? The cognitive-cultural dimension. Social Forces, 85（4）: 1465-1482.

Scott A J. 2012. Book reviews: Triumph of the city. Economic Geography, 88（1）: 97-100.

Scott A J. 2014. Beyond the creative city: Cognitive-cultural capitalism and the new urbanism. Regional Studies, 48（4）: 565-578.

Scott A J, Storper M. 1987. High technology industry and regional development: A theoretical critique and reconstruction. International Social Science Journal, 112: 215-232.

Storper M. 2010. Why does a city grow? Specialisation, human capital or institutions? Urban Studies, 47（10）: 2027-2050.

Storper M. 2011. Book reviews: Triumph of the city. Journal of Economic Geography, （11）: 1079-1082.

Storper M. 2013. Keys to the City: How Economics, Institutions, Social Interaction, and Politics Shape Development. Princeton and Oxford: Princeton University Press.

Storper M, Manville M. 2006. Behaviour, preferences and cities: Urban theory and urban resurgence. Urban Studies, 43（8）: 1247-1274.

Storper M, Scott A J. 2009. Rethinking human capital, creativity and urban growth. Journal of Economic Geography, （9）: 147-167.

Wei Y D. 2005. Planning Chinese cities: The limits of transitional institutions. Urban Geography, 26: 200-221.

Wu F L. 2003. The（Post-）socialist entrepreneurial city as a state project: Shanghai reglobalisation in question. Urban Studies, 40（9）: 1673-1698.

Review and Debate of Theories of Urban Growth：
Based on Knowledge Economy in North America

Wu Qian-bo[1, 2], Xu Wei[2, 3]

（1. Department of Urban planning Zhejiang University of Technology，Hangzhou 310014，China；2. Department of Geography，University of Lethbridge，Lethbridge3T1K3M4，Canada；3. The Center for Modern Chinese City Studies，East China Normal University，Shanghai 200062，China）

Abstract　Based on the knowledge economy in the 21st century，the paper reviews the typical theories of urban growth including of creative class，consumer city and new economic cities. It analyzes the theoretical core and the focus of debate about urban growth，argued to be rooted in human capital and amenities or to be driven by specialized agglomeration of new economy and supply-side of labor market. In essence，the theoretical debate in theorizing urban economy is about whether jobs follow people or people follow jobs. At the same time，the debate of urban growth also includes in regional development and the evolution of urban space，such as resurgence and the rise of Snow Belt and Sun Belt in America. Varying ways of theorizing urban growth are often associated with different analytical perspectives，focusing either on household location choice or on the evolution of firms. The revealed analytical perspectives can be a reference point for the development of Chinese urban theories and the analysis of urban and regional development in the context of emerging knowledge-economy.

Keywords　urban growth；amenities；human capital；consumer city；agglomeration economy

后金融危机时代新白领的出现及其边缘化

刘春卉　吴启焰　朱喜钢

摘　要　新自由主义全球化实践不仅激发了全球经济活动的结构性调整，也加剧了社会极化与空间隔离。尤其重要的是，2008 年的金融危机不仅对全球蓝领产业工人产生难以逆转的压力，也导致高等学校毕业生这一城市白领阶层的亚群体——"新白领"日趋边缘化。本文以南京为研究区域，指出新白领面临文凭贬值与结构性就业危机的双重困境，而新自由主义城市政策与金融危机及其后续效应将不可避免地影响其日常生活乃至文化生产与社会再生产，最终导致其社会经济地位的边缘化与阶层建构路径的异化。

关键词　新白领；边缘化；后金融危机时代

1 引言

20 世纪 80 年代开始，全球范围内蔓延的新自由主义及全球化加剧了社会极化与空间隔离（Gu and shen, 2003；Rodríguezet al., 2003）。经济合作与发展组织（OECD）大部分国家的基尼系数（Gini index）在新自由主义改革之后都显著提高：美国与英国分别从 1985 年的 0.340 与 0.309 提高至 2010 年的 0.380 与 0.341（OECD, 2015）。发展中国家则更为明显：中国从 1984 年的 0.277 增长至 2010 年的 0.421，印度则从 1985 年的 0.311 增长至 2010 年的 0.339（World Bank, 2015）。因此，弗里德曼（Friedmann）认为新自由主义改革是"中产阶层

作者单位：刘春卉，南京大学地理与海洋科学学院；吴启焰，华东师范大学中国现代城市研究中心；朱喜钢，南京大学城市与区域规划系。

快速衰落的一次结构性调整"（Friedmann，1986）。2008 年全球金融危机作为新自由主义经济模式固有矛盾的集中爆发，使得中产阶层（middle class）进一步萎缩（Foster and Wolfson，2009）。同时，这一危机也不可避免地波及那些刚从高等学校毕业的青年人。他们作为未来中产阶层的"后备"，与中产阶层类似，"社会与经济地位极大依赖于他们的教育"（Ehrenreich，1989），只是相对于现有中产阶层来说，他们更为年轻，经济资本与社会资本也更为薄弱。因此，相对其"前辈"，他们在危机面前也更显"弱势"。

事实上，2008 年金融危机以来，全球范围内有将近 2.9 亿的青年人成为尼特族（NEET）[①]，他们既不在接受教育，也不在工作或培训——换言之，全球将近 1/4 的年轻人处于"停滞"（inactive）状态（The Economist，2013）。此外，2013 年全球有 7000 余万青年人失业，占全球失业人口的 40%。同年，有 2.3 亿青年人虽然有工作，但是日薪低于 2 美元——被世界劳工组织（ILO）认定为"工作贫困"（working poor）（ILO，2014）。由此，OECD 的一份研究报告认为，贫困问题呈现出年轻化趋势（OECD，2014）。

在青年就业困难与贫困的问题上，中国同样不乐观。1999 年大学扩招以来，大学毕业生从 2001 年的 114 万人增长至 2014 年的 727 万人。急速增长的高校毕业生加剧了就业竞争，使毕业生失业与就业困难的问题更显突出（Bai，2006）。根据麦可思（Mycos Institute）的统计报告，从 2008 年开始，各类高校毕业生半年内获得全职工作的比例不断降低［图 1（a）］。为了应对这一危机，教育部又将扩招的政策推向了研究生与博士生教育，从 2008 年开始每年硕士研究生扩招 5%，博士研究生扩招 2%（Zhou and lin，2009）。根据教育部的统计，2013 年研究生入学人数相对于 2008 年增加了 40%。211 高校则更为明显，2014 年有近 30% 的毕业生在毕业后选择考研。极具讽刺意味的是，虽然大部分研究生进一步深造的目的是为了缓解就业压力而不是学术（麦可思研究院，2015），但是根据《中国家庭金融调查》的一份报告显示，21～25 岁青年学历与失业率呈现"倒挂"的现象——小学、初中、高中、大专与大学及以上学历的失业率分别为 4.2%、8.1%、8.2%、11.3%、16.4%（西南财经大学中国家庭金融调查与研究中心，2012）——学历越高，失业风险越大。

青年人的经济资本与社会资本相对薄弱，社会地位或青年人普通面临向上流动的基础来自于其文化资本向经济资本与社会资本转化的能力与可能性。然而，青年人普通面临失业率与学历倒挂、就业困难或者成为"工作贫困""穷

---

① NEET，是 "Not in Education，Employment，or Training" 首字母缩写。

忙族"的现实，2008 年金融危机后全球多地爆发的社会运动皆有青年人参与诉求与抗争的背影。虽然国内尚未出现类似的社会运动，但是国内青年人面对高企的房价、不断上升的生活成本与工作和就业压力，出现了"蚁族""屌丝"等自嘲，消极的精神面貌则被《人民日报》批评为"暮气沉沉"。在后金融危机时代，青年人所面临的社会经济地位的边缘化及生存空间的破碎化是否会影响他们阶层建构路径，最终异化，进而产生一个中产阶层或白领的亚群体——新白领是本文的研究重点。

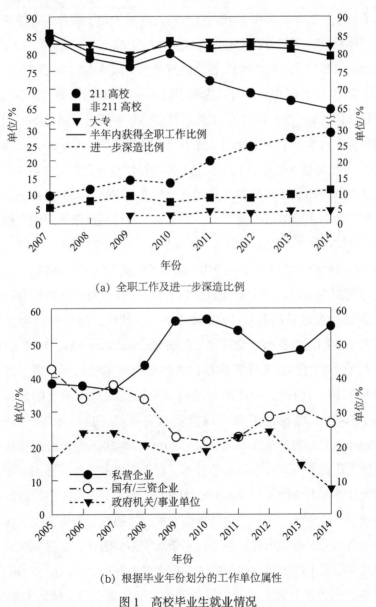

(a) 全职工作及进一步深造比例

(b) 根据毕业年份划分的工作单位属性

图 1   高校毕业生就业情况

2　新自由主义语境下的新白领

2.1　中产阶层、白领与新白领

中产阶层是一个比较模糊的概念，至今没有一个统一、严格的定义与测量标准。一般来说，经济学界倾向于利用收入将其界定为居于高收入群体与低收入群体之间的中间群体，测算方法则有绝对收入标准（Ravallion，2010）和相对收入标准（Pressman，2007）两种。然而，标准的选择与中间收入的界定则存在诸多争议（Ravallion，2010），同时也有学者认为利用收入定义中产阶层的方法忽视了阶级的文化与身份认同（Wright，1976）。因此，社会学界更倾向于通过不同职业的社会声望与地位或在社会分工中所处的位置来定义中产阶层（Atkinson and Brandolini，2013）。这种界定标准一般会将从事蓝领工作的群体从中产阶层中剥离，而不管其收入可能会与从事白领工作的群体相同甚至更高（Wilson and Schultz，1978）。事实上，在服务业占主导的后工业时代，不论采用何种标准来界定中产阶层，从事白领工作的群体都是中产阶层的中坚，正如贝尔（D. Bell）所言，后工业时代"不仅仅是一个白领社会，无疑也是一个中产阶层的社会"（Bell，1976）。

从全球范围内来看，中产阶层或白领普遍具有一些相似的社会特征：首先，他们被认为是社会稳定的基石（Mills，1951）；其次，他们的社会与经济地位极大地依赖于他们的教育与文化资本（Bourdieu and Passeron，1977）。因此，他们不得不借助于教育体系来实现阶层的再生产与资本的代际传递（尤其是文化资本的代际传递）。因此，中产阶层或白领普遍更加重视子女的教育（Robson and Butler，2001），敏锐地追逐稀缺优质教育资源，这导致学区中产阶层化（jiaoyufication）的现象产生（Wu et al.，2015）。再次，正是因为其社会地位来源于他们的文化资本而非对诸如经济资本、社会资本的掌控，他们对于自身的社会地位有极度的不安全感（Ehrenreich，1989）。事实上，由于中产阶层或白领缺乏对经济资本、社会资本等非文化资本的掌控与话语权，新自由主义在吹响"阶级"复辟号角的同时也预示着这一群体不断地萎缩。因此，金融危机背景下的经济衰退必然伴随着中产阶层或白领的进一步衰退（Sullivan et al.，2000）。

在金融危机背景下最脆弱的白领亚群体无疑是新白领：他们大多出生于20世纪80年代，在新自由主义教育改革的背景下成长并接受教育。这一改革之后，贫困与失业问题"不再是一种宏观的经济现象，而是归咎于个人的失败，并认为可以通过参加培训或者灌输以创业精神（entrepreneurship）来解决这一问题"（Turner and Yolcu，2014）。同时，在这一改革背景之下，全球的高等教育机构及招生人数都空前膨胀。然而，劳动市场并没有能力吸收如此规模的受过高等教育的毕业生（Dolton and Silles，2008），他们接受的教育越多，所获得的教育成就（education attainment）越低：教育及教育成就之间出现了一个明显的结构性错位（Bourdieu，1998）。在新自由主义缩减公共开支及福利国家转型背景之下，新白领不得不在工作、日常生活中承受更大的压力。这一问题在发展中国家则更为明显：在经历 20 世纪 70 年代后期开始的新自由主义改革之后，中国的不平等问题日益凸显（Harvey，2005）。这也使得中国的新白领不得不面对更大的压力，尤其是那些农村或者贫困家庭背景出身的新白领，他们还是教育不平等的受害者（Mok et al.，2009）。综上所述，2008 年全球金融危机后，新白领面临愈加凸显的结构性就业矛盾与文凭贬值的压力，这一危机必然会影响其文化生产（Willis，1981）与社会再生产、最终其阶级建构的路径也必将随之改变（图 2）（Smith，1984）。

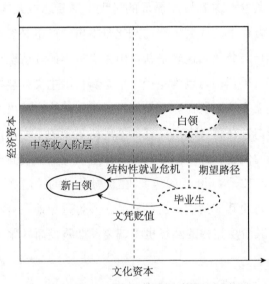

图 2　新白领的概念及其阶层建构的新路径

2.2　资本循环（capital circuit）与文化资本再生产驱动下的新白领阶层重构

新白领的阶层建构路径与传统下层阶级向上流动（Lees，2008）或家庭等社会结构的继承性（Gilbert，2010；Wacquant，2008）紧密相连。因此，新白领的社会化路径或其阶层的建构可以嵌入 Willis 关于"文化生产"（cultural production）及"社会再生产"（social reproduction）的框架之中加以阐释（Willis，1977，1981）。然而，Willis 并没有预见到新自由主义的资本循环或全球化对文化生产与社会再生产的冲击及影响。事实上，Smith 认为，中产阶层化（gentrification）正是新自由主义的资本循环或全球化影响文化生产与社会再生产，进而影响中产阶层的阶层建构与重构路径的过程（Smith，2002）。根据Smith 的理论，中产阶层化并不仅仅是中产阶层置换内城的下层阶级并使内城环境得以更新，其也可以一般化为资本循环的天然逐利性使其在社会与空间两个维度主动干预或影响中产阶层的建构与重构，进而重塑社会空间的过程（Smith，1979，2002）。

　　同时，资本循环天然地内嵌于不均衡发展（uneven development）的过程之中（Smith，1984）。在哈维"时空压缩"（time-space compression）的概念框架中（Harvey，1990），不论是绝对空间、相对空间还是关系空间，资本循环总是根植于地理的分化与不均衡性并在资本循环的过程中不断地扩大这种分化与不均衡。因此，在资本循环背景下的社会生产与文化资本再生产也必然依托于这种不均衡性并最终走向破碎化与分化。这既是新自由主义资本循环或全球化驱动下的中产阶层化过程中中产阶层建构与重构路径，也是新自由主义社会极化、中产阶层的脆弱性及其不断萎缩之原因所在。而新白领的阶层建构也不可避免地陷入这一循环之中。然而，新白领在新自由主义资本循环所呈现的不均衡性发展的路径中处于更为被动与脆弱的位置。这不但影响其日常生活更加影响其文化资本的生产与再生产（Harvey，2012；Smith，1984）。在金融危机的冲击之下，他们的弱势地位与权利的缺失，将使其成为危机的牺牲品，不可避免地在资本循环的不均衡路径中被边缘化，而其阶层建构的路径也将偏离预期路径而异化（图 2）。

2.3　2008 年全球金融危机的冲击

　　2008 年金融危机不可避免地沿着全球化的"外围—中心"（periphery-core）结构（Friedmann，1986）从发达国家向发展中国家蔓延。同时，由于社会重构的路径必然是从经济资本与文化资本的生产与再生产走向社会再生产（Willis，1981），金融危机的冲击也在全球范围内从经济层面转向社会层面（Aalbers，2009；Logan，2014）。金融危机后，发达国家的社会极化与不平等急速扩大，中产阶层及贫困群体的负债比越来越高（Hacker and Pierson，2011；Wisman，2013），发展中国家同样也不乐观（Ravallion，2010）。而新白领相对其"前辈"则面临更为严峻的就业、生活压力（ILO，2012，2014），他们面临成为新的城市贫困阶层的危机（The Economist，2013）。因此，本文将聚焦于如下几个问题：首先，在2008年金融危机导致的社会极化扩大的背景下，中国的新白领是否不得不面临边缘化的危机；其次，如果是，那么这场危机如何影响或建构新白领的边缘化路径，即这一危机如何影响新白领文化与社会的生产与再生产。

3 实证研究——南京地区的新白领

本文中的新白领指的是那些具有大专及以上学历，在城市居住与工作，从事非体力劳动且年龄在22～38岁的青年人群体。这部分人大都"受益于"1999年开始的高校扩招，获得了接受高等教育的机会，同时他们也成长于一个大变革的时代——住房商品化、就业分配取消、市场化改革等（Wang and Murie，1999）。面对新自由主义改革之后大规模的城市更新与扩张，以及长达30余年的经济高速增长（Lin and Yi，2011），中国政府希望教育扩招背景下不断膨胀的新白领群体能够为城市发展及经济增长提供人才储备，并使之得以持续（Li et al.，2011；Wang and Liu，2011）。然而，人才的供给似乎已经超过了市场的需求（Li et al.，2014），新白领不得不面对失业、贫困、住房的压力及自我认同的困境，而且这一情形在后金融危机时代尤为突出（Eggins and West，2010）。

3.1 调研及数据分析方法

鉴于本研究定义的新白领群体在南京地区并没有形成明显的空间集聚，同时由于基础数据的缺乏，无法在南京地区展开高效、准确的分层抽样调研。同时，根据《江苏省互联网发展报告（2013）》显示，南京地区网民的主体是年轻人，20～38岁的网民比例为62%，且大专以上学历人群比例为58%，可以推测新白领群体在物理空间相对离散而在赛博空间（cyber space）具有一定的集聚。因此，本研究采取在线固定样本调查的方式（online omnibus survey）调研。样本库中共有54 238个活跃样本，其中83.6%具有大专及以上学历，而南京地区2014年大专及以上人口为261万人，因此抽样比约为1.74%。笔者在2014年12

月至 2015 年 1 月完全随机选择了 2168 个样本发送问卷，共 1821 个样本填写问卷，其中有效问卷 1530 份。在排除了 22～38 岁以外及从事体力劳动的样本之后，对本研究有效的样本共计 1213 份，样本基本统计特征见表 1。

表 1 样本基本统计特征

类别		数量	比例 /%	类别		数量	比例 /%
性别	男	583	48.06	毕业年份	2008 年前	749	61.75
	女	630	51.94		2008 年后	464	38.25
年龄*	23～26 岁	292	24.07	收入*	≤1 500 元	17	1.40
	27～30 岁	346	28.52		1 501～3 000 元	139	11.46
	31～34 岁	336	27.70		3 001～6 000 元	554	45.67
	35～38 岁	239	19.70		6 001～9 000 元	311	25.64
学历	大专	276	22.75		9 001～12 000 元	105	8.66
	本科	778	64.14		12 001～15 000 元	48	3.96
	硕士	144	11.87		≥15 001 元	39	3.22
	博士	15	1.24				

* 鉴于在线固定样本库调研的特殊性，年龄及收入采用闭区间选项

定量分析共分为两部分：第一部分，按样本的毕业年份分为 2008 年之前毕业及之后毕业两组，对比这两组样本的学历及工作单位的变化；第二部分，针对所有自有住房的样本，以住房价格为因变量，建立 OLS 回归模型，分析新白领的住房价格影响及相关因素（式 1），为便于研究，将自变量标准化（模型中变量的相关信息及细节参见附录）。此外，为获取新白领日常生活及文化转变的细节，以补充问卷调查的细节缺失，在取得被调研者同意之后，还对部分样本进行了深度访谈。

$$Y = \sum_{k=1}^{k} b_k \frac{X_k - \overline{X}_k}{\sigma_k} \tag{1}$$

式中，Y 为住房价格，b_k 为标准化后的回归系数，X_k 为自变量，$\overline{X}_k$ 为自变量的均值，σ_k 为自变量的标准差。

3.2 金融危机前后的对比分析

3.2.1 学历提高与文凭贬值

达伦多夫认为，工业社会"教育使社会流动更趋自由"，"社会流动性的增长可以带来机会的平等与扩大"（吉登斯，2007）。后危机时代的新白领似乎也"迷

信"于此。根据调研，本科学历的新白领从 2008 年之前的 74% 增加到 2008 年后的 82%，而这一数字在 2014 年则达到了惊人的 92%。此外，在城镇户籍的新白领中，研究生学历的比例从 2008 年前的 10% 增加到 2008 年后的 17%，而农村户籍的新白领的这一比例则从 13% 增加至 20%。换言之，后金融危机时代，城镇户籍且具备研究生学历的新白领增加了 69%，农村户籍且具备研究生学历的新白领增加了 57%。这一趋势也与 2008 年后研究生扩招的政策相符 [图 1（a）]。然而，学历的提高进一步加剧了就业问题的结构性错位（Choudhry et al.，2012）。但是，显而易见的是新白领对此并没有准备，正如一位大学辅导员所言：

> 大部分毕业生都希望找到一个工作环境好、收入高、体面的白领工作。他们中的绝大部分不愿意从事蓝领工作，尽管他们也知道很多蓝领职位很抢手，收入也比白领工作高。毫无疑问，他们曾经是天之骄子，但是如今他们的学历贬值了，所以很多毕业生都热衷于考研、国考等考试。

3.2.2 收入降低与工作单位转变

后金融危机时代的经济刺激计划掀起了新一轮"国进民退"的浪潮，然而新白领却更多地涌向私营企业寻求工作机会 [图 1（b）]。根据调研，2007 年新白领受聘于国企/三资企业、政府机关/事业单位及私营企业的比例分别为 38%、24% 及 36%；而这一比例在 2008 年变成 23%、17% 及 56%，其后的变化趋势也显示出越来越多的新白领在私营企业工作。根据《南京市 2014 年国民经济和社会发展统计公报》，2013 年私营企业雇员的平均年薪约为 4 万元，而非私营企业的年薪则 1.6 倍于私营企业，约为 6.4 万元。除收入以外，私营企业的福利待遇也明显较差，诚如一位私企雇员所言：

> 我们必须每周工作 6 天而不是 5 天，对于我们来说加班是家常便饭，是我们特有的"福利"。

同时，在我们的调查中，8% 的私企雇员没有任何的福利待遇；同时，只有 59% 的私企雇员拥有住房公积金，而非私企雇员住房公积金的覆盖率高达 92%，约为私企雇员的 1.56 倍，接近于收入的差距。私企员工与非私企员工收入与福利待遇的差距，使得我们有理由推测更多的新白领涌向私营企业也预示着工作、收入与生活更大的压力。

3.3 新白领——"啃老"还是独立

住房是目前衡量社会地位或研究社会分化的重要因素（Li and Huang，2006；Rohe and Stegman，1994；Wu et al.，2014），因此，本文以住房价格为自变量建立回归模型探讨自有住房的新白领其住房价格的影响因素，进而揭示影响新白领社会经济地位之关键。根据模型的计算结果（表2），新白领的住房价格与他们的收入、父亲职业、大学类型、工作单位类型、年龄及父母户籍都正相关，但是与其工作年限和受教育年限即学历并不相关。值得注意的是，父亲的职业是影响新白领住房价格的一个重要因素，这也符合研究的预期，调研中，有74%的新白领的父母为其住房提供一定的经济支持，而在自有住房的新白领中，这一比例更高达80%。此外，根据模型的计算结果，新白领的住房价格与高校等级而不是受教育年限相关，与单位类型而不是工作年限相关。

表2 住房价格影响因素的 OLS 模型计算结果

自变量	回归系数	标准化回归系数
（截距）	32 110.0（466 648.9）	
年龄	33 129.6（12 373.6）**	0.169
高校等级	118 186.8（37 494.5）**	0.149
工作年限	−25 755.0（155 336.7）	−0.107
受教育年限	−42 075.5（28 211.1）	−0.069
工作单位类型	140 252.9（41 828.0）***	0.137
父亲职业	101 232.8（29 577.2）***	0.148
父母户籍	121 153.9（45 509.2）**	0.112
收入	47.8（11.0）***	0.190
R^2	0.207 5	

** $p<0.01$，*** $p<0.001$

4 后金融危机时代的新白领

4.1 社会经济地位的边缘化

教育体系的新自由主义改革期望利用市场化（marketization）的机制使得教育产品的供给能够兼顾公平与效率，然而，教育供给市场化形成的教育等级体系却深刻地内嵌于社会阶层再生产的需求体系之中，这两者的重叠进一步加剧了新白领社会经济地位的边缘化。在本文的调研中，仅有 10% 的新白领毕业于 985 高校，然而他们中的绝大部分（80%）都出自于精英家庭——其父母为国企或三资企业领导、私营企业主或专业人士。面对"超发"的高等教育文凭，就业市场不但提高了大部分"白领"职业的招聘要求，更天然地利用等级化的高等教育体系来筛选求职者（Unt et al., 2013）。正如一位私营企业的雇员所言：外企一般只招 211 或 985 的毕业生，国企除此之外，最好还能有点关系。因此，不难理解为何金融海啸之后的就业危机让更多的新白领涌向私营企业寻求就业机会，也不难理解为何新白领的住房价格与其父亲的职业、高校类型和工作单位的类型相关，而不是受教育年限及工作年限。高等教育大众化（mass higher education）并没有为大众开启精英之门，而是成为阶层再生产的工具；而凭借这一体系实现的文化资本生产与再生产（代际传递）也必然如新自由主义的资本循环所预示的"阶级复辟"那样走向极化与破碎化。这种等级化教育体系下的不平等与后金融危机时代就业形势的恶化使得新白领的文凭进一步贬值，其文化资本也不可避免的进一步"缩水"。

此外，新自由主义改革后急速的经济增长与城市扩张使得一部分社会矛盾尤为突出，尤其是高企的房价与收入之间的矛盾（He and Wu, 2009；Swyngedouw et al., 2002）。新白领在自身文化资本贬值，文化资本向经济资本转化的能力与路径缺失的情况下，自然地成为这部分弱势群体的典型。并不乐观的就业形势与不断刷新纪录的房价、高昂的生活成本交织在一起使其"财政独立"的追求愈加艰难。因此，新白领不得不更加依赖他们的父母及与之相关的社会关系。这使得新白领的阶层生产的路径不得不偏离原有的向上流动的预期路径，转而面临边缘化的危机。2008 年金融危机后的财政刺激计划虽然在一定程度上缓解了新白领的困境，然而其半年内获得全职工作的比例在 2008 年后仅短暂增长，之后还是呈现出明显的下降趋势［图 1（a）］。这一现象在 985 及 211 高校的毕业生中尤为明显，为了弥补理想与现实之间的落差，他们全职工作的比例不断降低，其中大部分毕业生转向考研以延缓就业。而且，金融危机后的财政刺激计划大多流向基础设施与城市土地开发，这使得后金融危机时代的房价进一步增长。面对这种困境，后金融危机时代越来越多的新白领不得不以"屌丝"（Yang, 2014）、"蚁族"（Zhang, 2014）等标签自嘲。

4.2　文化的改变及城市权利（right to the city）的缺失

由于社会经济地位的不断边缘化，新白领不得不面对一个现实——其与体力劳动者之间的"区分"（distinction）正在不断消失（Bourdieu，1998），他们无法利用文凭像其前辈们一样获得相应的社会地位。文凭的贬值最终导致其通过白领职业获得中产阶层生活范式的幻想破灭，进而导致与之相关的文化资本的贬值（Brown，1995），后金融危机时代的新白领不得不面临其在文化上被传统中产阶层"驱逐"的风险（Newman，1988）。因此，他们为了获得阶层的体面甚至考虑接受零薪水的"体面"工作来掩饰这一困境（Bai，2006）。正如一位银行经理所言：

> 2011年后，研究生一般在我们这边只能从引导员开始做起。今年（2014年）我们新招了一名海归硕士，她为了获得内推的机会成为正式员工，在没有薪水的情况下，在我们这边做了一年的引导员。对那些高学历的人来说这是一个巨大的心理落差，但是他们不得不接受这个现实，因为在外人看来在银行工作毕竟是一份体面的工作。

与此同时，生活成本与工作压力限制了新白领的"自由精神"，而不得不转而寻求传统的父母及家庭的庇护，正如一位私企员工所言：

> 我在学校总是梦想自己未来能干很多事情，而进入社会之后，房贷、车贷和信用卡让我只能每天奔波于两点之间，我根本喘不了气。如果不是有父母帮我分担一部分，我会更累，也根本不可能买房结婚。

2008年金融危机后，哈维将弱势群体（大部分是青年人）的窘迫与抗争总结为"城市权利"的缺失与呐喊，新自由主义后阶级复辟所造成的社会极化是全方位的，甚至"城市更新也是具有阶级性的"（Harvey，2012）。中产阶层化正是体现这种阶级性的典型范式，其通过不断的"建设性摧毁"（creative destruction）将内城中的中下阶层驱逐（Harvey，2012；Smith，1996）。后金融危机时代，一系列的财政刺激计划再次以此作为吸收剩余资本、产品与劳动力的渠道。收入与房价的巨大落差使得作为弱势群体的新白领要么被新一轮的城市化浪潮"驱逐"，要么背负庞大的债务。无论如何，他们都不可避免地被"禁锢"在这种新自由主义资本循环与地理不均衡发展所造成的被边缘化位置。

5 结论

2008 年金融危机——或称之为新自由主义危机——的纾困方案意味着公共开支的进一步削减以及福利社会的进一步解体（Aalbers，2013）。受其影响，不论是发达国家还是发展中国家的不平等及社会空间极化的现象将更趋严重。金融海啸之后的经济萧条与衰退事实上成为中产阶层的衰退，由此，2008 年金融危机将不仅仅是经济问题，更是一次复杂的"社会-空间"结构的转变，作为"未来"中产阶层的新白领，亦将受其波及。根据我们研究，新白领不得不面对一个严峻的形势——其文凭的贬值与结构性的就业危机已经重叠。他们只能被动地接受更低的薪水，同时还要面对不断提高的生活成本及失业的风险。进而，社会经济地位的边缘化、文化的改变及城市权利的缺失导致其社会空间的边缘化，这一系列的问题使其不可避免地偏离原有社会向上流动的路径。危机尽管起源于美国，但是通过地理不均衡发展使中国的新白领在一定程度上也成为危机的牺牲品。更为严重的是，这场危机同时深刻地内嵌于新白领文化的生产与再生产之中，从其阶层文化范式相关的日常生活到住宅、职业与生活状况的转变，而这些改变不可避免地影响了新白领文化生产的进程而最终导致其阶层建构路径的异化。

参考文献

吉登斯 . 2007. 批判的社会学导论 . 郭忠华译 . 上海：上海译文出版社 .

麦可思研究院 . 2015. 2015 年中国本科生就业报告 . 北京：社会科学文献出版社 .

西南财经大学中国家庭金融调查与研究中心 . 2012. 中国城镇失业报告 . http：//chfs. swufe. edu. cn/upload/shiyebaogao. pdf［2016-06-25］.

Aalbers M B. 2009. The sociology and geography of mortgage markets：Reflections on the financial crisis. International Journal of Urban and Regional Research，33（2）：281-290.

Aalbers M B. 2013. Neoliberalism is dead ... Long live neoliberalism! International Journal of Urban and Regional Research，37（3）：1083-1090.

Atkinson A B，Brandolini A. 2013. On the identification of the "middle class" // Gornick J C，Jäntti M. Eds. Income Inequality. Redwood：Stanford University Press.

Bai L. 2006. Graduate unemployment：Dilemmas and challenges in China's move to mass higher education. The China Quarterly，185：128-144.

Bell D. 1976. The coming of the post-industrial society. The Educational Forum, 40（4）: 574-579.

Bourdieu P. 1998. Against-fires: About to Serve a Resistance Against the Neo-liberal Invasion. Paris: Editions Liber.

Bourdieu P, Passeron J C. 1977. Reproduction in Education, Society and Culture. London: Sage Publications.

Brown P. 1995. Cultural capital and social exclusion: Some observations on recent trends in education, employment and the labour market. Work, Employment & Society, 9（1）: 29-51.

Choudhry M T, Marelli E, Signorelli M. 2012. Youth unemployment rate and impact of financial crises. International Journal of Manpower, 33（1）: 76-95.

Dolton P J, Silles M A. 2008. The effects of over-education on earnings in the graduate labour market. Economics of Education Review, 27（2）: 125-139.

Eggins H, West P. 2010. The global impact of the financial crisis: Main trends in developed and developing countries. Higher Education Management and Policy, 22（3）: 16.

Ehrenreich B. 1989. Fear of Falling: The Inner Life of the Middle Class（Vol 1）. New York: Pantheon Books.

Foster J E, Wolfson M C. 2009. Polarization and the decline of the middle class: Canada and the U S. The Journal of Economic Inequality, 8（2）: 247-273.

Friedmann J. 1986. The world city hypothesis. Development and change, 17（1）: 69-83.

Gilbert M R. 2010. Place, space, and agency: Moving beyond the homogenous "Ghetto". Urban Geography, 31（2）: 148-152.

Gu C, Shen J. 2003. Transformation of urban socio-spatial structure in socialist market economies: The case of Beijing. Habitat International, 27（1）: 107-122.

Hacker J S, Pierson P. 2011. Winner-take-all politics: How Washington made the rich richer-and turned its back on the middle class: Simon and Schuster. Czech Sociological Review, 47（6）: 1218-1220

Harvey D. 1990. The Condition of Postmodernity: An Enquiry into the Origins of Cultural Change. Malden: Blackwell Publishers.

Harvey D. 2005. Spaces of Neoliberalization: Towards a Theory of Uneven Geographical Development（Vol 8）. Stuttgart: Franz Steiner Verlag.

Harvey D. 2012. Rebel Cities: From the Right to the City to the Urban Revolution. London: Verso.

He S, Wu F. 2009. China's emerging neoliberal urbanism: Perspectives from urban redevelopment. Antipode, 41（2）: 282-304.

ILO. 2012. Youth Employment Crisis: Time for Action（Vol 5）. Geneve: International Labour Organization.

ILO. 2014. Global Employment Trends 2014: Risk of a Jobless Recovery? Geneva: International Labour Organization.

Lees L. 2008. Gentrification and social mixing: Towards an inclusive urban renaissance? Urban studies, 45（12）: 2449-2470.

Li S, Whalley J, Xing C. 2014. China's higher education expansion and unemployment of college graduates. China Economic Review, 30: 567-582.

Li S M, Huang Y. 2006. Urban housing in China: Market transition, housing mobility and neighbourhood change. Housing Studies, 21 (5): 613-623.

Li Y A, Whalley J, Zhang S, et al. 2011. The higher educational transformation of China and its global implications. The World Economy, 34 (4): 516-545.

Lin G C S, Yi F. 2011. Urbanization of capital or capitalization on urban land? Land development and local public finance in urbanizing China. Urban Geography, 32 (1): 50-79.

Logan J R. 2014. Diversity and inequality: Recent shocks and continuing trends//Logan J R. Ed. Diversity and Disparities: America Enters a New Century. New York: Russell Sage Foundation.

Mills C W. 1951. White Collar: The American Middle Classes (Fiftieth Anniversary Edition). New York: Oxford University Press.

Mok K H, Wong Y C, Zhang X. 2009. When marketisation and privatisation clash with socialist ideals: Educational inequality in Urban China. International Journal of Educational Development, 29 (5): 505-512.

Newman K S. 1988. Falling from Grace: The Experience of Downward Mobility in the American Middle Class. New York: Free Press.

OECD. 2014. Rising Inequality: Youth and Poor Fall Furhter Behind. https: //www. oecd. org/els/ soc/OECD2014-Income-Inequality-Update. pdf [2016-06-25].

OECD. 2015. Income Distribution and Poverty. https: //stats.oecd.org/Index.aspx?DataSetCode=IDD [2016-06-25].

Pressman S. 2007. The decline of the middle class: An international perspective. Journal of Economic Issues, 41 (1): 181-200.

Ravallion M. 2010. The developing world's bulging (but vulnerable) middle class. World Development, 38 (4): 445-454.

Robson G, Butler T. 2001. Coming to terms with London: Middle-class communities in a global city. International Journal of Urban and Regional Research, 25 (1): 70-86.

Rodríguez A, Swyngedouw E, Moulaert F. 2003. Urban restructuring, social-political polarization and new urban policies//Moulaert F, Rodríguez A, Swyngedouw E. Eds. The Globalized City: Economic Restructuring and Social Polarization in European Cities. New York: Oxford University Press.

Rohe W M, Stegman M A. 1994. The impact of home ownership on the social and political involvement of low-Income people. Urban Affairs Review, 30 (1): 152-172.

Smith N. 1979. Toward a theory of gentrification a back to the city movement by capital, not people. Journal of the American Planning Association, 45 (4): 538-548.

Smith N. 1984. Uneven Development: Nature, Capital, and the Production of Space. New York: Basil Blackwell.

Smith N. 1996. The New Urban Frontier: Gentrification and the Revanchist City. London: Routledge.

Smith N. 2002. New globalism, new urbanism: Gentrification as global urban strategy.

Antipode, 34（3）: 427-450.

Sullivan T A, Warren E, Westbrook J L. 2000. The Fragile Middle Class: Americans in Debt. New Haven: Yale University Press.

Swyngedouw E, Moulaert F, Rodriguez A. 2002. Neoliberal urbanization in Europe: Large-scale urban development projects and the new urban policy. Antipode, 34（3）: 542-577.

The Economist.2013. Youth Unemployment: Generation Jobless. http: //www. economist.com/ news/international/21576657-around-world-almost-300m-15-24-year-olds-are-not-working-what-has-caused［2016-06-25］.

Turner D A , Yolcu H. 2014. Neo-liberal Educational Reforms: A Critical Analysis. New York: Routledge.

Unt Mm Täht K, Saar E, et al. 2013. The expansion of higher education: Devaluation or differentation? The Estonian case//Saar E I, Mõttus R. Eds. Higher Education at a Crossroad: The Case of Estonia. Frankfurt: Peter Lang GmbH.

Wacquant L. 2008. Relocating gentrification: The working class, science and the state in recent Urban Research. International Journal of Urban and Regional Research, 32（1）: 198-205.

Wang X, Liu J. 2011. China's higher education expansion and the task of economic revitalization. Higher Education, 62（2）: 213-229.

Wang Y P, Murie A. 1999. Commercial housing development in urban China. Urban studies, 36（9）: 1475-1494.

Willis P. 1977. Learning to Labour. Farnborough: Saxon House.

Willis P. 1981. Cultural production is different from cultural reproduction is different from social reproduction is different from reproduction. Interchange, 12（2）: 48-67.

Wilson R A, Schultz D A. 1978. Urban Sociology（Vol 2）. Englewood Cliffs: Prentice Hall.

Wisman J D. 2013. Wage stagnation, rising inequality and the financial crisis of 2008. Cambridge Journal of Economics, 37（4）: 921-945.

World Bank. 2015. GINI index（World Bank estimate）. http: //data. worldbank. org/indicator/SI. POV. GINI?page=1［2016-06-25］.

Wright E O. 1976. Class boundaries in advanced capitalist societies. New Left Review, 98: 3-41.

Wu F, Zhang F, Webster C. 2013. Informality and the development and demolition of urban villages in the Chinese peri-urban area. Urban studies, 50（10）: 1919-1934.

Wu Q, Cheng J, Chen G, et al. 2014. Socio-spatial differentiation and residential segregation in the Chinese city based on the 2000 community-level census data: A case study of the inner city of Nanjing. Cities, 39: 109-119.

Wu Q, Zhang X, Waley P. 2015. Jiaoyufication: When gentrification goes to school in the Chinese inner city. Urban studies, 1-16.

Yang G. 2014. Political contestation in Chinese digital spaces: Deepening the critical inquiry. China Information, 28（2）: 135-144.

Zhang H. 2014. The poverty trap of education: Education-poverty connections in western China.

International Journal of Educational Development, 38: 47-58.

Zhou M, Lin J. 2009. Chinese graduates'employment: The impact of the financial crisis. International Higher Education, 55: 3-4.

Emerging New White Collar in China and Their Accelerated Marginalization in Post-crisis Era

Liu Chunhui[1], Wu Qiyan[2], Zhu Xigang[3]

(1 Geographic and Ocean, Nanjing University, Nanjing 210023, China; 2 The Center for Modern Chinese City Studies, East China Normal University, Shanghai 200062, China; 3 Department of Urban Planning and Design, Nanjing University, Nanjing 210023, China)

Abstract   Although the criteria for the middle class remain loosely defined, white collar workers have been broadly regarded as the main body of the middle class in the transnational milieu, distinguished by urban living standards, occupations and social status. In this research, we propose that under market transition, a distinct social class, the New White Collar Workers (NWCWs), is emerging distinguishably from the Chinese urban white collar groups. This NWCW group is mainly composed of new graduates from higher education institutions, and their socioeconomic status is consequently less stable than other white collar groups. Based on a case study in the Nanjing metropolitan area of China, we argue that a neoliberal urban policy coupled with the global financial crisis of 2008 have significantly affected Chinese NWCWs in various aspects, probably influencing the middle class status of NWCWs and forcing them into a marginalized position in contrast to their pre-2008 counterparts'conditions.

Keywords   new white collar workers; marginalization; post-crisis

附录

模型变量及其统计特征（ *N*=548 ）

	均值	标准差
住房价格 [a]	1 756 238	796 934
年龄 [b]	30.832	4.073
高校等级 [c]	3.113	1.004
受教育年限	16.276	1.299
工作单位类型 [d]	1.839	0.779
父亲职业 [e]	3.411	1.162
父母户籍 [f]	2.615	0.735
收入 [g]	6 757	3 163

注：模型中剔除了非自有住房样本及未能提供居住地址的自由住房样本

a. 住房均价于 2014 年 12 月底采集自南京地区最大的房产交易平台 house365. com；鉴于调研中住房面积的选项为闭区间，因此将住房面积低于 40 米² 的样本编码为 40，而将住房面积高于 160 米² 的样本编码为 180，其余取闭区间中值。

b. 鉴于调研中样本年龄为闭区间选项，因此模型中将年龄这一变量编码为：23 ～ 26 岁编码为 24，27 ～ 30 岁编码为 28，31 ～ 34 岁编码为 32，35 ～ 38 岁编码为 36。

c. 依据高校声望等级，将不同种类的高校编码为 5 个等级，1= 民办本科；2= 大专院校；3= 非 211 普通高校；4= 非 985 的 211 高校；5=985 高校。

d. 依据工作单位的声望等级，将其编码为 3 个等级：1= 私营企业；2= 国有及三资企业；3= 党政机关

e. 依据社会声望，将样本父亲职业编码为 5 个等级：1= 失业、待业；2= 体力劳动者；3= 个体；4= 私营企业主、专业技术人士；5= 党政机关、国有企事业单位及三资企业领导。

f. 根据父母不同户籍类型，编码为：1= 父母都是农村户籍；2= 父母中有一位为城镇户籍；3= 父母都是城镇户籍。

g. 鉴于调研中样本的收入为闭区间选项，因此税后月收入低于 1500 元的样本编码为 1500 元，税后月收入高于 15 001 元的编码为 15 000 元，其余取闭区间中值。

上海：全球城市区域的假设
与城市区域的竞争

简博秀

摘　要　尽管许多学者认为全球城市在全球城市区域中占有重要地位，然而，本研究所要讨论的却是两者之间所存在的论辩关系，尤其是强调在新自由主义与企业型城市的基本论述之下，城市之间的竞争对区域内的合作构成极大挑战，这明显是全球化论述中所存在的矛盾之处，这个争议也使得全球城市在全球城市区域中的假设角色受到质疑。以改革开放后的长江三角洲为研究样本，本研究发现在这个城市区域中扮演重要领导角色的上海市，并非如同理论上所给予的城市定位那样，反而在外资进入与产业结构调整中受到区域内其他城市的威胁与挑战，并因此引发21世纪初的"173计划"事件。这个被解释为仅是一座全球城市候选人调整产业政策的举措，最终却导致区域内地方政府之间激烈的冲突。这对目标是成为全球城市的上海而言，无疑是一项严重的问题与困境。这种无法避免的区域内部竞争的事实，低估了现今新区域主义论述中空间治理障碍的影响，不只是反映了区域治理危机的存在，而且也质疑全球城市的基本假设的可能。

关键词　区域治理；全球城市区域；竞争；上海

1　前言：全球城市区域与治理

本文的重点在于全球城市区域（global city-region）形成的讨论，这个讨论不只关注"世界城市形成"（world city formation）的分析架构（Friedmann，

作者单位：简博秀，台北世新大学观光学系。

1986，1995），它特别涉及了近年来对全球（世界）城市的一些假设：区域内的超大城市重要性日增，除了担任起区域内的管理和控制的功能之外，还将负担起重新塑造城市－区域新的竞争力的责任，以顺应全球化所带来的挑战（Sassen，2001a）。尽管对全球城市空间形构的描绘相当丰富（Scott，2001），但是，一方面，在这个新结构的空间领域中，城市不再被视为主要或唯一的分析元素与单位，学者们反而较多地描述全球区域的架构与过程，同时这些具有政治权力的领域组织将在全球化所偏好的空间层级上再层域化（rescaling）（Brenner，1998，1999）；另一方面，强调"城市企业主义"（urban entrepreneurialism）的"新自由主义论述"（neo-liberalism）将受到新的空间领域挑战。由于城市的竞争将不可避免地拆解区域的完整性，地方的片断化也势必成为区域治理的障碍，这些论述将质疑过度的全球经济结构竞争，以及不可忽视的地方性（locality）问题，甚至否决类似全球城市区域假设的可能性（Weir，2005；Horan，2009）。

近年来，许多研究指出，上海正朝向全球城市（global city）的道路在前进，或者是一个全球化城市（globalizing city），或者是一个具有全球城市资格的候选人（杨汝万，2004；周振华，2008；陈向明和周振华，2009；周振华等，2010；Friedmann，1995；Short et al.，1996；Yeh，1996；Olds，1997；Wu，2000，2003；Yusuf and Wu，2002；Shi and Hammett，2002；Chen and Sun，2007；Huang et al.，2007）。但是，本文并不完全同意这个观点，特别是从全球城市在本身所处的全球城市区域中的地位和角色看来，由于来自于全球经济利益崛起所带来的地方内部竞争（interjrisdictional competition），对上海这个新崛起的"全球城市"（global cityness）构成明显的挑战。本文将研究的时间背景设定在2000年之后的十年，利用深度访谈作为主要的研究方法，对长江三角洲范围内各城市中空间规划专家与研究学者、政府官员等进行访谈与辩论，借由他们对于全球城市区域的认知响应中国全球城市区域新模式的崛起及建构区域内的新治理关系，同时将上海市政府近年来对区域政策的凝聚与中心城市印象构筑的前后历史脉络，汇总作为本研究的分析资料①。本文共分五个部分：除了前言之外，第二部分讨

---

① 本研究的调查时间为2005～2011年，调查的地点除了上海市与市郊之外，尚包括长江三角洲的其他几个城市，如南京、杭州、苏州、无锡、常州、泰州、嘉兴与宁波等城市。研究借由以下几种方法展开：a 半结构性的访谈（semi-structure interview），对象包括政府官员、城市规划专家与研究学者，共计18位受访者与24次的访谈，在研究进行期间每位受访者接受1次至3次不等的访谈，访谈的重点着重于上海的城市发展与区域治理相关的议题。另外，非正式的访谈以当地的居民为主，不限形式与内容，主要谈论的内容以城市与城际的意象为主；b 文件分析（document analysis），主要的目的在于了解中国各级政府对长江三角洲城市区域治理的想象与区域身份的定位，以及规划专家与研究学者对于该治理模式的评析与建议，其中包括政府单位

论从全球城市朝向全球城市区域的空间治理范型转移，并且借由竞争的城市区域主义（competitive city-regionalism）所强调的区域内的竞争模式，补缀在这个理论范型转移后所未涉及的区域治理议题。第三部分描述改革开放后上海在长江三角洲的地位，以及长江三角洲所表现的地方合作。重要的是，长江三角洲在推进城市联合治理的同时，区域内城市之间的竞争仍透过为政治领域所建构的意识形态进一步片断化（fragmentation）。第四部分以 2000 年以来上海、浙江和江苏三省（市）前后互相推动的制造业政策所形成的区域矛盾为例，尤其是上海市政府推出"173 计划"后引发的地方反响，来说明长江三角洲由地方竞争导致的政治片断化将严重阻碍区域合作与协调，而这个事实预示更多的区域治理将回转到"竞争的城市区域主义"的论述之中。最后则是结论。

2 全球城市区域的假设、区域治理与竞争

近十几年来，全球城市（或称为世界城市）的研究配合以城市为中心的空间研究转移，促使研究领域逐渐拓展到更广泛的城市 - 区域（city-region）（Parr，2005；Hall，2009；Neuman and Hull，2009；Healey，2009），学者开始所谓的新区域主义（the New Regionalism）[1]的研究（Keating，1997；Savitch and Vogel，2000）。这些观点强调了全球城市空间形构新的论述，以及延伸成为其所影响的实质空间范围——全球城市区域（Scott，2001）[2]。实质上，全球城市区域分别借

（接上页）的正式文件与行政事务报告、规划单位或组织（如上海市城市规划设计研究院、江苏省城市规划设计研究院、杭州市城市，规划设计研究院，等）对这个区域的实质规划内容等，以及学术单位内的研究学者对这个区域内治理的定义与政策建议等。除此之外，一些有关区域治理的相关事件与媒体报导亦是这个项目的分析内容；c 基地调查（site visiting），目的在于借由基地的历史性观察比较标的地区前后发展的动态与变异，作为评估政策与行政措施评估的依据，调查基地的选择主要是以研究聚焦的"173 计划"为标的，范围则包括该计划内容中所指定的上海市郊与开发区（如松江、宝山、青浦等区），以及与这些地区相邻的其他不同行政区地方政府（如苏州的吴江与昆山、嘉兴的嘉善等）。在调查的 4～6 年，作者皆亲访当地，并将结果做成调查影像与文字纪录作为研究分析的基础。

① 现今被标示为新区域主义的论述内容被分为两个不同类型（MacLeod，2001；Brenner，2002）：一个被定义为新的区域空间（new regional spaces）；另一个则来自于公共政策的研究范畴，被认为是区域主义的新空间（new spaces of regionalism）。本文的论述架构着重在后者的论述内容，而非全然仰赖新经济地理学说对全球化论述所做出的贡献，其中试图从政府治理的角度铺陈全球城市区域治理上的冲突与矛盾，并强调这方面的研究过于忽略与低估"竞争"对区域共同治理的直接影响。

② 近年来被称为全球城市区域，或者是巨型城市区域（mega-city region）的研究，都试图描绘这个新的空间复杂性，而这些对区域的新描述，都重新定义新区域发生动力的不同（Taylor and Evans，2008；Halbert，2008；Turok，2009）。其中，这些不同则是建立在全球化之后对这些都市所组成的区域的新假设。不同于过去的是，区域的研究不再只是都会区域的中心与边陲的关系而已，这些新的区域将由许多城市所共同组成，城市与城市之间则在彼此的互动与交流下产生新的空间与对应的治理关系。以下三个方面可以说明全球城市

由两个不同的空间层级特征所展现：一是在全球商业、社会和文化事务的全球网络中，全球城市区域将呈现它特殊权力的位置；另一是在区域内，借由多数城市的连结与同盟呈现多元且整合的内部结构（Scott，1996；Scott et al.，2001）①。一些研究指出，全球城市区域的发展与全球化将是一个整合实体的两个不同面，并且它将成为全球化研究新的主轴（Scott，2001）。其中，最重要的形成因素在于，都市化的过程被解释成为在国家都市系统形构内容之中的重要角色，而这个新的角色推动形成了全球区域中内部城市的马赛克图形，也建构全球空间的新秩序，同时在这个趋势之下，区域制度基础设施支持了全球地理新的主要涵构，形成了以全球城市区域论述的实体（Brenner，1998）②。但是相反地，却导致了许多地方社会和经济加速的衰败，以及区域发展的极度不均衡，然而这些现象大多数是由于地方试图连结在全球资本逐渐累积的基础假设之上所造成的结果（Hall，2001）。因此，尽管近年来对全球城市区域形成的描绘非常详尽且多样，同时对于这个研究的转移——从全球城市转向全球城市区域，也受到许多学者的重视与支持（Scott，2001；Jonas and Ward，2007；Harrison and Hoyler，2014），但是对这个城市区域空间领域治理的研究仍是有限的，并受到质疑，并且多数依赖在传统都会区与城市 - 郊区（city centre-suburban）研究的延伸成果之中（Jonas，1997；Savitch and Vogel，2004；Weir et al，2005）。因此，寻找适合的区域治理模式对全球城市区域的发展而言，是现今学术与实务内容中重要且必要的工作（Friedmann，2001；Cox，2010）③，并且这个治理模式有助于区域内各城市之间及区域内的中心城市与其他城市之间，达成共同发展的目标，持续区域的成

（接上页）与全球城市区域两者间最大的区别：a 区域的地理尺度：全球城市区域的空间领域可以包括国家跨部门的与跨国家边界的经济活动，而并非只限定在城市的领域范围内；b 区域的竞争力和竞争环境：在新的竞争环境中，全球城市的领导性产业将会在不同的国家或区域中延伸城市之间的跨界网络和空间的专业分工，这个在空间的重要性特征将远超过在国家之间的竞争——不只是在外部的，还包括内部的竞争环境；c 跨界事务的功能：在全球城市之间跨界动态的网络之中，新的全球城市区域空间型式将允许捕捉一些如政治、文化和社会等事务的强化功能，这功能远超过单一城市的限制（Sassen，2001b）。

① 这些假设来自于全球化所影响的两个空间层级的：一是城市 - 区域的空间体系将会形成，许多超大城市的形成影响、伴随附近的其他城市的发展共同联结成为一个大型的城市网络区域，各城市分工合作以便于在国际竞争下可以顺利地纳入世界体系之中；二是区域内的超大城市重要性日增，除了担任起区域内的管理和控制的功能之外，还将负担起重新塑造城市 - 区域新的竞争力的责任，以顺应新的全球化所带来的挑战。很明显的，结合了这两类不同空间层域流动的叙述，全球城市将在这两者空间层级中扮演重要的媒介角色，并且透过全球化的空间再生产，重新阐释领域的形构过程（Sassen，2001a）。

② 这个城市区域的实体，如同 Brenner 所定义的，是新的全球城市中心的资本主义（new global city-centric capitalism），它扮演了后福特主义经济发展的领域平台，并构成现今资本主义优势的领导端点，以及跨国企业经营启动重要的前哨站。

③ 如同 Friedmann 所认为的：在现今世界中，只有少数的全球城市区域是全球经济中的焦点和主要的节点，同时全球城市必须负担管理本身所处区域的责任。因此，Friedmann 认为在全球城市区域中建立城市内部网络是重要的，并且国家政府要为这项工作承担重要的推动的责任。

长与富裕，成为彼此之间合作的重要工具和桥梁。近年来，许多争论正朝向治理的这个可能方向进行探讨，这个透过多元城市之间的新都市政治（New Urban Politics，NUP）论述的整合，除了强调民主的角色在区域治理上的重要性之外，重点仍放在地方政府与区域组织的领域化与新形式的治理模式，而全球城市区域被视为一个新的治理空间与领域，理所当然地被囊括在这些讨论之中，特别是由单一的全球城市向全球城市区域治理的转移正符合这个趋势（Jonas and Ward，2007；Purcell，2007；Ancien，2011；Cox，2011）[①]。

就大多数区域治理论述的经验而言，过多的政治实体将不利于区域的沟通、协调与合作（Lefēvre，1998），同时全球城市区域所塑造多元核心的空间模式将不可避免地导致区域领域片断化（fragmentation）的发生，甚至严重地危害地方合作与协调的可能性（Kloosterman and Musterd，2001）[②]。Cox（2011）指出，在这方面，治理最大挑战来自于从（单一的）新的都市政治转向（众多城市整合的）新的都会区政治。事实上，一直以来，对城市区域治理的适当理由和基本原则，都逃离不开规模经济和有效资源分配等原则（Vojnovic，2000），但是决定因素则在于地方政府的权力在这个过程中所发挥的重大影响力。Lefēvre（1998）认为，从中心—边陲的历史角度来看城市区域的发展模式，长期以来的偏执关系与剥削的对待使不均衡的问题更严重，加深彼此之间的矛盾。如何让边陲的城市意识到与中心的合作是一个成功的机会是关键。相对的，让中心城市提出让步的方法和态度则是中心城市所必须学习的过程。因为中心城市有必要了解可能出现的最坏情况是：首先，如果一个都会区被分解成许多独立的个体，那么更多的问题和矛盾将会产生；其次，在这个新的合作与咨询的过程中，以人口多少来判断主要优势的符号论将不再存在。一些国家的例子表明中心城市可能以协商方式让出主导权，起因是这些中心城市或为自身发展、或想维持它们在世界城市网

---

① 以近年来的研究趋势为例，包括本文所强调的区域治理的议题，这些真正的理论论述被许多学者定义所谓的新都市政治（New Urban Politics，NUP）的研究范畴，尤其是对全球城市或是全球城市区域这方面的治理议题而言，它是借由近30年来的都市与区域研究的政治理论脉络累积与延伸而来的，包括"成长联盟""都市成长机器""都市政权""公私合作""都市治理"和"都市企业主义"等不同研究阶段与领域的政治论述，而其中借鉴西方国家的经验所讨论治理模式与领域化的主要考虑，则建立在民主的地方意识上。

② Kloosterman and Musterd 认为，在这些新的城市区域中的多元核心结构是有别于过去较小空间尺度的内部都市多元核心，它借由实质的空间型式、政治的实体、功能性的关系和多元都市区域（polycentric urban region）所带来的身份与表征等四个面向加以区分。事实上，多元核心的概念在新的全球化时代应该赋予新的定义与阐释，这暗示了过去透过都市功能再定位的空间再结构理论已经无法符合全球化发展的需要，取而代之的则是像去中心化（decentralization）、后工业城市（post-industrial city）与边缘城市（edge city）等对城市区域的新描述（Garreau，1992）。事实上，这个概念是来自于城市区域内的各城市透过新的区域产业与劳力分工模式，结合它的地方制度优势与利基条件，形塑每一座城市在全球城市体系中的服务功能与定位，同时借由公共运输与信息基础设施的建设，形构所谓「网络城市」的区域实体（Batten，1995）。

络中的地位与排名，都意识到它们必须仰赖边缘城市的帮助，所以这些中心城市会采用新的游戏规则。经济的全球化使得城市区域的治理必须考虑经济和功能的条件，不再只是提供一些世界城市所必要的都市服务，或是基础设施，而是期望持续去扮演一个全球化行动的角色。一般而言，地方政府通常扮演实际的执行单位，而不愿意去参与他们所不同意的命令和决策（Danielson，1976）[1]，根据 Whitelegg（2002）的看法，地方为了提升自身发展与成长所产生的行动议题，将明显地破坏彼此政府之间的合作。Wallis（1994）则认为，过去区域主义所关注的是维持中心城市在区域经济中的霸权，现在则试图在全球的竞争和市场环境中整合所有相互联结的成员。因此，Brenner（2002）强调"区域内明显的内部冲突和矛盾可能来自于（区域内）制度与角色……（努力）调整（这个）多种的再结构过程所引起的"[2]。

尽管近年来有许多区域联合治理的案例被视为成功的案例，但是从都市政治的角度看来，Leitner 和 Sheppard（1999）则宣称这类强调较大空间尺度的发展模式，其实是有条件的都市政治（conditioning urban politics），这暗示了这些区域治理案例并非是经常发生的。因此，这些举例的区域治理仅是所谓的有条件的可能性（conditions of possibility），因为它们毕竟低估了竞争对区域合作的影响。换句话说，区域的条件可能性是一个偶发事件，尽管它的论述是建立在地方合作与协调的基础上，是完全没有竞争的条件下所形成的。但是由于竞争，这个可能性是如何刺激区域培植成长联盟与建构制度治理能力，足以对抗地方主义的片断力量，以及如何转化为其他空间型式支持区域的苗壮与成长等，都只是片面地代表所有的地方政府在竞争的大前提之下的一种可能而已[3]。

这个建立在内部城市之间的竞争条件，提倡达到竞争利益的重要性，目的便是在说服每座城市发挥自身的潜力，在这个策略竞技场（policy arena）中成功地定义自己的竞争利基。当每座城市都如此地操作时，每座城市将不只是可以保留

---

① Danielson 认为地方城市自治体一直是城市区域治理上的主要障碍。

② 括号内文字为作者为清楚说明所增加的批注。

③ 若是从都市理论的角度着手，由于竞争这个理由，Jessop 等人怀疑以都市政治的角度来看待区域治理的范例是否合适；"都市成长机器"（urban growth machine）论支持者认为，城市之间的投资竞争是不可避免的事实。当然，城市的成功与失败决定在有影响的地方权力联盟所凝聚的治理能力上。但是，在较大的政治经济规模中（如区域），城市的地位如何影响成长机器政治的发展，是所有地方的特殊条件下所欠缺关心的问题（Jessop and Peck, 1999）。不仅如此，类似研究的盲点也存在于"都市政权"（urban regime）的分析中（Leitner and Shappard, 1999）。所以，像成长机器与都市政权分析这两类极具代表性的都市政治理论，都不免被质疑是都市个别主义的型式（a form of urban individualism）——城市理所当然地应该被视为分析的单位，但是当城市扮演集体的行动者时，它的行动如何透过它的个别条件来决定每一个城市的行动，而且这些行动是可以单独地讨论分析，却无法去概念化这些问题。

所得到的财富，特别重要的是，国家的经济发展也会随之富裕（Boyne，1996；Porter，1990，1995）[1]。近来部分学者同意以竞争的城市区域主义作为描述这个新阶段的城市区域治理模式，认为是再恰当不过的（Brenner，2002；Ward and Jonas，2004；Horan，2009；Jonas，2012），因为它对于竞争的定义远超过新区域主义的阐释，同时这个论述也支持国家对空间层级的偏好逐渐地移转到城市区域的领域上。虽然地方政府在追求地方的经济发展时，会试图与其他行政实体合作，但是为了各自发展所衍生的竞争则势必导致位于各层级不同政府之间所谓的地方战争（local war）（Silk，2002），同时政府内部的片断化也将会使得政府之间的集体行动（collective action）难以发生（Hawkins，2010）。这说明，地方官员经常会有意识地与邻近的城市比较彼此的发展条件与相关的情况，作为自己拟订政策的参考，其中特别会针对领域范围内的企业与厂商提供财税的协助或投资的诱因作为发展的手段（Goetz and Kayser，1993）[2]。

所以，本文认为，竞争带给地方政府更好的绩效与表现，但是竞争所带来的地方片断化却对现今区域治理形成极大的挑战，因为这时候的地方竞争被放置在全球经济层级这个游戏场中，直接暴露在不同空间层级，接受不同空间层级的挑战（Brenner，2004）[3]。地方自主追求各自发展策略是否支持这个区域的整体需要？而这个鼓励地方追求自我利益的定位与整体区域的发展方向是否相符？尤其是借由这个追求地方利益极大化的"新地方主义"（new localism）（Lovering，1995）提升至区域合作的层面时，合作的目的不免被视为地方竞争的最终结果。因此，这个发生在地方利益与区域需求之间的冲突，明显地受到地方竞争的条件制约，形成现今全球城市区域的治理问题。

---

[1] 这方面的建议不能忽略公共选择模式（a public-choice model）学者对地方发展的论述，他们同样地定义都会区域环境其实是一个多元的政治系统（polycentric political system），在这个系统中地方政府将努力地追求发展策略来提升自己的经济地位（Ostrom et al.，1961；Carr and Feiock，1999）。但重要的是，他们认为竞争这个因素将使得各级地方政府有更好的绩效和表现，而且有竞争才有能力让城市与全球经济挂钩，让地方繁荣发展，同时也是地方财富的表征。

[2] 因为企业的投资经常会带来地方发展，如果没有绝对优势的吸引条件，就将使得企业的投资无法进入自己的领域，反而轻易地流入邻近其他城市之中，失去地方发展的机会。所以，对于竞争的环境来说，永远无法保证的是：其他地方政府会不会采取比自己还要优惠的措施与策略吸引企业与厂商，或者其他政府会不会拥有比自己还要优越的投资网络与管道接触企业与厂商。因此，一些研究发现，为了吸引私人部门投资所导致的激烈竞争大多数发生在相邻的城市中，或者同一区域内的城市之间。

[3] 如同 Brenner 所争论的，区域主义的真实变迁内容经常被一些学者所忽略，同时介于区域中各角色之间的合作潜力被赋予过高期待，而对改变中的经济条件所组织的策略反应其存在价值则被高估。因此，Brenner 建议更多关注一些特别条件与特殊结构的城市区域，并且借由这些区域的研究说明区域政治的多样性、面对不同区域政治角色的政策挑战和城市区域内的权力动态关系三个不同方面的结果。这个论述的角度支持了本研究所强调的从竞争的立场看待近来架构的区域治理与合作的问题，以及挑战城市区域空间架构的想象。

3　城市区域的中心与长江三角洲区域的治理

长江三角洲是中国近十年来经济成长最为迅速的地区之一，在国际上其发展的重要性已不容忽视，特别是在面对全球生产与消费体制的再结构过程中，长江三角洲凭借大量外国直接投资（foreign direct investment，FDI）的累积已俨然成为重要的全球生产基地（任远和陈向明，2009）。长江三角洲广义上包括了上海、江苏、浙江三个中国省级行政区的范围；而狭义上则包括 15 座城市（南京、苏州、无锡、常州、镇江、扬州、泰州、南通、杭州、宁波、嘉兴、湖州、绍兴、舟山和上海），其中一半以上的都市都是人口超过 50 万的大型城市，其中最重要的是目前中国最大的城市——上海。20 世纪 90 年代以来，中国对上海浦东地区开发的国家政策支持，使得长江三角洲的地位迅速地提升到国家区域层级的重要地位，甚至由于全面对外开放和与全球经济接轨，长江三角洲在 20 世纪 90 年代后期逐渐在全球经济中发挥了重要的角色（Ning and Yan，1995；Olds，1997；Han，2000；Wu，2003）[①]。这个快速的发展条件让长江三角洲的城市区域结构中呈现了不同于过去的景象，同时也开始了与全球经济高度连结的发展变动，继而带动相邻及整个区域内产业结构的重整与复兴，逐渐地建构长江三角洲城市区域内的城市体系与网络结构，形成许多学者所称具有全球代表性的"全球城市区域"（Scott et al.，2001）。

自 90 年代初宣布浦东开发开放以来，以浦东开发开放为契机的上海乃至长江三角洲便代表了中国经济开放和发展的新阶段。由于国有企业的所有制占有支配性的特殊地位，以及强而有力的地方政府结构，经济结构的转型是上海面对新的改革开放所必须进行的重要步骤（Ho and Tsui，1996）。因此，上海总结了之前十多年来的体制改革经验与教训，提出了"振兴上海、开发浦东、服务全国、面向世界"的战略目标，并且以东西联动、内外循环、及体制和政策的创新，加速上海改革开放的过程来与世界经济接轨（严重敏，1993）。重要的是，由于中国国家对外开放的政策明白地宣告与全球经济接轨，一方面，这个时期之后的上海正式带领长江三角洲各城市跨入国际劳动力分工的舞台，以及由内向外融入全

---

① 实际上，在 90 年代开始浦东开发开放后，上海的国际地位骤然提升，成为了重要的投资区位。部分学者认为这个开发的事件是上海再一次接受全球化的机遇，同时也是上海重新迈向全球城市的机会（Wu，2003）。

球经济地理的马赛克图形之中；另一方面，这个城市区域在原有的都市化基础之上，通过跨国公司与国外直接投资，开始由外向内地建构领域内城市之间的网络关系，并且开启由全球资本所带动的城市区域发展的治理模式，而这些治理的模式，则明显大量地依赖地方政府的企图与努力，并且在经济成长与地方发展的驱动之下，建立长江三角洲的许多不同的区域治理模式（Jian，2006）[①]。

自 90 年代末期以来，长江三角洲区域治理的工作伴随对外贸易的快速发展而有了积极的态度与明显的进步（王贻志，2005；陈晓芸和蒋录全，2007）。从这些年来长江三角洲的区域协调发展经验看来，区域联合治理的活动正逐渐在这个地区萌芽，许多区域性的协调工作，如行政区划的调整、城市协调会、地方与部门之间所签订的协议，甚至是像区域规划和都市圈规划等整合性的规划工作等，都在这个区域内的不同行政层级中展开（Zhang and Wu，2006；郁鸿胜等，2010）。尽管在长江三角洲所推动的区域治理策略，似乎为长江三角洲城市区域新阶段的区域合作发展奠定了良好的基础，同时也似乎改变了长久以来地方保护主义对资源的控制与独占的利益。然而，在实际经验中却非完全如此，地方主义仍旧影响长江三角洲城市合作的可能性[②]。而且其成因与内容也不同于改革之初，特别在全球化带来的强烈的经济竞争环境下，中国政府财政放权的制度条件，都刺激地方政府追求最大的地方利益，以及催促地方领导人追求最佳的政治表现。这个被视为中央政府主动除权的去领域化（de-territorialization）策略，大力提升地方政府面对全球化的治理能力。不可忽视，在地方成长的过程中，地方领导人的政治表现是支持地方企业型政府最佳的说明，地方领导人凭借大量经济资源与权力配置的传统政体主宰地方成长联盟的成形，成为地方能否实现经济起飞的关键。由于地方官员的升迁取决于更高层级的党政系统对其执政的绩效评估，对一位地方政府领导而言，较高的经济成长率（如 GDP）代表了较好的行政表现，便也预示了日后政治前途进一步上升的可能性。这一隐藏的规则鼓励了地方政府官员大胆使用自己的权力对城市进行改造，尤其热衷于显赫的政

① 为了促进区域间的城市合作与协调，这些年来各种不同的区域合作策略与治理模式不断地在长江三角洲城市区域中发生与展开。这些治理模式包括了由中央政府所推动的区域规划、行政区划的调整与功能性组织；由省级政府负责的都市圈规划，以及由地方政府代表组成的空间领域组织与再组织化和部门协商与协议。其中，以长江三角洲 16 个城市为主所推动的《长江三角洲城市经济协调会》则是近年来长江三角洲城市区域治理的一个代表性组织。这个借由长江三角洲各城市市长作为成员的固定性例行会议，是透过地区内成员之间的协调与沟通，促进区域内共同议题的执行与完成，这不只是代表了长江三角洲城市区域合作的开始，也代表了区域治理的新模式（杨建华，2005）。

② 访谈记录 20090219_D2/，访谈对象为上海某大学行政区划的研究学者。他认为长江三角洲城市的区域联合治理模式，仍停留在一般层级的对话与合作模式，治理的组织则仍旧是松散的形式，且无具体的效益。他建议透过行政区划的强制程序是改善中国长期以来行政区经济的有效方法。

绩工程，以符合"个人提拔政策"（personnel-prompting policy）的需要（Zhang，2006）。这个逻辑强调个人的政治愿景，远多于对地方真实利益的追寻，实际上直接违背中央去领域化的政策，并且导致大量的地方化投资不只是加深了行政界限的鸿沟与坚固的"行政区经济"（刘君德，1999），而且终将面对不可避免的过度负担的交易成本。

因此，在适应具有中国特色的新自由主义地方氛围与企业型政府的空间治理逻辑时，长江三角洲的区域协调合作仍旧脱离不了地方片断化（local fragmentation）的困境：将近十年来，发生在长江三角洲公共建设重复投资与外资争夺的问题，都说明了城市竞争所带来的负面结果与影响（Xu and Yeh，2005），这些现实说明了长江三角洲城市区域内协调与合作所面对的强烈挑战与治理的困境。从公共设施的规划建设而言，以地方政府为中心所造成的重复建设是一个极具代表性的例子，它包括了近年来发生在长江三角洲的路桥、机场和港口的争相建设的实例，甚至已达到了危及区域共同发展的原始目的（陈德升，2004；罗小龙和沈建法，2005；卓勇良，2005）。而城市彼此之间的外资争夺，与工业区的开发竞争则是另一个明显的例子（Cartier，2001）[①]。这个自改革开放以来根深蒂固的发展模式不可避免地将地方政府卷入"全球地方化"（glocalization）的同质策略僵局（Cox，2004），也无可避免地将地方政府引诱到同质发展的产业与空间结构道路上，这些发展上的危机与困境都不再鼓励地方政府之间建立良好的制度条件与信任关系，取而代之的是城市之间更高的交易成本。

一些学者认为中国的发展模式具有新自由主义特点（He and Wu，2009）[②]。在本文的讨论中发现，现今地方片断化的复杂性远多于改革开放之初所谓发展型地

[①] 长江三角洲城市区域内的国家级经济技术开发区有 8 个，国家级高新技术开发区有 6 个，国家级保税区有 3 个。就省级开发区政府层级而言，长江三角所涵盖的三个省（市）级单位共计批准了 88 个省级开发区——上海计有 9 个市级工业区，江苏计有 50 个省开发区（占该省 50/68），浙江则计有 29 个省级开发区（占该省 29/50）。数据参考刘卫东和彭俊（2001）。

[②] 中国的发展模式是否符合西方资本主义国家的新自由主义发展逻辑，这是值得讨论与关切的议题。尽管近年来已有部分学者尝试用新自由主义和企业型政府的观点解释改革开放后中国地方和国家的治理模式（He and Wu，2009），但这个分析架构毕竟只是建筑在中央透过地方财政自主与土地批租权力下放等行政原始起点上，并且片断地连接在西方资本主义现今全球发展的历史脉络上而已，却从未考虑国家发展的历史性因素与制度如何形塑国家的基本逻辑（Brenner，2004）。本文尚无余力辩论这个逻辑与议题，暂仅引用这方面的论述，而这方面的论述是支持 Harvey（2007）对"有中国特色的"新自由主义的描述。需要说明的是，作者强调这方面的概念，如同许多学者都乐观支持像是上海这类身处开发中国家最大城市逐渐地转型成为全球化城市的过程，但是萨森（2009）却强调了这方面推论所应注意的重点，即这些城市其实在历史上很早便是存在于亚洲和欧洲殖民中心的世界城市，所以，抹杀这些城市的历史轨迹将错失对不同全球化城市类型的不同认识。许多学术的论述也都支持从国家发展的路径看待全球城市发展的关系，以及国家在这个全球化城市发展过程中的重要影响关键（Brenner，1998，1999；Hill and Kim，2000）。

方主义（developmental localism）的内容（吴国光和郑永年，1995），也不再将之归结于地方发展国家（local developmental state）的肇因（Zhu，2004），这个新的片断化势力势必再次零碎化空间的聚合力量，并且成为破坏区域"联合治理"（associative governance）可能性的关键因素。由于竞争暗示了较好的政府表现与地方经济成果，因此，以地方为中心的发展思维将成为面对竞争最好的处理良方。然而，与过去地方主义最大的不同，便是现今的地方片断化是发生在中国与全球化经济接轨的这段时期，地方凭借全球威胁与竞争所形塑的力量通过不同空间组织之间不断地再领域化（reterritorialization）过程所呈现出来。而形成地方片断化的成因，则来自于竞争的城市区域主义所描绘的（Brenner，2004；Ward and Jonas，2004）——各级地方政府面对全球竞争环境所提出的不同都市在地化策略所形成——一方面在于借由引进国外资本弥补政府财政的缺口，提升城市的产业结构，以及改善人民的居住环境，进而增加城市的竞争力；另一方面，则为了改良投资环境与吸引国外资金，大量改换城市的空间结构，并以低廉的土地作为对价的条件，以丰厚的投资奖励作为刺激地方消费与提升地方发展的主要策略。这使得地方的竞争更甚于中国过去地方诸侯主义的时代与改革开放之初的地方保护主义，而且实际治理的需要更甚于改革开放之初。

4 区域治理的危机：上海的"173 计划"

改革开放初期，上海的第二产业在城市经济中占有绝对的地位（70% 以上）。1990 年，中央政府宣布浦东开发开放，国家赋予上海带领长江三角洲发展的龙头地位，并提出把上海建设成为"国际经济中心、国际贸易中心、国际金融中心"，明确地表达了中央政府有计划提升上海，使之成为联结长江三角洲与世界的全球城市，甚至是服务全中国与全世界的重要大城市。在这个前提条件下，上海市政府制订了以"四个中心"，即国际经济、金融、贸易、航运中心为导向的发展目标，目的便是为了发展成为与全球经济接轨的中国"全球城市"，并且借由对外的联系建立区域内的城市产业分工的网络结构，提供区域内城市发展所必需的第三产业服务。这个发展目标与之后伴随的产业结构的"三二一计划"促进了上海第三产业的快速成长，从原本不到全市经济总量的 20%，至 21 世纪初超过 50%，使上海市正式成为以服务区域内各城市且连接全球经济的重要大城市（图 1）。这个凭借中央政府给予的优惠政策所营造的新国家空间，尽管初步达到了国家给予的历史性任务，然而由于第二产业与第三产业两者在投资与回报的成长效果上具有明显的差距，上海的发展速度受到邻近城市的严重挑战，甚至在吸引外资的总量上亦不及邻近的苏州市，由此激发了上海市政府重新检讨以第三产业为中心的发展道路，重新提议发展第二产业以应付城市发展的瓶颈，并凭借传统的土地与产业共同发展模式在2003年的郊区重新展开。

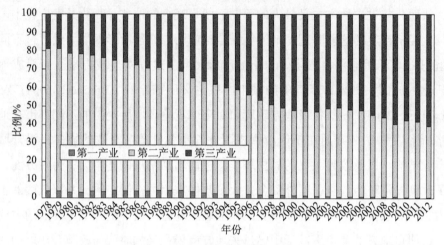

图1　上海市三次产业结构分布图（1978～2012年）

资料来源：上海市统计局（1986～2013年）；笔者整理绘制

2003年4月，上海市政府提出了《降低商务成本试点》的计划，目的是为上海的工业区开发和制造业发展提供新的契机。这个计划是用于解决一直以来困扰上海市政府的资环境和商务成本偏高等问题。依据市政府的要求，选择上海郊区的嘉定、青浦和松江三个市级工业区进行降低商务成本的试验工作，并且制订明确的园区产业导向政策，包括改进用地制度、降低土地成本、调节利益关系、落实审批工作执行、改善政府服务质量和加强对园区的规划和管理等重要工作[①]。其中，由于试点园区的规划用地面积从原本的67千米²扩大到173千米²（其中，嘉定57千米²、青浦56.2千米²和松江59.89千米²），所以计划的名称便被许多学者和媒体宣称是"173计划"。同年六月，市政府财税局、房地产资源管理局、国外投资委员会、工商局与物价局等六个单位与嘉定、青浦与松江三区政府签订《关于落实试点园区降低商务成本政策备忘录》。在这个优惠措施中规定：园区新

---

① 上海是一个高度放权给地方的省级城市的代表，各区政府享受很大的自主治理权力与独立的财政收入（柯伟亮，1998）。以上海市政府主导的"173计划"为例，区级政府非常乐意在上海市政府多年来偏好浦东发展区位的概念下移转，接受这个新的任务（访谈纪录20100412_U1/上海浦东区政府计划单位官员）。在"173计划"中，有关官员甚至对区政府表示："该给你们的政策都给，上海没有的，别人有的，都尽管提出来"，由此可见上海政府对"173计划"的重视（仲伟志，2003）。

办企业税收成长部分可保留为园区所有，设置两处加工出口区（松江和青浦）以加快通关过程，降低土地税费成本，相关审批和申请办证、查验数据等程序下放给区政府处理并简化程序，新成立企业试行小城镇保险等（表 1）。不同于其他开发区的设置条件，这些规范都明显地降低企业设置及营运的执行成本。

表 1　上海市《关于落实试点园区降低商务成本政策备忘录》内容摘要

明确产业导向	改进用地方法	提高服务水平	降低企业税费
重点鼓励引进"市场竞争力与产业关联带动力强、附加值与技术含量高、能耗与污染低的先进制造业"。①嘉定区确立了三大产业板块规划：以汽车制造、研发、交易和 F1 赛车经济为主导的汽车板块；马陆、南翔区域的光电子板块；北部的先进制造业基地。②青浦区则有意成为世界制造业转移的承接地，重点培育电子信息、现代纺织、生物医药和精密机电四大产业，力争主导产业产值占总量的 60% 以上。③松江则以工业园区为主要载体，大力发展电子信息、新型建材、生物医药、食品加工、精细化工、纺织服装五大产业	1. 增加用地指标 　上海市除积极争取增加全市工商业建设用地的总量外，用地指标重点向试点园区倾斜，保证园区的用地需要。 2. 实行整片开发 　为了更合理、更有效地使用土地，三个试点园区都在大力整合各类园区，扩大单一园区面积。 3. 降低土地税费成本 　试点园区用地的耕地占用税、土地出让契税、市级土地出让金，以及园区内新增各类企业税收属市级部分的收入，经区财政审核后作为降低商务成本、改善投资环境的专项资金返还。其中，耕地占用税和契税收入按 50% 返还；市级土地出让金，依据市级政府净得部分的 50% 返还	1. 下放审批管理权限 　除国家产业政策目录上规定的控制类和限制类项目外，其他鼓励类和竞争类项目一般不需要部门征询，审批权限全部由市下放到区，并逐步过渡到登记备案制。 2. 减少企业设立审批程序 　取消上海市有关部门规定的企业设立前置审批。对属于国家工商总局核准范围的登记事项则积极给予协调。试点园区内外商投资企业试行直接登记制，如果企业经营范围部分涉及前置审批的外商投资项目，推行告知承诺制度。 3. 实行快速通关 　试点园区保证 5～8 小时的通关速度。除嘉定外，松江和青浦都有出口加工区，特别是松江有松江出口加工 A 区和松江出口加工 B 区，面积达 9 千米²。出口加工区的建立，使空运货物从飞机降落到运至加工区的时间缩至 4 小时，其中海关通关环节不到 10 分钟。通关效率的提高大大增进了企业的竞争力	1. 降低企业税赋 　园区内的外资企业除按国家规定的优惠政策 15% 上缴企业所得税外，园区另通过延长减免期限、建立企业奖励基金等特殊政策，以降低企业实际税赋。如在松江，总投资在 1000 万美元以上（含 1000 万美元）的新办生产性外资企业，延长三年免征所得税。外资投资者从外商投资企业取得的利润，免征所得税。 2. 全面清理各类收费 　对园区内涉及企业的收费项目和标准进行重新申报。取消属于政府行政管理职能的服务性收费项目，降低不合理收费标准，按证照成本核定证照工本费。对重大外资项目，减免地方部分行政规费。 3. 实行低水平的社会保险制度 　试点园区内建立介于农村社会保险与城镇社会保险之间的小城镇社会保险制度，以相对较低的缴费基数和缴费比例，降低社会保险费用。具体办法是：小城镇社会保险按照上一年度上海城市职工平均工资的 60% 作为基数，企业承担的养老保险金、医疗保险金和失业保险金的比率由 48% 下降到 20%

资料来源：笔者整理

　　该计划中明确指出了三个试验地区未来的产业发展方向：① 嘉定的发展战略目标将是建设成为具有高科技水平、综合辐射功能、枢纽型的现代化中等城市，长江三角洲都市圈的区域性核心城市，中国最重要的汽车产业基地之一。为此，嘉定区确立以汽车制造、研发、零件交易和 F1 方程式赛车为主导的汽车产业，马陆、南翔区域的光电子生产基地，北部的先进制造业基地。② 松江以市级工业区为主要发展依托，未来的主导产业是电子和信息、新型建材、生物医疗、食品加工、精细化工和纺织服装等。③青浦被定为世界制造业移转的投资承接区位，重点培育电子信息、现代纺织、生物医药和精密机电四大产业。

"173 计划"为上海的产业发展带来了新的契机，表明了上海对于产业发展政策的重新思考。更重要的是，它也预示上海政府对城市发展定位的重新认识。其实这个计划最初的构想只是因为"很多外来投资者更愿意把制造业基地设置在比上海商务成本低四成的苏州、宁波等周边城市"①，使得上海的总体产值成长的幅度远不及邻近以第二产业发展为主的城市。从这个角度来看，上海市所提出的计划内容，无非是为加快城市的成长与增加财政收入所做出的一项发展再定位，这一方面是上海实施工业中心向郊区转移，加快郊区发展的过程；另一方面，无疑是为一直以来发展较为缓慢的制造产业加强政策上的支持。换言之，这个政策的推出无非是上海重新认清了第二产业对地方经济发展的重要意义，同样也以放权地方（区）政府的去领域策略培植城市政府的经济财富与竞争力。

首先，尽管上海过去几年第三产业发展速度较快，占地方生产总值的比例有所上升，但发展速度低于周边地区却是上海市政府当初所无法预料的（长三角报告编撰委员会，2004），即"金融、贸易、经济和航运"四个营运中心建设不能像制造业那样带来大量的投资以推动经济成长，由此使上海市政府不得不重新思考发展的脚步与目标，为上海的下一步发展提前做好准备。

其次，按照许多专家学者对这个政策出台原因的解释，是因最近几年来上海的经济发展，如 GDP 的增长幅度，明显低于同属长江三角洲范围的江苏和浙江两省；而引进外资的规模，也远不如邻近两省来得多②。从近 20 年以来上海市与江苏省吸收外资总额的比较得知，尽管有数次波动，但总体而言，江苏省与上海市的外资总额比值是持续上升扩大的，而且 2000 年以后江苏省吸引的外资总额为上海总额 2 倍以上，而苏州市外资占上海市外资的比值则从 1991 年的 14% 持续上升至 2010 年 75%，其中 1999 ～ 2003 年的比值接近于 1。2003 年，苏州甚

---

① 访谈记录 20110119_U1/上海市政府规划官员。

② 从 1985 ～ 2010 年上海与江浙两省的 FDI 总额比值看来，除了 1990 年有下降之外，两者比值趋势都呈现上升的状态，而且两者都从仅占上海 30% ～ 50% 上扬至 2010 年的 2 ～ 3 倍。

至超越上海成为全中国吸引外资最多的城市（图2）^①。对外资吸引的竞争很明显地挑战上海与邻近城市之间的关系，而且这个竞争关系不只是发生在省域之间的空间层级，同时也跨越行政层级发生在不同等级城市（省级市/地级市）之间。这种空间层级竞争清楚地说明上海在新世纪初所面临的严峻挑战与压力。

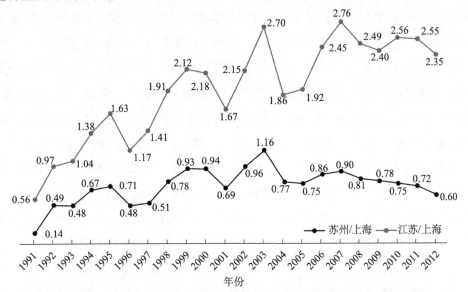

图 2　上海市与江苏省/苏州市吸收外资总额比值分布图（1991～2012年）

资料来源：江苏省统计局（1986～2013年）；上海市统计局（1986～2013年）。笔者整理绘制

既要成为一个以第三产业为主的服务性城市（如同纽约和东京），又不放弃第二产业对城市的带动，这使上海企图发展成为全球城市的目标充满了矛盾与困惑。不可避免地，上海的"173计划"对长江三角洲其他城市来说，是上海重新定位制造业为发展主体的危险信号（长三角报告编撰委员会，2004）^②，由此引发了邻近省份的高度重视，甚至产生许多不满的情绪^③。让区域内其他城市质疑的是，这个发展方向与上海成为全球城市则应负担服务的功能背道而驰，对一个肩负全球城市区域协调合作功能的中心城市而言，也是违反国家政策论述与逻辑的

---

① 从这20年的发展趋势分析，2003～2004年是个重要的统计转折点，同时在经历这个转折点之后，江苏省和苏州市与上海市的比值则皆逐渐微幅上升。但这个转折点的最大关键，则是来自于江苏省外资该时段大量的减少所造成的（由2003年的158亿美元下降至来年的121亿美元）。

② 产业同构的问题一直以来都是长江三角洲各城市发展中面临的共同问题。以长江三角洲的15座城市为例，有11座城市选择以汽车零件制造业为重点产业，另外有8座城市选择石化业、12座城市选择通信服务业为产业项目。然而，此次上海选择以制造业为重点发展项目，便很明显地与"三二一"产业政策与"四个中心"的城市发展战略相悖，这也是为何邻近城市表达不满情绪与引发产业竞争的因素所在。

③ 访谈纪录20080125_E2/，访谈对象为江苏省南京市某大学城市规划学者。他指出上海在中央本来便享有特殊的待遇，而浦东的开发开放本来便有责任与义务带动周围地方的经济发展。所以上海反向与区域内的城市同质竞争是很不公平的。为此，当时江苏的部分人大代表甚至联名在全国人大会上对上海提出抗议。

决定①。某些官员甚至认为"173 计划"像是一条上海市政府所构筑的"马其诺防线"，目的是要"外资过不了省际的行政界线，而只能停留在上海市内"②。

上海所推动的这个计划招致了邻近许多地方政府的批评与诟病，甚至导致各地提出对应的策略（陆阳和史文学，2008）。巧合的是，在上海提出"173 计划"的同时，江苏省政府为了地方经济发展的需要，推出了"沿江开发计划"，试图重新规划该省的产业结构与空间布局，以助力江苏省第二产业的调整与提升，以及地方的均衡发展。2003 年 6 月，江苏省沿江开发工作会议的召开，标志着该省新一轮沿江开发战略正式启动。该战略涉及南京、镇江、常州、无锡、苏州、扬州、泰州、南通 8 个市，15 个县或县级市（包括句容、扬中、丹阳、江阴、张家港、常熟、太仓、仪征、江都、泰兴、靖江、如皋、通州、海门、启东），目标是通过大力推进新型工业化，使得 2010 年这一区域 GDP 可以达到 1.28 万亿元以上，区域工业总产值接近 2 万亿元，成为国际性制造业基地（政协南京市委员办公厅编，2003）。通过沿江开发，江苏省的制造业到 2010 年可以实现"再造一个江苏"的目标。更重要的是，江苏沿江地区拥有国家级和省级开发区共计 31 个，包括南岸 18 个和北岸 13 个。这些开发区在吸引外资、拉动经济成长等方面将发挥极为重要的功能（长三角报告编撰委员会，2004）。沿江开发计划被许多报章媒体和学者视为针对上海"173 计划"的一项措施，虽然其很明显是为了重新提升区域内的产业竞争力而提出的策略构想，但是却被以吸引外资见长的江苏各城市视为一项极具挑战的竞赛。其中，直接面向上海低商务成本计划的苏州反应最为积极。

2003 年，上海出台的"173 计划"目的是在嘉定、青浦和松江三个地区实施特殊的政策，这被认为与苏州、昆山拼土地、抢外资。针对上海引资策略的变化，苏州市提出要加强对上海降低商务成本措施的研究，加强苏州开发区及昆山、太仓、吴江与上海试点园区商务成本全方位接轨的密合程度，包括政策、收费、土地等各项内容，务必在外商投资成本上不致构成落差（高汝熹和张建华，2004）。

实际上，上海兴建降低商务成本的三个工业园区的面积，正与苏州的一个工

---

① 访谈纪录 20071119_E1/，访谈对象为江苏省南京市某规划院城市规划学者。他认为上海没有承担全球城市应有的服务功能，反而掠夺其他二级城市发展第二产业的资源与机会，这是两省学界与媒体不满的原因。一些学者还认为，尽管区域内有 16 座大小不同的城市，但享受政策优惠的条件与谈判的筹码能力相差悬殊。最令江苏和浙江两省不满的是，在一些利益关头上海往往抢尽上风，甚至没有任何让步的打算（新望，2005）。

② 访谈记录 20050415_G1/，访谈对象为浙江省外贸厅某经济规划专员。他指出，为防外资从上海转移，上海的"173 计划"就像构建了一道"马其诺防线"。

业园区加上两个高新园区的面积总和相当，这个开发的体量使得一向以获取上海经济边缘利益求发展的苏州市倍感压力①。因此，在上海"173计划"开始后的三个月内，苏州市政府立即推动一份新的研究计划对抗未来将要面临的强大招商挑战："苏州下一步将重点建设昆山、太仓、吴江临沪经济板块。将临沪三市建成与上海试点园区展开竞争的桥头堡，并且加强专题研究，落实必要的措施，比如项目自主审批权、加快资源整合互动等，以加快各类大项目的集聚，打造苏州临沪地区竞争发展的新优势"（高汝熹和张建华，2004）。很明显，这些新政策在行政程序、收费与土地获取等方面加强服务的内容，是为了避免与上海的低成本计划产生落差，并且重新调整投资的制度环境以提高自身的竞争力。

不只是江苏省提出沿江开发的策略挑战上海的"173计划"，浙江省也在上海政策发布后半年内推动了一个类似的外资招商的廉价策略以做应对。在这份名为《关于杭州湾嘉兴经济开发区改善投资环境的实施意见》的方案中，浙江省政府在紧临上海的嘉兴建设一个杭州湾嘉兴经济开发区，新的开发区由目前的嘉兴经济开发区和乍浦经济开发区合并设立。其中，嘉兴经济开发区将成为新开发区中的科技工业园，重点发展精密机械、电子器材零件、新材料等产业，而乍浦将发展成为临港工业园区，以石油化工、石油精细化工、工程材料和有机化工原料等为重点发展项目。方案中最重要的是："在政策扶持方面，建议省政府总体上参考上海'173计划'给予的优惠扶持政策，另在土地征用、税收返还和财政贴息方面还要加大力度"。（长三角报告编撰委员会，2004）在计划中这个工业区还将争取升格为国家级的工业区，而在此之前开发区便依照国家级开发区的标准制订税收的优惠政策，即企业15%的所得税率和五年五减半的政策。由此看来，嘉兴经济开发区的计划无非是对上海"173计划"的一个反应，目的很明显，便是不希望在这场外资和制造业基地的竞争中失去先机，竞争的逻辑是"最起码，政策条件不能比上海差，也就是要大于和等于上海"。

竞争带给长江三角洲城市区域发展的冲突，竞争也带给上海在发展上的矛盾。如同本研究所指出的，上海市所推动的"173计划"成为引发地方竞争的一个导火索。而从这个产业发展目标趋向近似的例子发现，自同一时间的起跑点开始，上海与长江三角洲其他城市几乎是在同一发展水平之上，亦是包括在国家空间偏好的政策内涵之中。尽管从90年代开始，中央政府给予了上海极大的优惠

① 以江苏的昆山市为例，这个长期以来以邻近上海的优势区位与制度条件吸收外资的地方城市，成为中国改革开放以来利用外资促进城市繁荣发展的最具代表性城市，它一年所吸收的外资甚至远超越全中国其中的22个省级单位。但此次上海所推动的"173计划"将明显降低上海嘉定与昆山之间的区位与制度差距，从而威胁昆山未来的产业发展（张帆，2003）。

政策，以推动浦东开发区的发展作为重要的国家空间发展策略，但是在政策的自由化方面却远不及其他邻近城市。上海所背负的责任是：从计划经济时代的工业城市向"四个中心"迈进，从而发挥区域中心城市的功能。这个定位说明了上海与区域内其他城市发展定位的不同，因此上海的发展道路也就势必与其他城市有所区别。上海是否应该继续发展第二产业，或是先以第二产业发展为主轴继之再发展第三产业？这是历年来上海城市发展的重要辩论，甚至是长江三角洲内各城市所共同关切的话题[①]。

5　结论

Scott 等（2001）认为对全球城市区域尚缺乏实证研究。为此，本文尝试从全球城市的基本空间假设出发，重点在于整合这些全球城市区域研究的具体结论，处理与厘清这两者空间领域（全球城市与全球城市区域）所交织的理论脉络。文中跟随新区域主义的步伐，从区域治理的观点重新定义全球城市区域的空间条件，特别是处理城市之间关系的协调与区域共同利益的分担。然而，在全球化的经济发展威胁下，地方将透过不同的城市地方化策略维持地方优势与经济成长，但这个趋于一致性的地方策略（Cox，2004）不可避免地产生城市之间的竞争与冲突，而这种冲突将极大妨碍区域内的协调与地方合作。因此，虽然近年来的研究一般都高度期待区域之间的合作与协调，但成功的案例仅限于少部分地区，而且它是一个"有条件的都市政治"（Leitner and Sheppard，1999）。重要的是，如同本文所提醒的，竞争对区域治理网络的影响永远不能被低估，区域治理的重点需要从建构区域的地方网络转移到区域内各成员之间竞争的治理与管理上，而绝非只是空间的规划与制定共同愿景，这也说明由新区域主义朝向竞争的（城市）区域主义的策略转移是一个必要的事实（Brenner，2002；Ward and Jonas，2004）。

近年来大多数的研究都指出，中国的城市与区域发展正面临剧烈的变动，许多超大型城市正逐步地走向全球城市，上海是这类城市中最具代表性的城市（Lin，2004；Zhao et al.，2003）。但本文通过整合全球城市区域治理的观点认为：

---

① 南京大学某学者认为，在长三角的一体化过程中，上海主要的发展走向是要建立现代服务业的中心，长江三角洲要成为国际制造业基地，仍需仰赖上海的中心地位与高阶的现代服务业发展。浙江大学某学者则指出，浙江的制度创新能力远远超过上海，以上海为主导的区域一体化活动，对浙江人来说无疑是一种倒退（新望，2005）。

地方政府对外资竞逐所造成的地方战争，对全球城市区域的形塑产生了极大的负面影响，亦使上海在迈向全球城市的路径上受到严重挑战，发生在 21 世纪初的"173 计划"及后续效应就是区域治理中的典型例子。本文认为，问题发掘的关键不仅仅是上海这个全球城市或全球城市区域的形成，而是从全球城市到全球城市区域的理论架构过度乐观，以及忽略引用新自由主义所热衷的竞争与企业型城市的教条所导致的论述矛盾（陈向明和奥鲁姆，2009）[①]。既有理论忽略了普遍在区域内过于片断化的地方政府组织，更低估了现今新区域主义论述的空间治理的可能性障碍（Brenner，2002）。因此，一方面，与其说这个例子从全球城市区域形成的观点提出上海区域治理的危机，倒不如认为是全球城市治理的危机来得更贴切；另一方面，从新区域主义朝向竞争的（城市）区域主义的策略转移是中国城市区域治理不可避免的道路，"173 计划"仅是一个过去行政区经济延续的地方竞争案例，却未完全回馈全球城市区域建构的历史性过程。未来可见的治理论述是，上海城市区域的建构——它代表上海朝向全球城市发展的路径，更多的区域治理焦点将放置在地方竞争的治理，而远多于城市的治理。

参考文献

长三角报告编撰委员会 . 2004. 长三角报告（2004）. 北京：中国社会科学出版社 .

陈德升 . 2004. 大陆市场转型期长三角府际关系：竞合取向 . 政治学报，38：59-99.

陈向明，奥鲁姆 A. 2009. 一个新的全球化城市：给予上海及来自上海的经验与教训 // 陈向明，周振华 . 上海崛起：一座全球大都市中的国家战略与地方变革 . 上海：上海人民出版社 .

陈向明，周振华 . 2009. 上海崛起：一座全球大都市中的国家战略与地方变革 . 上海：上海人民出版社 .

陈晓芸，蒋录全 . 2007. 2006 长江三角洲城市经济协调发展报告 . 上海：上海三联书店 .

高汝熹，张建华 . 2004. 论大上海都市圈：长江三角洲区域经济发展研究 . 上海：上海社会科学院出版社 .

江苏省统计局 . 1987 ～ 2014. 江苏统计年鉴 1986 ～ 2013. 北京：中国统计出版社 .

柯伟亮 . 1998. 中港台公司：大中国经济圈的冲突与未来 . 刘忠勇，张佑之，陈丽玉，等译 . 台北：财讯出版社 .

刘君德 . 1999. 长江三角洲地区空间经济的制度性矛盾与整合研究 // 姜兰虹，宋郁玲 . 中国人口、城市及区域发展 . 台北：台湾大学人口研究中心华人研究室 .

---

① 本文认为上海仅只是代表了发展中国家，或者是后社会主义国家的一个明显例子，而非唯一的例子，并且这个研究暗示区域治理的危机不只是地方性的，或者是都市性的。因为，全球化与国家之间的争辩虽然发生在全球化议题的开始阶段，但不可否认的，大数的学者都同意，强势的政府可以塑造一个全球城市，但有时却对建设全球城市所同时产生的问题无能为力。

刘卫东，彭俊 . 2001. 长江三角洲开发区建设与发展的比较研究 . 长江流域资源与环境，10（5）：385-392.

陆阳，史文学 . 2008. 长三角批判 . 北京：中国社会科学出版社 .

罗小龙，沈建法 . 2005. "都市圈"还是都"圈"市：透过效果不理想的苏锡南都市圈规划解读"圈"都市现象 . 城市规划，29（1）：30-35.

任远，陈向明 . 2009. 政府规划和市场演化的共同作用：对全球化背景下上海和长江三角城市 - 区域发展的实证考察 // 任远，陈向明，Lapple D. 全球城市—区域的时代 . 上海：复旦大学出版社 .

萨森 S. 2009. 全球城市的视角：对上海的理论启示 // 陈向明，周振华 . 上海崛起：一座全球大都市中的国家战略与地方变革 . 上海：上海人民出版社 .

上海市统计局 . 1986~2013. 上海统计年鉴 1987~2014. 北京：中国统计出版社 .

王贻志 . 2005. 长三角一体化进程中的政府合作机制评估与分析 // 杨建华，陈维，万斌，等 . 2005 年：中国长三角区域发展报告 . 北京：社会科学文献出版社 .

吴国光，郑永年 . 1995. 论中央—地方关系 . 香港：牛津大学出版社 .

新望 . 2005. 苏南模式的终结 . 北京：生活·读书·新知三联书店 .

严重敏 . 1993. 试论上海城市发展和浦东新区开发 // 华东师范大学西欧北美地理研究所 . 区域经济和城市发展研究：22-30.

杨建华 . 2005. 长三角经济社会一体化发展评估与分析 // 杨建华，陈维，万斌，等 . 2005 年：年中国长三角区域发展报告 . 北京：社会科学文献出版社 .

杨汝万 . 2004. 全球化背景下的亚太城市 . 北京：科学出版社 .

郁鸿胜，宗传宏，李娜 . 2010. 长三角区域城市综合竞争力研究 // 宋林飞 . 2009 年科学发展长三角 . 北京：社会科学文献出版社 .

张帆 . 2003.173 有损上海龙形象？中国经济时报 .http：//big5. xinhuanet. com/gate/big5/www. xinhuanet. com/fortune/index. htm［2007-11-20］.

政协南京市委员办公厅 . 2003. 沿江开发研讨会论文集 . 南京：南京出版社 .

仲伟志 . 2003. 上海"173"与昆山 . 经济观察报 .www. eobserver. com. cn［2005-11-20］.

周振华 . 2008. 崛起中的全球城市——理论框架及中国模式研究 . 上海：上海人民出版社 .

周振华，熊月之，张广生，等 . 2010. 上海：城市嬗变及展望（下卷）. 上海：格致出版社，上海人民出版社 .

卓勇良 . 2005. 后长三角时代来临与长三角经济社会发展 // 杨建华，陈维，万斌，等 . 2005 年：中国长三角区域发展报告 . 北京：社会科学文献出版社 .

Ancien D. 2011. Global city theory and the new urban politics twenty on: The case for a geohistorical materialist approach to the（new）urban politics of global cities. Urban Studies, 48（12）：2473-2493.

Batten D F. 1995. Network cities: Creative urban agglomerations for the 21st century. Urban Studies, 32（2）：313-327.

Brenner N. 1998. Global cities, global states: Global city formation and state territorial restructuring in contemporary Europe. Review of International Political Economy, 5（1）：1-37.

Brenner N. 1999. Globalisation as reterritorialisation: The rescaling of urban governance in the European Union. Urban Studies, 36（3）: 431-451.

Brenner N. 2002. Decoding the newest "Metropolitan Regionalism" in USA: A critical overview. Cities, 19（1）: 3-21.

Brenner N. 2004. New State Spaces: Urban Governance and the Rescaling of Statehood. Oxford: Oxford University Press.

Boyne G A. 1996. Competition and local government: A public choice perspective. Urban Studies, 33（4-5）: 703-721.

Cartier C.2001.Zone fever, the arable land debate, and real estate speculation: China's evolving land use regime and its geographical contradiction. Journal of Contemporary, 10（28）: 445-469.

Carr J B, Feiock R C .1999. Metropolitan government and economic development. Urban Affairs Review, 34（3）: 476-488.

Chen X M, Sun J M. 2007. Untangling a global-local nexus: Sorting out residential sorting in Shanghai. Environment and Planning A, 39（10）: 2324-2345.

Cox K R. 2004. Globalization and the politics of local and regional development: The question of convergence. Transactions of the Institute of British Geographers, 29（2）: 179-194.

Cox K R. 2010. The problem of metropolitan governance and the politics of scale. Regional Studies, 44（2）: 215-227.

Cox K R. 2011. Commentary from the new urban politics to the"new" metropolitan politics. Urban Studies, 48（12）: 2661-2671.

Danielson M N. 1976. The Politics of Exclusion .New York: Columbia University Press.

Edwards M M.2008. Understanding the complexities of annexation. Journal of Planning Literature, 23（2）: 119-135.

Friedmann J. 1986. The world city hypothesis. Development and Change, 17（1）: 69-83.

Friedmann J. 1995.Where we stand: A decade of world city research//Knox P N, Taylor P J. Eds. World Cities: in a World-economy.Cambridge: Cambridge University Press.

Friedmann J.2001. Intercity networks in a globalizing era //Scott A J. Ed. Global City-Region: Trends, Theory, Policy. New York: Oxford.

Garreau J. 1992. Edge City: Life on the New Frontier. New York: Doubleday.

Goetz E , Kayser T. 1993. Competition and cooperation in economic development: A study of the Twin Cities metropolitan area. Economic Development Quarterly, 7（1）: 63-78.

Halbert L. 2008. Examining the mega-city-region hypothesis: Evidence from the Paris city-region/ Bassin Parisien. Regional Studies, 42（8）: 1147-1160.

Hall P. 2001. Global city-regions in the twenty-first century//Scott A J. Ed. Global City-Region: Trends, Theory, Policy. New York: Oxford.

Hall P. 2009. Looking backward, looking forward: The city region of the mid-21st century. Regional Studies, 43（6）: 803-817.

Han S S. 2000. Shanghai between state and market in urban transformation. Urban Studies,

37（11）：2091-112.

Harrison J，Hoyler M. 2014. Governing the new metropolis. Urban Studies，51（11）：2249-2266.

Harve D. 2007. A Brief History of Neoliberalism. NewYork：Oxford University Press.

Hawkins C V.2010. Competition and cooperation：Local government joint ventures for economic development. Journal of Urban Affairs，32（2）：253-275.

He S J，Wu F L. 2009. China's emerging neoliberal urbanism：Perspectives from urban redevelopment. Antipode，41（2）：282-304.

Healey P. 2009.City regions and place development. Regional Studies，43（6）：831-843.

Hill R C，Kim J W. 2000. Global cities and developmental states：New York，Tokyo and Seoul. Urban Studies，37（12）：2167-2195.

Ho Lok-Sang，Tsui Kai-Yuen . 1996. Fiscal relation between Shanghai and the central government// Yeung Y M，Sung Y W. Shanghai：Transformation and Modernization under China's Open Policy. Hong Kong：The Chinese University Press.

Horan C. 2009. The politics of competitive regionalism in Great Boston. Journal of Urban Affairs，31（3）：349-369.

Huang Y，Leung Y，Shen J . 2007. Cities and globalization：An international cities perspective. Urban Geography，28（3）：209-231.

Jessop R D，Peck J . 1999. Retooling the machine：Economic crisis，state restructuring，and urban politics // Jonas A E G，Wilson D. Eds. The Urban Growth Machine：Critical Perspectives Two Decades Later. New York：Sunny Press.

Jian T B X. 2006. New Regionalism and Regional Governance in the City-region of Changjiang Delta. Paper presented at 2006 International Forum Metropolitan Regional Development. China：Shanghai.

Jonas A E G. 1997. Regulating suburban politics：Suburban-defense transition. institutional capacities，and territorial reorganization in southern California// Lauria M. Ed. Reconstructing Urban Regime Theory：Regulating Urban Politics in a Global Economy. London：Sage Publications: 206-229.

Jonas A E G. 2012. City-regionalism：Question of distribution and politics. Progress in Human Geography，36（6）：822-829.

Jonas E G，Ward K. 2007. Introduction to a debate on city-regions：New geographies of governance，democracy and social reproduction. International Journal of Urban and Regional Research，31（1）：169-178.

Keating M K.1997. The invention of regions：Political restructuring and territorial government in West Europe. Environment and Planning C，15（4）：383-398.

Kloosterman R C，Musterd S.2001. The polycentric urban region：Towards a research agenda. Urban Studies，38（4）：623-633.

Leitner H，Sheppard E. 1999. Transcending inter-urban competition：Conceptual issues and policy alternatives in the European Union //Jonas A E G，Wilson D. Eds. The Urban Growth Machine：

Critical Perspectives Two Decades Later. New York: Sunny Press: 227-243.

Lin G C S. 2004. The Chinese globalizing cities: National centers of globalization and urban transformation. Progress in Planning, 61 (3): 143-157.

Lefēvre C. 1998. Metropolitan government and governance in western countries: A critical review. International Journal of Urban and Regional Research, 22 (1): 9-25.

Lovering J. 1995. Creating discourses rather than jobs: The crisis in the cities and the transition fantasies of intellectuals and policy makers // Healey P, Cameron S, Davoudi S, et al. Eds. Managing Cities: The New Urban Context. New York: Wiley: 109-126.

MacLeod G. 2001. New regionalism recorded: globalization and remarking of political economic space. International Journal of Urban and Regional Research, 25 (4): 804-829.

Neuman M, Hull A. 2009. The futures of the city region. Regional Studies, 43 (6): 777-787.

Ning Y M , Yan Z M. 1995. The changing industrial and spatial structure in Shanghai. Urban Geography, 16 (7): 577-594.

Olds K. 1997. Globalizing Shanghai: The "global intelligence crops" and the building of Pudong. Cities, 14 (2): 109-123.

Ostrom V, Tiebout C. et al. 1961. The organization of government in metropolitan area: A theoretical inquiry. American Political Science Review, (55): 831-842.

Parr J B. 2005. Perspectives on the city-region. Regional Studies, 39 (5): 555-566.

Porter M.1990. The Competitive Advantage of Nation. New York: Free Press.

Porter M.1995. The competitive advantage of the inner city. Harvard Business Review, 74 (5-6): 55-71.

Purcell M. 2007. City-regions, neoliberal globalization and democracy: A research agenda. International Journal of Urban and Regional Research, 31 (1): 197-206.

Sassen S. 2001a. The Global City. 2nd Edition. Princeton, NJ: Princeton University Press.

Sassen S. 2001b. Global cities and global city-regions: A comparison // Scott A J. Ed. Global City-Region: Trends, Theory, Policy. New York: Oxford: 78-95.

Sassen S, Territory. 2006. Authority, Rights: From Medieval to Global Assemblages. Princeton, NJ: Princeton University Press.

Savitch H V, Vogel R K. 2000. Paths to new regionalism. State and Local Government Review, 32 (3): 158-168.

Savitch H V, Vogel R K. 2004. Suburbs without a city: Power and city-county consolidation. Urban Affairs Review, 39 (6): 758-790.

Scott A J.1996. Regional motors of the global economy. Future, 28 (5): 391-411.

Scott A J. 2001. Global City-Region: Trends, Theory, Policy. New York: Oxford.

Scott A J, Agnew J, Soja E, et al. 2001. Global city-regions: An overview// Scott A J. Ed. Global City-Region: Trends, Theory, Policy. New York: Oxford.

Silk M. 2002. Bangsa Malaysia: A global sport, the city and the mediated refurbishment of local identities. Media, Culture and Society, 24 (6): 775-794.

Shi Y L , Hammett C. 2002. The potential prospect for global cities in China: in the context of the world system. Geoforum, 33（1）: 121-135.

Shin H B. 2009. Residential redevelopment and the entrepreneurial local state: The implications of Beijing's shifting emphasis on urban redevelopment policies. Urban Studies, 46（13）: 2815-2839.

Short J R, Kim Y, Kuus M , et al. 1996. The dirty little secret of world cities research: Data problems in comparative analysis. International Journal of Urban and Regional Research , 20（4）: 697-717.

Taylor P J, Evans D M. 2008. Application of the interlocking network model to mega-city regions: Measuring poly-centricity with and beyond city-regions. Regional Studies, 42（8）: 1079-1093.

Turok I. 2009.Limits to the mega-city region: Conflicting local and regional needs. Regional Studies, 43（6）: 845-862.

Vojnovic I. 2000.The transitional impacts of municipal consolidations. Journal of Urban Affairs, 22（4）: 385-417.

Wallis A D. 1994. The third wave: Current trends in regional governance. National Civic Review, 83: 290-310.

Ward K, Jonas A E G. 2004. Competitive city-regionalism as a politics of space: A critical reinterpretation of the new regionalism. Environment and Planning A, 36（12）: 2119-2139.

Weir M.2005. States, race, and the decline of New Deal liberalism. Studies in American Political Development, 19: 157-172.

Weir M, Wolman H, Swanstrom T. 2005. The calculus of coalitions: Cities, suburbs, and the metropolitan agenda. Urban Affairs Reviews, 40（6）: 730-760.

Whitelegg D. 2002. A battle on two fronts: Competitive urges "inside" Atlanta. Area, 34（2）: 128-138.

Wu F L. 2000. The global and local dimension of place-making: Remarking Shanghai as a world city. Urban Studies, 37（3）: 1359-1377.

Wu F L. 2003a. Globalization, place promotion and urban development in Shanghai. Journal of Urban Affairs, 25（1）: 55-78.

Wu F L.2003b. The（post-）Social entrepreneurial city as a state project: Shanghai's re-globalization in question. Urban Studies, 40（9）: 1673-1698.

Wu F L, Zhang J X. 2007. Planning the competitive city-region: The emergence of strategic development plan in China. Urban Affairs Reviews, 42（5）: 714-740.

Xu J, Yeh A G O. 2005. City repositioning and competitiveness building in regional development: New development strategies in Guangzhou, China. International Journal of Urban and Regional Research, 29（2）: 283- 308.

Xu J, Yeh A , Wu F L. 2009. Land commodification: New land development and politics in China since the late 1990s. International Journal of Urban and Regional Research, 33（4）: 890-913.

Yeh A G O. 1996. Pudong: Remarking Shanghai as a world city// Yeung Y M, Sung Y W. Eds.

Shanghai: Transformation and Modernization under China's Open Door Policy. Hong Kong: The Chinese University Press: 273-298.

Yusuf S, Wu W. 2002. Pathways to a world city: Shanghai rising in a globalization. Urban Studies, 39 (7): 1213-1240.

Zhao S X B, Chan R C K, Sit K T O. 2003. Globalization and the dominance of large cities in contemporary China. Cities, 20 (4): 265-278.

Zhang J X, Wu F L. 2006. China's changing economic governance: Administrative annexation and reorganization of local governments in the Yangtze River Delta. Regional Studies, 40 (1): 3-21.

Zhang T W. 2006. From intercity competition to collaboration planning: The case of the Yangtze River Delta Region of China. Urban Affairs Reviews, 42 (1): 25-56.

Zhu J M. 1999. Local growth coalition: The context and implication of China's gradualist urban land reforms. International Journal of Urban and Regional Research, 23 (3): 534-548.

Zhu J M. 2004. Local developmental state and order in China's urban development during transition. International Journal of Urban and Regional Research, 28 (2): 424-447.

Shanghai: the Hypothesis of Global City-Region, Competition in City-Region

Jian Boxiu

(Department of Tourism School, Shih Hsin University, Taibei 350108, China)

Abstract In spite of that global city acting as a dominating role in the global city-region fully supported by researches, this paper located at the debates on the theorized relationship between the global city and the global city-region. This paper points there is a clear contradiction from the globalist, making the impossibility of inter-regional cooperation between cities coinciding with competition, according to the discuss atmosphere of neo-liberalism and urban entrepreneurialism. This argument calls into question how the leading role in the global city-region plays by global city. Taking the city region of Yangtze River delta after China reform as example, this paper interpreted Shanghai had troubles in acting as the dominating role in its city-region as following by the spatial theory of global city-region, due to its tolerance of coming from the other cities' threat and challenge in the same region in the advancing towards attracting FDI and industry restructuring. The 173 plan, propelled by shanghai government at 2003, was a blasting fuse, which be explained no more than as the regulation strategy of industrial spatial restructuring by a global city candidate, but triggered many fierce debates and conflicts between local governments. Shanghai, marching forwards to being a global city, has its many problems and difficulties of regional governance, in this paper's context. The unavoidable fact of competition between local governments, overlook the regional cooperation obstacle in the region unvalued by the discourse of new regionalism, leading the unintended emergence of regional governance deficits and the suspicious query of the theoretical interlinking between global city and global city-region.

Keywords　regional governance; global city-region; competition; Shanghai

全球化城市的产业空间分布
及其影响因素

——基于上海咨询业和医药制造业的对比分析

李 煜 汪明峰

摘 要 全球城市的产业空间分布及其形成机制一直以来是全球/世界城市研究的热门议题。文章分别选取生产性服务业与高科技制造业中具有代表性的行业——咨询业与医药制造业，运用 GIS 技术和空间计量方法对这两个行业在上海大都市区内部的空间分布和形成机制做了对比研究。研究发现，咨询业与医药制造业在大都市区内的分布区位存在显著差异。咨询业的空间分布具有中心指向性，尤其对咨询业中的外企而言；医药制造业则倾向于分布在郊区，并呈现出开发区指向性。负二项回归表明，距市中心的距离、区位的交通可达性（对内及对外交通）是影响咨询企业区位最重要的两个因素；而医药企业选址则更看重开发区因素和是否临近高校这两个因素。此外，同一影响因素对外企和内企的影响也存在差异。

关键词 全球化城市；咨询业；医药制造业；区位；空间分析

1 引言

全球城市的产业空间分布及其形成机制一直以来是全球/世界城市研究的热门议题（Short and Kim, 1999; Sassen, 2001; Taylor et al., 2002）。一方面，拥有发达的生产性服务业是全球城市的一个重要特点（赵群毅和周一星，2007），且全球城市往往是生产性服务业生产和创新的集聚地。在发展中国家，生产性服

作者单位：李煜、汪明峰，华东师范大学中国现代城市研究中心。

务业也已成为全球化城市经济发展的重要驱动力（Illeris，1996；Coffey，2000）。另一方面，如纽约、伦敦和东京等发达全球城市，在大力发展生产性服务业的同时，并未放弃制造业的发展，而是侧重制造业结构的优化升级。一些高附加值的都市型工业和高新技术产业是全球城市制造业的重要特征（张婷麟和孙斌栋，2014）。对于一些新崛起的全球城市而言，高端制造业更是建设全球城市进程的重要环节，也是提高其在全球生产网络中的竞争力的关键（Scott，2001）。

近些年，生产性服务业是城市经济空间结构研究的热点领域（丁正山等，2014）。一项对美国菲尼克斯城市核心区和郊区的研究发现，生产性服务业不同的子部门在城市内部的区位存在差异（O'hUallachain and Leslie，2007）。生产性服务业比其他服务业部门及制造业更倾向于集聚在城市核心区，如CBD等（Moyart，2005）。但在一些西方发达国家的大城市中，也有学者发现生产性服务业的郊区化趋势，而且不同子部门呈现出不同程度地向郊区扩散的趋势（Gong，2002）。国内的研究常常将生产性服务业作为一个整体产业门类进行分析，其结果也证实了生产性服务业在大都市区内部分布呈现中心指向性与郊区化的双重趋势。例如，北京的生产性服务业虽然呈现出了强烈地向中心商务区集聚的特征，但同时也具有向郊区扩散的趋势（邵晖，2008）。进一步针对子部门的研究可以发现更为细致的产业分布特征及其演变趋势。对上海软件产业空间分布研究发现，软件产业的集聚中心从中心城区向外围扩散（汪明峰和毕秀晶，2013），呈现出"大都市区尺度上的扩散以及园区尺度的再集聚"的时空特征（毕秀晶等，2011）。

相比较而言，制造业在城市中的空间扩散趋势更为明显。西方国家的大城市大多已完成"退二进三"的产业发展过程，但这并不意味着全球城市发展已放弃制造业。相反，从全球城市发展经验来看，制造业的优化升级是提高全球城市竞争力的有效措施。从国内发展现状来看，制造业在许多城市仍占较高比重，但其郊区化扩散的事实已十分明显。尤其在一些沿海大城市，制造业在中心城区的集聚度显著减弱，呈现明显的郊区化趋势（吕卫国和陈雯，2009；张晓平和孙磊，2012）。也有学者开始关注一些专门的制造业部门，如上海市都市型工业具有中心城区与郊区双重指向性，空间分布不均质，多以各类园区作为载体（曹玉红等，2015）。再如，苏州市通信技术制造业在不同尺度下的集聚特征是不同的，虽集聚峰值区仍为老城区及国家和省级开发区，但也表现出逐渐向老城区外围推移的趋势（袁丰等，2010）。

事实上，企业的空间分布受到微观区位因子影响，并非呈现随机分布（Wu，

1999）。探究企业的区位选择机制是理解城市功能与结构变动的重要视角，一直是经济地理与城市地理研究的经典论题。首先，外部环境是影响企业区位选择重要因素之一。早期企业做区位决策主要强调降低成本，随后集聚经济对企业区位选址的影响则强调地方化经济带来的正外部性。随着研究的兴起，政策、文化等多方面因素也被逐渐引入区位理论当中（祁新华等，2010；宋秀坤和王铮，2001）。其次，除了外部环境影响企业区位，企业自身属性也是影响企业区位分布的重要因素（Hong，2009），如早期 Porter（1990）在其钻石模型中强调企业规模与发展战略对企业区位决策的影响作用。公司产权属性也会影响企业区位决策，如对苏州市信息和通信技术制造业企业的区位研究中发现外企与内企在分布上呈现空间错位现象（Wei et al.，2010）。也有研究发现出口导向型企业与本地导向性企业在空间分布上也表现出明显差异（Aranya，2008）。另外，随着研究的深入，学者研究企业的类型也逐渐多样化，不同类型的企业区位偏好是有差异的（李为，1986；孔翔等，2013）。最后，空间尺度也对企业区位选择存在影响，同一因素在不同空间尺度上的影响作用是不同的。有研究表明知识溢出只在邮区等小尺度上会有明显影响，在大尺度上则影响不显著（Rosenthal and Strange，2001）。

在全球化进程中，我国处在经济转型期，对于北京、上海、广州、深圳等大城市，政府、市场及全球资本的相互作用正在深刻影响大都市区内部产业变动及发展。研究其产业空间分布及其形成机制是理解这些城市迈向全球／世界城市进程的重要基础。在新一轮的城市规划定位中，上海市已明确提出建设具有国际影响力的全球城市及全球科技创新中心的目标，生产性服务业与高科技制造业在上海市经济发展中的地位和角色直接影响到其建设全球城市的竞争力（Han and Qin，2009）。因此，本文以上海为例，选取咨询业和医药制造业作为生产性服务业与高科技制造业的代表，比较其空间分布差异及其形成机制，以期为正在崛起的全球城市规划和建设提供有益的参考。

2 研究区域、数据来源与处理方法

2.1 研究区域

本文研究区域为上海市市区，依据 2009 年行政区划，除崇明县外，总共 18 个市辖区。其中，将黄浦、卢湾、静安 3 个区定义为传统城市核心区；将杨浦、

虹口、闸北、普陀、长宁、徐汇 6 个区定义为城市中心区；将浦东、闵行、宝山
3 个区定义为城市近郊区；将嘉定、青浦、松江、金山、奉贤、南汇 6 个区划分
为城市远郊区。以街道/镇作为研究的最小单元，共计 198 个街道/镇。

2.2 数据来源

本文数据分为两方面：一是企业数据；二是区域属性数据。企业数据来源
于第二次全国经济普查数据，收录了截止到 2008 年年末，不同行业企业的信息。
文中咨询业企业数据是由行业代码 L7233 社会经济咨询和 L7239 其他专业咨询
两个子行业的企业组成。医药制造业企业数据由行业代码 C27 筛选得到。剔除
掉地址不正确的数据，最后得到咨询企业和医药企业分别为 13 428 和 494 条。
利用企业地址信息数据，将咨询企业与医药企业分别与上海市街道矢量图相匹
配，得到两个行业的企业空间分布格局图。区域属性数据主要通过 GIS 计算分析
得出，如街道分布的企业数量、距离市中心的距离、距离大型交通枢纽的距离及
是否有开发区等。

2.3 数据处理方法

为了更直观地对比上海咨询业与医药制造业的空间分布状况，首先利用 ArcGIS
软件将这两个行业所有企业分别按其具体地址与街道尺度的上海底图匹配，并利用
空间分析工具计算出每个街道的相应属性。接下来根据每个街道分布的企业数量进
行 Moran's *I* 分析，以对比两个行业企业的空间集聚程度差异，对呈现集聚特征的数
据再进一步做热点分析，以判断不同行业企业集中的热点区域有何异同。

3 咨询企业与医药企业分布对比分析

3.1 空间分布分析

3.1.1 区层面

据数据统计（图 1），咨询企业的区位比较倾向于城市中心，分布数量前三
位的区依次是浦东、徐汇和长宁。除浦东外，另两个均属于城市中心区范围，浦

东新区虽划分为近郊区，但其在地理位置上较其他郊区来说更邻近市中心。咨询企业在城市核心区、中心区及浦东新区分布的总比例有68.31%。其中，咨询外资企业的城市中心指向更为明显，核心区、中心区及浦东新区所分布企业的比重高达94.02%。内资企业在市中心的集中程度虽不及外企，但也呈现出中心指向性，其分布在核心区、中心区及浦东新区的比重为67.44%。进一步，外资企业对于中心城区的区位更为敏感，核心区吸引了1/3的外企，而远离市中心的远郊区仅分布1.17%的外企。同时，内资企业在核心区和远郊区的分布比重则分别为3.07%和28.06%。

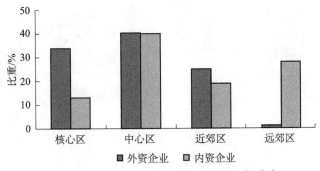

图1 2008年上海市各区咨询企业的空间分布

如图2所示，医药企业的区位分布与咨询企业有很大差异，其区位选择倾向于郊区，分布前三位的区分别是浦东、松江和闵行。医药企业在近郊和远郊分布的比重之和为84.27%，其中内资企业更倾向远离城市中心。外企分布在近郊和远郊的比重为80.67%，其中44.54%的外企分布在近郊区，以浦东新区为主；而内企在郊区的比重高达85.35%，其中超过一半的内企分布在远郊区。

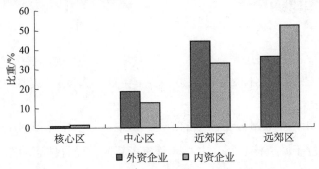

图2 2008年上海市各区医药企业的空间分布

3.1.2 街道／镇层面

从街道／镇尺度来看（图3），咨询企业倾向于在城市中心分布的趋势同样得到

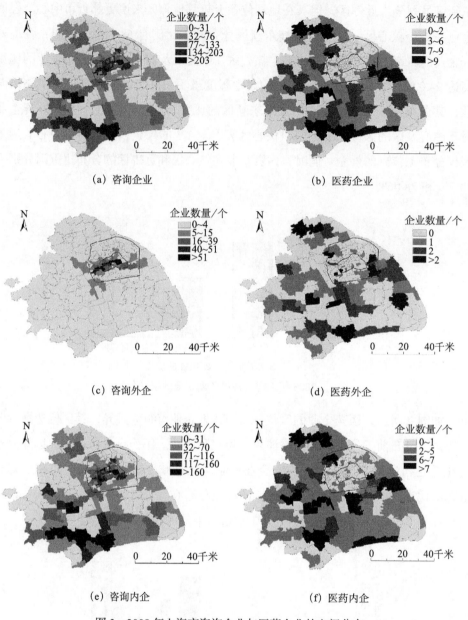

图 3　2008 年上海市咨询企业与医药企业的空间分布

验证（表 1）。在企业数量分布前十的街道 / 镇中，除了柘林镇属于远郊区外，其他九个街道均位于城市核心区、中心区及浦东新区，而且位于浦东新区的陆家嘴街道和潍坊新村街道紧邻市中心。其中，分布在徐家汇街道的企业数量最多，比重为 3.75%。从公司产权归属性质来看，咨询外企明显的中心指向性在街道尺度上也体现出来，外企分布数量前十的街道全部位于城市核心区、中心区及浦东新区，比重为 52.43%，中心集聚的程度远高于咨询企业整体及内企。咨询内企分布趋势与咨询企业基本一致，其分布数量前十的街道/镇中有 3 个位于远郊区，分别为奉贤区柘林镇、松江区中山街道及金山区亭林镇。总体上，咨询内企仍然倾向于在城市中心分布，但在城市外围也存在次级中心，形成以中心城区为分布核心区，以奉贤、松江、宝山为次级中心的格局。

表 1　2008 年上海市咨询企业街道数量分布

咨询企业			咨询外企			咨询内企		
区	街道	比重 / %	区	街道	比重 / %	区	街道	比重 / %
徐汇区	徐家汇街道	3.75	浦东新区	陆家嘴街道	9.14	徐汇区	徐家汇街道	3.45
浦东新区	陆家嘴街道	3.55	静安区	南京西路街道	6.91	奉贤区	柘林镇	2.92
浦东新区	潍坊新村街道	2.81	浦东新区	潍坊新村街道	6.15	浦东新区	陆家嘴街道	2.77
奉贤区	柘林镇	2.56	徐汇区	徐家汇街道	5.92	浦东新区	潍坊新村街道	2.34
黄浦区	外滩街道	2.26	卢湾区	淮海中路街道	5.21	长宁区	新华路街道	1.96
长宁区	新华路街道	2.25	黄浦区	外滩街道	4.80	黄浦区	外滩街道	1.91
静安区	南京西路街道	1.84	长宁区	新华路街道	4.34	松江区	中山街道	1.65
长宁区	虹桥街道	1.48	长宁区	虹桥街道	3.57	徐汇区	枫林路街道	1.48
松江区	中山街道	1.46	长宁区	江苏路街道	3.34	金山区	亭林镇	1.42
徐汇区	枫林路街道	1.46	黄浦区	南京东路街道	3.05	普陀区	长寿路街道	1.32

医药企业在街道/镇尺度上的分布也表现出与咨询企业相异的态势，其倾向于分布在郊区（表 2）。企业数量分布前十的街道/镇除普陀区桃浦镇外，其他均位于城市的近郊区及远郊区，浦东新区张江高科技园区分布医药企业数量最多，占比重为 6.02%。同样发现，内企的区位比外企更倾向于远离城市中心。内企数量分布前十的街道/镇中，3 个位于近郊区，7 个位于远郊区，其中嘉定区徐行镇分布数量居首，占比为 4.04%。外企数量分布前十的街道/镇中，6 个位于近郊区及城市中心区，其中，浦东新区张江高科技园区分布的数量最多，占比为14.29%。总体来看，医药外企及内企在街道尺度上的分布均呈现出离心型趋势，但外企区位相比内企更倾向靠近城市中心。

表 2　2008 年上海市医药企业街道数量分布

医药企业			医药外企			医药内企		
区	街道	比重 / %	区	街道	比重 /%	区	街道	比重 /%
浦东新区	张江高科技园区	6.02	浦东新区	张江高科技园区	14.29	嘉定区	徐行镇	4.04
嘉定区	徐行镇	4.08	奉贤区	柘林镇	5.04	浦东新区	张江高科技园区	3.54
浦东新区	川沙新镇	2.52	嘉定区	徐行镇	4.20	浦东新区	川沙新镇	2.78
金山区	亭林镇	2.33	浦东新区	张江镇	4.20	金山区	亭林镇	2.53
浦东新区	张江镇	2.33	普陀区	桃浦镇	4.20	松江区	新桥镇	2.53
普陀区	桃浦镇	2.33	徐汇区	虹梅路街道	4.20	宝山区	罗店镇	2.27

续表

医药企业			医药外企			医药内企		
区	街道	比重/%	区	街道	比重/%	区	街道	比重/%
松江区	中山街道	2.33	闵行区	江川路街道	4.20	闵行区	莘庄工业区	2.27
宝山区	罗店镇	2.14	浦东新区	金桥出口加工区	4.20	松江区	中山街道	2.02
松江区	新桥镇	2.14	松江区	中山街道	3.36	奉贤区	海湾镇	2.02
奉贤区	海湾镇	1.94	南汇区	惠南镇	2.52	宝山区	大场镇	2.02

3.2 集聚分析

Moran's I 被用来衡量要素空间自相关性，判断要素的空间分布是否存在集聚。咨询企业与医药企业在街道/镇尺度的 Moran's I 的 Z 统计值得分均大于 2.58，在 1% 水平上显著（表 3），表明两个行业的企业在空间上并非随机分布；Moran's I 都大于 0，表明企业在空间上的分布呈现集聚特征。以咨询外企集聚度最高，其 Z 值得分高达 27.86，Moran's I 为 0.425。不论外企还是内企，咨询企业集聚程度均高于医药企业；区别产权归属性质分析，咨询外企集聚程度高于内企，而医药企业则相反。

表 3　咨询企业与医药企业街道尺度全局自相关 Moran's I

	咨询企业	咨询外企	咨询内企	医药企业	医药外企	医药内企
Moran's I	0.372	0.425	0.299	0.188	0.065	0.230
Z 值	24.09	27.86	19.35	12.45	4.85	14.89

如图 4 所示，进一步从热点分析探究这两个行业的集聚区位。咨询业的分布热点区域是外环以内的城市中心，城市传统核心区与中心城区均为咨询外企与内企主要集聚区。此外，咨询内企在奉贤与金山接壤的地区形成一个次级集聚区。而医药企业分布的热点区域则基本在外环以外的城市郊区，医药外企主要集聚在浦东张江高科技园区，并在奉贤南桥镇形成次级集聚区。而医药内企的集聚区明显比外企更倾向城市外围，在城市南部的松江、闵行接壤处形成主要集聚区，并在城市北部嘉定形成一个较小的集聚区。

综上所述，咨询企业与医药企业的空间分布存在显著差异，但均表现出集聚的特征。一方面，咨询企业的区位分布具有中心指向性，以外企最为明显，内企的空间分布较外企稍远离城市中心，并在郊区形成分布次中心。医药企业的空

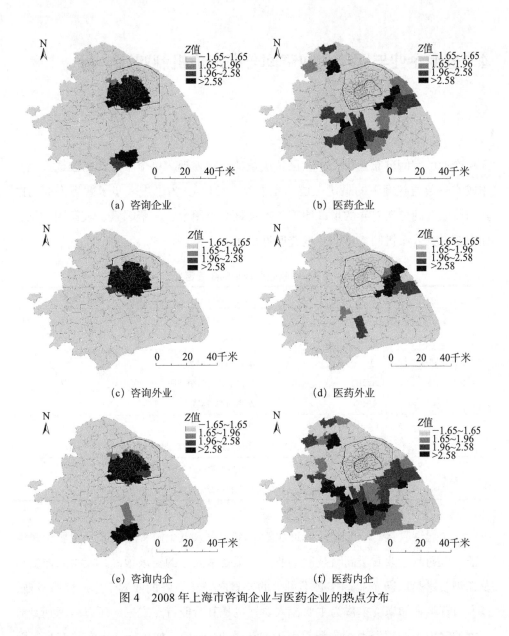

图4　2008年上海市咨询企业与医药企业的热点分布

间分布与咨询企业相比则表现出离心型的特征，且内企比外企更倾向于距城市中心更远的远郊区。另一方面，咨询企业与医药企业的区位选址虽有明显不同的偏好，但两者均表现出集聚特征，且咨询企业的集聚程度高于医药企业，其中咨询外企的集聚程度最高。

4 咨询企业与医药企业空间分布形成机制对比分析

4.1 要素分析说明

产业的空间分布是单个企业区位决策的宏观表现，单个企业的区位选择是基于成本—收益权衡下的最优区位（袁丰等，2012）。为了进一步了解咨询业与医药制造业空间分布差异的形成原因，本文从区位因素、集聚因素、政策因素三方面来探讨其分布机制，具体变量选取见表 4。

表 4　影响企业选址的要素定义

	变量	说明	预期（咨询/医药）
	University	是否有高等院校	+/+
	Price	办公楼价格	+/-
区位因素	Metro	地铁站所占面积比	+/-
	AirHQ	距离虹桥交通枢纽距离	-/?
	AirPD	距离浦东机场距离	-/?
集聚因素	Center	距离人民广场距离	-/+
	Center-cen2	距离人民广场距离二次项	?/?
政府因素	N-DZ	是否有国家级开发区	+/+
	C-DZ	是否有市级开发区	+/+

区位属性直接影响了企业选址决策，本文引入五个解释变量来衡量区位属性特征。医药制造业属于高科技制造业，对于技术人才的要求很高，获得人才资源及知识技术是医药企业运作必不可少的要素之一；而咨询业属于生产性服务业，以人力资本和知识资本作为主要投入要素也是其行业特点之一，所以考虑到专业人才的输出与知识资本的来源，引入 University 变量，如果街道内布局有高等院校，则赋值为 1，否则为 0。选取办公楼价格变量主要考虑生产成本对企业区位选择的影响，引入 Price 变量，位于内环之内的街道赋值为 4，位于内环与中环之间的赋值为 3，位于中环与外环之间的赋值为 2，与外环线邻接的街道赋值 1，否则为 0。一个区域交通通达性不论是对于高度依赖面对面信息交换的生产性服务业，还是重视技术交流的高科技制造业都是至关重要的因素之一，它不仅影响到企业自身的运营，还关系到内部员工的通勤问题，本文引入 Metro 变量，用街

道内地铁站 1 千米缓冲区所占面积比来衡量街道对内交通可达性，Metro 变量选取 2008 年之前开通的地铁站点。引入 AirHQ 变量和 AirPD 变量来衡量街道对外交通可达性。

集聚因素是影响企业选址的另一个重要因素，可以分为城市化集聚与地方化集聚两方面。不同行业的企业集聚可以产生共享基础设施的正外部性，这也间接降低了企业生产过程的成本。因此，本文引入 Center 变量来表示城市化经济的影响程度，由于城市化经济并非对所有产业产生线性影响，因此还引入 Center-cen2 变量来检验企业分布数量与到人民广场距离之间是否存在二次函数关系。由于开发区在一定程度上反映了同类产业集聚的程度，因此采用街道内是否有市级及以上开发区来表示地方化经济。

政府政策对于城市内部企业空间分布扮演了重要的角色，类似于税率减免、降低租金等优惠政策往往对于企业具有很强的吸引力，而这些政策往往会在政府主导建设的开发区、产业园中得到充分体现。同时，开发区中往往基础设施完善、环境良好，这些因素对个体企业选址决策的影响力不容小觑。因此，本文引入 N-DZ 变量和 C-DZ 变量来代表政府政策的影响，有赋值为 1，否则为 0。

4.2 模型选取

本文以 198 个街道 / 镇作为研究单元，利用 2008 年经济普查数据中的企业数据，以各个研究单元内观察到的企业数量为因变量。由于落在每个街道内的企业数量不是随机的，有的街道企业较密集，有的街道企业则可能为 0，具有明显的离散特征。因此，首先尝试泊松模型进行研究，假设每个街道分布的企业数量 $Y_i = y_i$ 的概率由参数为 λ_i 的泊松分布决定（Y_i 取决于一系列解释变量 X_i）：

$$P(Y_i = y_i \mid X_i) = \frac{\lambda_i y_i}{y_i} e - \lambda_i \qquad y = 0,\ 1,\ 2,\ \cdots,\ n \qquad (1)$$

利用泊松模型的前提条件为泊松分布的期望与方差均等于 λ_i（张华和贺灿飞，2007）。经检验，咨询企业与医药企业在各街道的分布数量的方差均显著大于均值，不符合泊松回归模型的假设，因此采用负二项回归模型：

$$Y_i = \beta_0 + \beta_1 X_1 + \beta_2 X_2 + \cdots + \beta_i X_i \qquad (2)$$

式中，Y_i 表示企业个数，X_i 表示各自变量；β_i 表示截距和系数。

4.3 结果分析

把所有的解释变量分别放到 2 个不同的模型中，以避免多重共线的问题，并检验其对因变量的影响，其结果如表 5、表 6 所示。

表 5 咨询企业区位选择回归模型估计结果

	咨询企业		外资企业		内资企业	
	Model1	Model2	Model3	Model4	Model5	Model6
University	0.3861***	0.3075**	0.0777	0.1675	0.3968***	0.3217**
Metro	0.9533***	0.7600**	1.3807**	1.0274*	0.8533***	0.6695**
Price		0.2487***		0.4647**		0.2242**
AirHQ		0.0009		-0.9741***		0.0127
AirPD		0.2246***		-0.3163**		0.2258***
Center	-0.0167		-0.1160***		-0.0127	
Center-cen2	0.0011**		0.0004		0.0010**	
N-DZ	0.7309**	0.8457***	1.1450**	1.0433**	0.6262*	0.7530**
C-DZ	0.4629**	0.5894***	0.1063	0.3041	0.4493**	0.5781***
_cons	3.4859***	2.1687***	2.1405***	2.4085**	3.3810***	2.1240***
N	198	198	198	198	198	198
r^2_p	0.0335	0.0383	0.1452	0.1652	0.0275	0.0321
p	0.0000	0.0000	0.0000	0.0000	0.0000	0.0000
chi^2	69.7935	79.5964	143.1644	162.8076	55.7685	65.2620

$*p < 0.10, **p < 0.05, ***p < 0.01$

表 6 医药企业区位选择回归模型估计结果

	医药企业		外资企业		内资企业	
	Model1	Model2	Model3	Model4	Model5	Model6
University	0.4281**	0.5691***	0.9200***	0.9368***	0.3258**	0.4829***
Metro	-1.0350**	-1.3585***	-0.9390	-1.5889**	-1.0244**	-1.2531***
Price		-0.3051**		-0.0577		-0.3550***
AirHQ		-0.2843***		-0.2100		-0.2812***
AirPD		-0.1293**		-0.1102		-0.1311**
Center	0.0339**		0.0206		0.0372***	
Center-cen2	-0.0021***		-0.0017*		-0.0022***	
N-DZ	1.4604***	1.7057***	2.5883***	2.7502***	0.7955**	1.0326***
C-DZ	0.6953***	0.7135***	1.0199***	1.1134***	0.6243***	0.6302***

续表

	医药企业		外资企业		内资企业	
	Model1	Model2	Model3	Model4	Model5	Model6
cons	0.3330	2.1724***	−1.6028***	−0.4059	0.1606	2.0863***
N	198	198	198	198	198	198
r^2_p	0.1124	0.1047	0.1503	0.1446	0.1152	0.1071
p	0.0000	0.0000	0.0000	0.0000	0.0000	0.0000
chi^2	93.1772	86.8124	58.7542	56.5488	86.4657	80.3402

* $p < 0.10$，** $p < 0.05$，*** $p < 0.01$

在区位因素中，University 变量在医药及咨询模型中系数均为正，在医药企业模型中全部通过显著性检验，且除模型五外，医药企业模型回归系数均高于咨询企业。由于医药制造业本身对科技技术有依赖，所以个体企业选址时比咨询企业更看重专业人才及知识资本的来源，更倾向于在高校周围分布。在咨询企业模型中，University 对于咨询内企有显著的正向影响，对外企则几乎没有影响，邻近国内高校可以更多地吸引咨询内企而不是外企。Price 变量对咨询和医药企业选址决策表现出了截然相反的影响：咨询企业模型中，Price 变量全部通过显著性检验，系数为正，并且咨询外企的系数要明显高于内企；而在医药模型中，Price 变量除外企外均通过显著性检验，但是系数均为负。这说明咨询企业比医药企业更倾向于布局在办公楼价格较高的区位，这一方面表明咨询企业具有较高的竞租能力，尤其咨询外企；另一方面，由于行业本身属性差异，咨询企业为了获取及时信息及方便与客户交流，对区位通达性要求比医药企业高，而通达性较好区域的办公楼价格往往较高。Metro 变量在咨询企业模型中都通过显著性检验，符号为正，AirHQ 变量和 AirPD 变量均对咨询外企产生显著负影响。由此看出咨询外企既看重对内交通，同时也注重对外交通，而内企相比外企则更依赖于对内交通，造成这样的差异可能是因为内企面向的服务对象多是国内市场，而外企则以国外市场为主。但是这样的差异并没有在医药企业中体现出来，Metro 变量在医药所有模型中都通过了显著性检验，符号为负，但这并不能说明地铁对医药企业有负面影响，只能说 Metro 变量并不是吸引医药企业区位决策的重要因素。企业布局在地铁沿线附近交通虽十分便利，但是其他生产成本往往会随之上升，医药企业不同于咨询企业，可能会有建造大型厂房需求，因此在交通便利与降低生产成本之间，医药企业往往选择后者，远离中心城区布局，而咨询企业看重前者。AirHQ 变量与 AirPD 变量对医药企业选址没有显著影响规律，医药企业的空间分布不具有交通指向性。

集聚因素中，Center 变量对咨询外企有负的显著性影响，对内企没有显著影响。二次项 Center-cen2 变量在咨询外企的模型里不显著。随着到市中心人民广场的距离增加，外企数量显著减少，表现出强烈中心指向性；内企数量则呈现出先减少随后又增加的趋势，即内企倾向在城市中心集聚的同时，在远郊区也有一定数量分布。Center-cen2 变量在医药模型中均通过显著性检验，符号为负，这说明距离对于医药企业分布数量的影响主要是二次函数关系。随着到人民广场的距离增加，医药外企和内企的分布数量都会达到峰值，随后有下降的趋势。根据 Stata 软件计算，在距离人民广场 25km 附近是医药内企数量分布的峰值，通过数据对照后发现，在距离人民广场 25km 附近的街道恰好与部分医药内企分布数量较多的街道相吻合，如川沙新镇、新桥镇、罗店镇、莘庄工业区，除新桥镇外，其余三个都有市级开发区。

在政策因素中，N-DZ 变量在咨询和医药的所有模型中都通过了显著性检验，且符号均为正，医药外企显著性程度最高。C-DZ 变量除了在咨询外企模型没有通过显著检验，在其他的模型中都通过显著性检验，且在医药模型中的系数明显高于咨询模型。这说明开发区不论对于生产性服务业还是高科技制造业都有很强的指引性，它是企业空间分布形态形成的重要驱动力。从回归结果可以看出，医药企业对于开发区的敏感程度要远远高于咨询企业，其空间区位具有很强的开发区指向性，这很好地解释了前文医药企业的空间分布的态势，医药企业分布数量最多的十个街道／镇中，7 个街道／镇具有市级及以上的开发区。而且，开发区对于医药外企的吸引程度最高，国家级开发区张江高科技园区的医药外企分布数量最多。开发区对于咨询企业也有很强的吸引力，但是不及医药企业，且咨询外企对于等级较高的国家级开发区更为青睐。外企进入中国市场投资时，由于对中国国情、市场了解有限，为了规避风险，倾向于在基础设施建设较完善，优惠政策较多的开发区分布。

5　结论与讨论

本文选取了生产性服务业与高科技制造业中各具代表性的行业——咨询业与医药制造业进行对比研究，对其在城市内部的空间分布异同及其形成机制做了细致的分析。研究发现，两个行业的区位决策影响因素明显不同，导致其空间分布呈现出相异态势。

　　咨询业的空间分布具有中心指向性，尤其对咨询外企而言；医药制造业则倾向于分布在郊区，并呈现出开发区指向性。从公司属性来看，不管是咨询企业还是医药企业，外企的空间分布较内企都更靠近市中心。负二项回归表明，距市中心的距离、区位的交通可达性是咨询企业区位决策时最重要的两个因素；而医药企业选址则更看重开发区因素和街道是否有高校这两个因素；同时对比内外企回归结果发现，同一影响因素对于外企和内企的影响也有显著差异。从国内外大都市的发展经验来看，生产性服务业从高度集聚在城市 CBD 到向环境等方面具有优势的郊区扩散是一个明显的事实（邵辉，2008）。但是上海的咨询业并未改变在城市中心集聚的状况，这一方面取决于咨询业依赖面对面交流的行业特征，另一方面与我国服务业发展阶段密切相关。此外，医药企业的整体分布明显以政策为导向，与国外典型的医药集群倾向在科研机构附近布局存在差异（李天柱等，2010），这可能与上海医药企业主要以技术引进和产品生产为主有关。

　　由此可见，上海在向全球城市迈进的过程中，倡导生产性服务业发展的同时，还需因地制宜地考虑不同行业的发展规律；优化升级制造业的同时，也要注重提高高科技制造业的创新能力。在经济全球化及城市转型过程中，生产性服务业和高科技制造业企业的空间区位在全球城市内部会不断变化，其形成机制也越来越复杂，相关议题有待进一步深入研究。

致谢

　　本研究获得国家自然科学基金项目（41371175）、教育部人文社会科学重点研究基地重大项目（13JJD840010）联合资助。

参考文献

毕秀晶，汪明峰，李健，等 . 2011. 上海大都市区软件产业空间集聚与郊区化 . 地理学报，66（12）：1682-1694.

曹玉红，宋艳卿，朱胜清，等 . 2015. 基于点状数据的上海都市型工业空间格局研究 . 地理研究，34（9）：1708-1720.

丁正山，王毅，尚正永，等 . 2014. 乡镇生产性服务业空间集聚特征研究——以江苏省常熟市为例 . 地理科学，34（8）：938-945.

孔翔，杨宏玲，黄一村 . 2013. 中国大陆外向型加工制造活动的区位选择与布局优化 . 地理科学，33（5）：521-528.

李为 . 1986. 我国乳品工业区位分析 . 地理学报, 41（3）: 224-232.

李天柱, 银路, 程跃 . 2010. 生物技术产业集群持续创新网络及其启示——基于国外典型集群的多案例研究 . 研究与发展管理, 22（3）: 1-8.

吕卫国, 陈雯 . 2009. 制造业企业区位选择与南京城市空间重构 . 地理学报, 64（2）: 142-152.

祁新华, 朱宇, 张抚秀, 等 . 2010. 企业区位特征、影响因素及其城镇化效应——基于中国东南沿海地区的实证研究 . 地理科学, 30（2）: 220-228.

邵晖 . 2008. 北京市生产者服务业集聚特征 . 地理学报, 63（12）: 1289-1298.

宋秀坤, 王铮 . 2001. 上海城市内部高新技术产业区位研究 . 地域研究与开发, 20（4）: 18-22.

汪明峰, 毕秀晶 . 2013. 园区效应: 上海市软件企业区位选择中的政府作用 . 中国城市研究,（6）: 205-218.

袁丰, 魏也华, 陈雯, 等 . 2010. 苏州市区信息通讯企业空间集聚与新企业选址 . 地理学报, 65（2）: 153-163.

袁丰, 魏也华, 陈雯, 等 . 2012. 无锡城市制造业企业区位调整与苏南模式重组 . 地理科学, 32（4）: 401-408.

张华, 贺灿飞 . 2007. 区位通达性与在京外资企业的区位选择 . 地理研究, 26（5）: 984-994.

张婷麟, 孙斌栋 . 2014. 全球城市的制造业企业部门布局及其启示——纽约、伦敦、东京和上海 . 城市发展研究, 21（4）: 17-22.

张晓平, 孙磊 . 2012. 北京市制造业空间格局演化及影响因子分析 . 地理学报, 67（10）: 1308-1316.

赵群毅, 周一星 . 2007. 西方生产性服务业空间结构研究及其启示 . 城市规划学刊,（1）: 19-25.

Aranya R. 2008. Location theory in reverse? Location for global production in the IT industry of Bangalore. Environment and Planning A, 40（2）: 446-463.

Coffey W J. 2000. The geographies of producer services. Urban Geography, 21（2）: 170-183.

Gong H. 2002. The location and suburbanization of business and professional services in the Atlanta area. Growth and Change, 33（3）: 341-369.

Han S S, Qin B. 2009. The spatial distribution of producer services in Shanghai. Urban Studies, 46（4）: 877-896.

Hong J. 2009. Firm heterogeneity and location choices: Evidence from foreign manufacturing investments in China. Urban Studies, 46（10）: 2143-2157.

Illeris S. 1996. The Service Economy: A Geographical Approach. Chichester: Wiley.

Moyart L. 2005. The role of producer services in regional development: What opportunities for medium-sized cities in Belgium? The Service Industries Journal, 25（2）: 213-228.

O'hUallachain B, Leslie T F. 2007. Producer services in the urban core and suburbs of Phoenix, Arizona. Urban Studies, 44（8）: 1581-1601.

Porter M E. 1990. The competitive advantage of nations. Harvard Business Review, 68（2）: 73-93.

Rosenthal S S, Strange W C. 2001. The determinants of agglomeration. Journal of Urban Economics, 50（2）: 191-229.

Sassen S. 2001. The Global City: New York, London, Tokyo. Princeton: Princeton University Press.

Scott A J. 2001. Global City-Regions: Trends, Theory, Policy. New York: Oxford University Press.

Short J R, Kim Y H. 1999. Globalization and The City. Essex: Longman.

Taylor P J, Catalano G, Walker D R F. 2002 .Exploratory analysis of the world city network. Urban Studies, 39 (13): 2377-2394.

Wei Y H, Luo J, Zhou Q. 2010. Location decisions and network configurations of foreign investment in urban China. The Professional Geographer, 62 (2): 264-283.

Wu F. 1999. Intrametropolitan FDI firm location in Guangzhou, China: A poisson and negative binomial analysis. The Annals of Regional Science, 33 (4): 535-555.

The Spatial Distribution and Its Determinants of Industries within a Globalizing City: A Comparative Analysis of Consulting Industry and Medical Industry in Shanghai

Li Yu, Wang Mingfeng

(The Center for Modern Chinese City Studies, East China Normal University, Shanghai 200062, China)

Abstract   Spatial distribution and its determinants of industry within a global city are the hot topics in the global/world city research areas. This article makes a comparative study on global city spatial distribution and formation mechanism of consulting industry and medical manufacturing industry that apart represent producer services and high-tech manufacturing industry, using GIS technology and spatial econometric methods. The study found that the consulting firms and medical firms have a significant difference in spatial distribution in the metropolitan areas. Consulting firms especially foreign consulting firms tend to locate the downtown. However, medical firms tend to distribute in the suburbs showing the directivity of development parks. Secondly, Moran's I index of both consulting firms and medical firms shows the agglomerate characteristics of the spatial distribution. Consulting firms mainly concentrate in downtown, but by contrast, medical firms prefer the development park. There are also differences in agglomerate pattern between domestic and foreign firms.

Finally, the distance to city center factor and transportation accessibility factor of location are significant to consulting firms choosing to locate by the result of negative binomial regression, but development parks and universities within street are two more important factors to medical firms. We also found that the same one factor influenced the foreign and domestic firms differently.

Keywords　global city; consulting industry; medical manufacturing industry; location; spatial analysis

清真寺经济空间集聚模式探析

——以开封顺河回族区东大寺为例

艾少伟　孙　政　宋雪平　张楠楠

摘　要　城市回族长期存在的"围寺而商"现象至今是一个悬而未决的理论命题。本文尝试把空间集聚的争论、民族认同、社会文化结构变迁，作为探究城市回族"围寺而居"现象及解释清真寺经济空间集聚的理论及思想基础。基于此，本文以开封顺河回族区为典型案例，以"清真寺经济"的概念拓展为基础，综合运用田野调查、空间分析等研究方法，对城市回族"围寺而居"现象、特征及发生机制进行探索性的理论解释。研究发现：①研究案例范围内，清真寺经济呈集聚分布，并与城市回族"围寺而居""围寺而商"的民族传统保持高度一致；②与区位选择、外部经济等为基础的集聚经济相比，清真寺经济在根本上是以民族传统及文化根植为重要基础和带有典型民族特性的空间集聚经济；③清真寺的邻近效应、民族传统等独特文化因素对回族商业经济的空间分布格局及集聚特征具有决定性作用；④清真寺经济空间集聚的形成，虽然以交通市场邻近为基础，但更依赖于城镇回族文化根植、地方依恋/认同及路径依赖的交互作用。本文在理论上阐释和证明了城市回族"围寺而商"及清真寺经济空间集聚存在的合理性，是对集聚理论的进一步拓展，凸显了"清真寺"在城市回族商业集聚中的重要作用，可为城市回族集聚区和城市民族区发展特色民族经济、打造特色商业街区提供重要的理论依据。

关键词　清真寺经济；空间集聚；围寺而商；文化根植；地方依恋

1　引言

中国回族有着悠久的商业传统，"回回三大行，珠宝、饭馆、宰牛羊""回

作者单位：艾少伟、孙政、宋雪平、张楠楠，河南大学黄河文明与可持续发展研究中心暨黄河文明协同创新中心。

回两把刀，一把卖牛肉，一把卖切糕""拾街头，皮毛行卖零食宰牛羊，当经纪，闯五行"，这些在回族中长期流传的谚语，是对过去回族商业经济情况的真实写照。不仅如此，中国回族以"大分散"和"小聚居"为基础，逐步形成了"围寺而居""围寺而信""围寺而聚""围寺而商""围寺而学""围寺而婚"的民族传统，这一点在回族人口比较集中的城镇表现尤为突出，如开封顺河回族区、郑州管城回族区、洛阳瀍河回族区、呼和浩特回民区、西安回坊、北京牛街、南京七家湾、临夏八坊等，通常是都市津要、水旱码头等交通便利、人口密集之地。也就是说，回族穆斯林的城市性特征非常显著，建寺成坊，设集成市，依寺而居，依坊而商，寺坊一体，坊市不离。那么，城市回族"围寺而商"现象，是否是传统意义上的"集聚经济"？如何认识这一现象？又如何在理论上进行解释？

中国传统城镇回族社会这种普遍存在的"围寺而商"现象及经济结构模式（陈肖飞和艾少伟，2014；魏明洁等，2013；王平，2012），首先引起民族学、人类学和社会学者的关注。美国人类学家 Dru C. Gladney（1993）在对比分析中国回族不同穆斯林社区案例过程中，把这种现象归结为回族特有的"工商企业主义"（trade and entrepreneurialism），但其关注的焦点在于强调回族"工商企业主义"对城市回族自我认同的重要性，以及城市回族传统文化与民族认同、民族经济之间关系。近年来，国内外学术界有关中国传统城镇回族社区的研究，对城镇回族社会"围寺而居"教坊社区结构、"围寺而信"的文化心理结构、"围寺而聚"的哲玛提社群组织结构、"围寺而学"的经堂教育结构及"围坊而婚"的族内-教内婚姻家庭结构，虽然或多或少均有关注或涉及，但主要聚焦于城镇回族社区的民族认同及现代化进程（Gladney，1998；Gillette，2000）、历史形成与发展（Lipman，1997；良警宇，2006）、社会经济文化结构变迁（杨文炯，2009）、城市回族社区结构变迁及其文化影响（杨文炯和张嵘，2008）、大城市传统回族社区的社会文化结构的变化（白友涛，2007）、城市回族聚居区结构形态的变迁（黄嘉颖，2010）、城镇回族聚居区经济结构（王平，2012）等问题，并没有把研究的重点放在对城市回族"围寺而商"的理论阐释上。即便是国内学者基于民族学和社会学范式提出的"回族社区立体结构"（围寺而居的地缘结构、经堂教育结构、族内-教内婚姻结构、经济/行业结构和寺坊自我管理结构）（杨文炯和张嵘，2008；周传斌和马雪峰，2004），但也仅仅是把"围寺而商"的经济/行业结构看做是回族社区结构的一部分，并没有进行更加深入系统的解释和说明。

由于上述研究的学科基础是民族学、社会学、人类学和历史学，再加上关注焦点和研究问题的不同，这些成果更加关注民族认同及现代性转型过程中社会、经济和文化结构的变迁，并无意于对城镇回族经济与社会文化相嵌合的空间聚集形态及其形成机制进行具有说服力的回答和解释。与这些学科不同的是，对经济活动空间集聚问题的关注，一直是地理学的学科优势及核心议题（苗长虹和崔立华，2003）。对空间集聚的理论解释，地理学强调外部规模经济和外部范围经济（Malmberg et al.，2000；景芝英和徐雪梅，1998），把集聚的原因归结为弹性专业化和生产系统的垂直分离（Piore and Sabel，1984；Scott，1988），并把本地网络和根植性（王缉慈，1998）看做是空间集聚的两个根本特征。从空间集聚研究的理论脉络看，以马歇尔（Marshall）、韦伯（Alfred Weber）、胡佛（E. M. Hoover）、佩鲁（Francosi Perroux）等为代表的古典集聚理论，强调外部经济（Marshall，1961）、区位选择（韦伯，2010）、集聚规模（Hoover，1984）、增长极（Perroux，1950）等地理要素（包括资本、劳动力、基础设施等）对于对空间集聚的基础性作用，而以克鲁格曼（Krugman）、斯科特（Scott）、波特（Porter）、格兰诺维特（Granovetter）为代表的现代空间集聚理论则与制度分析、组织演化和技术创新等理论前沿相结合，主要强调市场需求（Krugman，1991）、交易费用（Scott，1988）、知识溢出（Lyons，2000）、竞争优势（Porter，1990）、社会文化环境的根植性（Granovetter，1985）等对空间集聚的重要作用。另外，近年来，随着城市商务中心区、商业街、购物中心、贸易中心的成长与繁荣，商业空间集聚被看做是一种特殊的产业空间集聚现象而日益受到关注，但相关研究成果实质上是以来自经济地理学、产业经济学、技术经济学及社会学等领域的产业集聚研究为基础的，通常与上述工业集聚理论分享共同的研究框架及方法体系。在区位理论看来，城市商业集聚是市场需求和降低成本导致的地方化集聚；在以霍特林模型（Hotelling，1929）为代表的空间区位竞争理论看来，商业店铺的空间结构与买方卖方的地理分散性所导致的交通成本差异有关；在中心地理论看来，零售、批发、专业服务等商业服务的城市商业集聚，主要受制于中心地的空间等级结构（Vance et al.，1970；Litz and Rajaguru，2008）；在集聚经济理论看来，在区域市场中零售商店选址的重要特征就是通常在相互接近的地点开设店铺，并由此形成商业集聚（田村正纪，2007）。由此，商业集聚研究通过复制工业集聚理论进一步丰富了对经济活动空间集聚的解释。然而，无论是古典集聚理论，还是现代集聚理论，抑或是商业集聚理论，均没有对带有典型民族特性的人口－商业经济空间集聚现象进行深入理论解释。

尽管不同的学科范式给出了迥然不同的理论解释，但要么浅尝辄止，要么语焉不详，致使城市回族"围寺而商"及清真寺经济空间集聚成为一个至今悬而未决的理论命题。基于此，本文试图以地理学空间集聚理论所关注的地理要素为基础，尝试把民族学、人类学及社会学所关注的回族社区民族传统及民族文化，尤其是清真寺的空间邻近效应纳入回族商业空间集聚的分析框架，对以清真寺为中心的回族社区商业空间集聚现象进行探索性的理论解释，以进一步丰富和拓展空间集聚理论，并尝试开启地理学与民族学、人类学及社会学在回族社区研究问题上的理论及学术对话。

2 分析框架、案例选择及研究方法

2.1 概念及理论框架

2.1.1 "清真寺经济"的界定

本文中的"清真寺经济"并非传统意义上具有实体性质的寺院经济，而是特指城镇回族"围寺而居""围寺而商"民族传统下以清真寺为依托的商业集聚经济。

传统意义上的"清真寺经济"概念主要指"寺院经济"，即伊斯兰教教职人员出于宗教传播、延续的目的而利用宗教资本从事生产、流通经营的活动。它包括资金、物资等动产的流通和房屋、土地等不动产的租借租种，以此增加收入扩大积累，满足清真寺宗教活动的支出需要（马平，1989）。清真寺具有多元化的功能，不仅具有协调、提供族群认同的作用，还对民族特色的商业、服务业具有中心集聚作用。如果把"清真寺经济"仅仅看做是寺院经济，就会有很大的局限性；如果把"清真寺经济"视为"文化"（清真寺作为回族文化的核心）与"经济"（回族商业经济）的互动关系，那么，理解城镇回族"围寺而商"现象就会变得更加容易。

基于此，本文将对已有"清真寺经济"概念在两个维度上进行拓展，一是空间维度，即族裔人口与民族商务活动在地理空间上的相对集中；二是社会文化维度，即民族经济活动对族裔社区社会文化结构的深度嵌入，强调商业经济活动与民族社会文化的联系与互动。

2.1.2　分析框架

基于文献回顾、研究问题的聚焦及田野调查，本文把城镇回族商业经济空间集聚的理论分析框架建立在"清真寺经济"的概念理解及已有的理论基础之上，即城镇回族商业经济空间集聚集中体现为城镇回族的商业"集聚经济"和具有民族特色的"文化经济"两个维度，是"集聚经济"和"文化经济"密切互动的结果。其中，"集聚经济"依赖于地理距离、空间区位选择、市场竞争及地方政府等集聚要素，遵循"从区位选择、市场邻近到地理集聚"的内在逻辑；"文化经济"则受到民族特色鲜明的行业属性尤其是清真寺的影响，遵循"清真寺邻近、文化根植到围寺而商"的内在逻辑。

由于回族是一个把"宗教信仰"深深"嵌入""日常生活"之中的民族，在认识和理解清真寺经济空间集聚的发生机制上，既要看到回族是一个受"经济理性"（economic rationality）所支配的"经济人"，同时也要看到，回族还是一个受"信仰理性"（faith rationality）所支配的"回族人"。一方面，清真寺经济空间集聚可被看做是城镇回族追逐市场集聚效益、地理邻近和区位选择的结果；另一方面，由于清真寺、行业属性等折射出回族独特的民族文化传统，清真寺经济空间集聚更应该被看做是回族商业经济文化根植、地方依恋/认同及路径依赖的结果。由此可构建清真寺经济空间集聚理论分析框架（图1），对城镇回族商业经济空间集聚进行更加综合与更加具有说服力的理论解释。

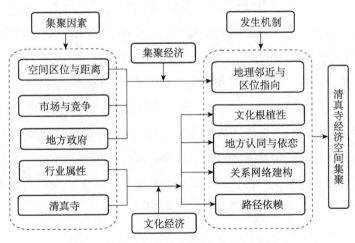

图1　清真寺经济空间集聚理论分析框架

2.2　案例选择依据及范围

要想深入研究清真寺经济的空间集聚机制，就必须考虑清真寺的规模大小、知名度、周边商业环境发育的状况。基于此，本文以开封东大清真寺（简称东大寺）作为研究案例。

（1）开封市地处中原，回族定居此地较早，已形成规模。目前市区共有 23 坊清真寺（男寺 13 坊、女寺 / 学 10 坊），这些清真寺大多历史悠久，有些甚至可追溯到元末明初，虽然部分受到战乱、水患的破坏后，或在原址重建，或由城外迁建到此地，但也可上溯到清朝。其中，东大寺更被誉为"河南首坊"，是一座有六百年以上历史的古寺。地处曾长期是河南甚至全国的政治、文化、经济中心的开封，东大寺以其悠久的历史和宏大的规模，在中原地区众多清真寺中处于十分重要的地位。

（2）即使在都市化的不断影响与冲击下，东大寺周边的商业在逐渐转型的过程中仍保留了特有的商业经济类型及结构，多年来没有太大的变化，其"围寺而商"的空间格局仍十分明显，非常有利于研究清真寺及其周边商业经济之间的空间依赖关系。

（3）开封顺河回族区作为我国五个少数民族城区之一，受汉族影响较深，与回族比较集中的西北地区有较大差别，但仍然保持着回族经商的民族传统，其典型性和特殊性比较突出，对认识和了解整个河南乃至全国的回族商业经济问题都具有较强的理论和现实意义。

本文所选案例是以开封东大寺为中心的回族聚居区，是开封市顺河回族区回族人口最为集中的区域。具体研究范围是以东大寺为中心的为"曹门大街—解放路—自由路—内环东路"所环绕的地段，覆盖大小 20 条街，面积约为 79 万米^2。该地段大部分位于顺河回族区，只有解放路及其周边区域隶属鼓楼区。其中东大寺位于穆家桥街中段，南门临穆家桥街，正门临清平南北街，处于整个研究范围的中心（图 2）。在研究范围内，回族人口比较集中，仅东大寺所在的东大寺社区，就有回族 1301 户，共 4351 人，占总人口的 89%。通过调研统计，研究区域内回族经营的店铺及摊位共有 303 家，类型多样，规模大小不一。通过调研和访谈发现，该区域内回族商户的区位选择及经营过程中或多或少都受到清真寺的影响，并由此确定清真寺经济的研究对象及范围。

2.3　研究方法及数据来源

由于回族相关资料严重缺乏，本文以问卷调查（questionnaire investigation）、田野调查（field work）及参与观察（participant observation）为基本研究方

图 2　案例研究区域范围

法，以获取研究数据，并获得对研究个案的整体性及解释性理解。根据研究范围内的回族商户数量，决定调查问卷的发放数量，不同规模、不同行业类型的商户均发放问卷，并采取一对一的方式入店调查，为商户解释问卷、访谈，以保证问卷填写的完整性和准确性。

　　本文采用定性分析与定量分析相结合的方法，基于 ArcGIS 9.3 绘制研究区域内清真寺经济空间分布图，并运用 ArcGIS 10.0 空间分析工具中的核密度（Kernel）分析及最近邻近指数（nearest neighbor index，NNI）方法对清真寺经济空间集聚程度进行描述及定量分析。

　　本文对调查问卷的实证分析采用统计函数及图表的形式显示，并运用赋值法对区位选择影响因素的相对重要性进行分析，从中获得影响区位分布的主要因子，为进一步分析清真寺经济的空间集聚机制提供依据。

　　本文的数据资料主要来自于田野调查及问卷访谈。调研时间为 2014 年 8~10 月，具体以调查区域内街道为路径，对各类回族商业网点进行逐一的辨识和记录，包括回族商业网点的空间点位、名称、行业种类、规模。向商家发放调查问卷，主要围绕清真寺、市场、交通、政府等因素在区位选择及实际经营中的影响等收集回族商户的看法和意见，最终收取问卷109份，其中有效问卷98份。由于商户对调研工作的不理解、生意较为忙碌及对宗教问题较为敏感等原因，笔者收取的问卷并没达到预计数量，但对没有填写调查问卷的大多商家仍就一些主要问题进行了访谈，所以本文的数据真实且具有说服力。除了访谈商家外，笔者还走访了东大寺、王家胡同清真寺，从清真寺教长/阿訇处也得到一些有用信息。

3 清真寺经济的空间集聚特征

3.1 行业类型及规模分析

案例范围内的303家回族商户，规模大小不等，行业类型多样。参照2004年国家零售业态分类标准（GB/T18106—2004），并与回族传统商业的实际情况相结合，本文将清真寺经济归并为两大类七小类，即普通商品经营及服务和民族特色商品经营，前者主要是为了满足普通生活生产需求，而后者则是为了满足民族特色消费需求。民族特色商品经营及服务可细分为清真加工食品的生产销售、牛羊屠宰及批发、穆斯林生活用品经营及清真餐饮业四种类型，而普通商品经营及服务则包括各类普通农副产品的销售、居民生活服务行业及日常消费用品的加工与销售等类型。经营种类及网点数量统计见表1。

表1 行业类型及网点数量统计表

行业类型		经营种类	网点数量	比例/%
民族特色商品经营及服务	清真加工食品的生产销售	花生糕、花生瓜子、桶子鸡、馒头、速冻食品等	132	43.6
	牛羊屠宰及批发	牛羊肉屠宰、牛羊肉批发	11	3.6
	穆斯林生活用品经营	各种穆斯林用品	3	1.0
	清真餐饮业	拉面、羊肉汤、早餐店等	102	33.6
普通商品经营及服务	普通农副产品的销售	粮油、蔬菜、调料、茶叶等	5	1.7
	居民生活服务行业	理发店、照相馆、教育培训、书画装裱等	15	5.0
	日常消费用品的加工与销售	小卖店、服装店、电器等	35	11.5
		合计	303	100

资料来源：2014年8～10月调研数据

在所有回族商户中，数量最多的是清真加工食品的生产销售，共有 132 家，包括 75 家店面和 57 家流动摊位；其次是清真餐饮业类 102 家，多为店面经营，只有 17 家是流动摊位；再次是日常消费用品的加工与销售，此类经营种类众多，其中小卖店和超市的数量最多，共有 26 家，其余为服装店、电器行、化妆品店及布行等。除此之外，居民生活服务行业、牛羊屠宰及批发、普通农副产品的销售及穆斯林生活用品经营所占比例较低。

按照经营规模，部分参考《河南省清真食品管理方法》，可将清真寺经济分为三种规模：①流动摊位；②小规模店铺（经营面积小于 60 米^2）；③大中规模店铺（经营面积大于 60 米^2），如图 3 所示。

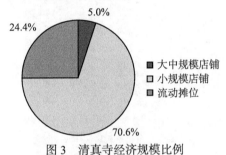

图 3　清真寺经济规模比例

就经营规模而言，小规模店铺数量最多，行业类型也最为丰富，共 214 家，比重为 70.6%；其次为流动摊位 74 家，以卖花生瓜子、花生糕、双麻火烧、牛羊肉的摊位居多，也包括部分小吃摊、副食品摊；大中规模店铺最少，仅有 15 家，除两家连锁蛋糕房外，其余均为清真饭店。

总的来说，清真寺经济类型以小规模的清真餐饮业及清真加工食品的生产销售等具有民族特色的行业类型为主，本小利薄且灵活多变，与当地市场需求相适应。

3.2　清真寺经济的集聚形态

3.2.1　总体集聚形态

采用 ArcGIS 10.0 核密度（Kernel）分析方法可对研究范围内所有回族商业网点进行空间分析，进而得到清真寺经济的空间结构图（图 4）。分析发现，清真寺经济在空间结构上呈现"两心一轴"的总体布局。"两心"分别指以清平南北街和穆家桥街交叉口为中心的主集聚中心，以及以草市街、维中前街、大黄家胡同三岔口为中心的副集聚中心；"一轴"为沿内环东路的南北轴，南到曹门大街，北至穆家桥街。其中，主集聚中心涵盖的商业网点主要分布在穆家桥街中段与清平南北街南段两侧，向西延伸至北羊市街，行业类型上以清真加工食品的生产销售和清真餐饮业为主；副集聚中心中的商业网点则多分布于维中前街西段与三岔口附近，行业类型以清真餐饮业和普通农副产品的销售为主。沿内环东路的南北轴网点分布总体较为均匀，只有南端与北端出现小规模的清真餐饮业集聚。

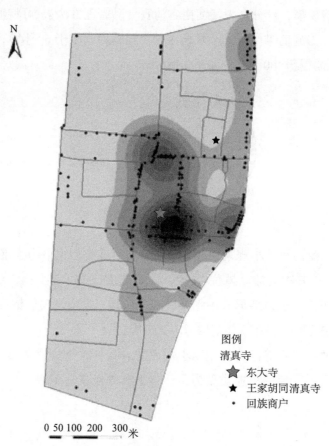

图 4　商业网点总体核密度分析

3.2.2　不同行业规模集聚形态

通过对不同规模的商业网点进行核密度分析（图 5），可以发现：①流动摊位整体较为分散，主要分布于穆家桥街、北羊市街、南羊市街、草市街南段、内环东路上，在道路交叉口呈现出几处小规模的集聚；②相对于流动摊位，小规模店铺分布更为广泛，与总体分布的形态特征相似，最为密集的区域为围绕东大寺的"清平南北街—维中前街—北羊市街—穆家桥街"环线；③大中规模店铺多分布在主干道或主干道交叉口处。也就是说，占总数 95% 的小规模商铺和流动摊位，很明显是以"东大寺"为中心"围寺而商"，数量较少的大中规模商铺（仅占 5%）则集中在交通位置更好的区位。

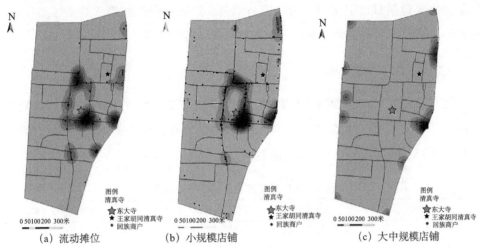

(a) 流动摊位　　　(b) 小规模店铺　　　(c) 大中规模店铺

图 5　不同规模商业网点核密度分析

由于行业类型较多，本文只对回族商户数量较多的三种类型进行核密度分析（图 6），其余行业则直接进行描述性分析。不同行业商业网点的空间分布存在较大差异：清真加工食品生产销售与清真餐饮业的空间格局与总体格局相一致，但更为集中；牛羊屠宰及批发尤其是牛羊肉批发主要集中在内环东路；穆斯林生活用品经营与居民生活服务行业更多地分布在东大寺社区内的各个街道；普通农副产品的销售尤其是调料与茶叶全部位于北羊市街；对于日常消费用品的加工与销售来说，小卖店在主干道及社区内街道上都有分布，服装、电器类的门店则全部位于穆家桥街。

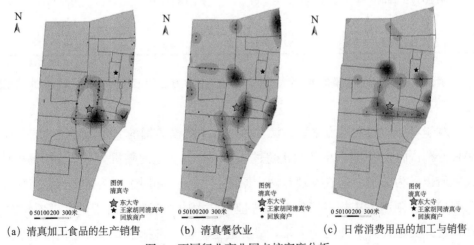

(a) 清真加工食品的生产销售　　　(b) 清真餐饮业　　　(c) 日常消费用品的加工与销售

图 6　不同行业商业网点核密度分析

整体而言，清真寺经济不同行业的集聚形态大体可归结为三种类型：散布型、孤点型及聚合型。其中，散布型以居民生活服务行业、清真餐饮业为代表；孤点型以穆斯林生活用品经营和牛羊屠宰及批发为代表；其余行业均属于聚合型聚集，主要包括日常消费用品的加工与销售、普通农副产品销售的条带型集聚、清真加工食品的生产销售所形成的组团状条带状复合集聚。

3.2.3　集聚强度分析

通过 ArcGIS10.0 最近邻距离分析，可得出清真寺经济总体及不同规模类型的最近邻近指数（0.75 < NNI < 1.25 为随机分布，NNI ≥ 1.25 为离散分布，NNI ≤ 0.75 为集聚分布）（表 2、表 3）。

表 2　不同规模网点最近邻近指数表

网点类型	平均观测距离	预期平均距离	最近邻近指数（NNI）
总点	13.529 619	24.882 733	0.543 735
流动摊位	20.369 836	50.260 657	0.405 284
小规模店铺	16.160 156	29.616 376	0.545 649
大中规模店铺	92.415 839	112.386 246	0.822 306

表 3　不同行业网点最近邻近指数表

网点类型	平均观测距离	预期平均距离	最近邻近指数（NNI）
清真加工食品的生产销售	15.501 228	38.623 972	0.401 337
牛羊屠宰及批发	103.262 456	251.303 285	0.410 908
穆斯林生活用品经营	24.153 076	42.888 433	0.563 161
清真餐饮业	30.190 921	177.698 257	0.169 900
普通农副产品的销售	57.742 167	108.817 515	0.530 633
居民生活服务行业	31.083 737	72.545 010	0.428 475
日常消费用品的加工与销售	85.654 558	131.238 861	0.652 662

全局尺度上，全部网点的最近邻近指数为 0.543 735，呈现显著的集聚分布。

对于不同规模的网点来说，流动摊位与小规模店铺的 NNI 均小于 0.75，为集聚分布；而大中规模店铺 NNI 超过 0.75，呈现一定的随机分布。大中规模店铺之所以较为分散，调查发现有两个原因：①东大寺周边均为居民区，且临街门面较小，限制大中规模店铺在此选址；②大中规模店铺由于资金投入较大，往往选择交通位置更佳的十字路口或交通主干道，选择偏离清真寺的区位属于正常现象。

对于不同类型的网点，所有行业类型的最近邻近指数均小于 0.75，呈集聚分布。其中，清真餐饮业的集聚程度更高（NNI 仅为 0.17），其他类型的 NNI 值比较接近，基本介于 0.4 ～ 0.65，均小于 0.75，呈集聚分布状态。但从平均观测距离来看，清真加工食品的生产销售平均观测距离最小，在局部范围内更为集中；相对而言，牛羊屠宰及批发最为分散。

4 清真寺经济空间集聚的因素解释

4.1 空间区位与距离

空间区位与距离集中体现为交通可达性、租金水平、消费市场邻近性和微观区位等因素。

由于交通可达性（包括交通区位、交通设施、交通因素等）能够克服时空距离摩擦所需支付的外部交易成本，是区位选择的重要影响因素。研究区域内，停车场极少，距离火车站较远，尽管解放路、穆家桥街、自由路、曹门大街上分布有 14 个公交车站，但访谈发现，92% 的回族商户在区位选择时都未考虑这个因素，其空间分布也与公交车站并没有明显联系。因此，结合《城市道路交通规划设计规范》，本文主要考虑城市干道、生活交通及叉口等来表征交通可达性。其中，城市干道包括主干道解放路、自由路、曹门大街，以及次干道内环东路、穆家桥街；社区内的街道均为生活交通；叉口包括所有的十字交叉口、丁字交叉口及三岔口。研究区域内，城市干道上主要分布清真加工食品的生产销售、清真餐饮业及日常消费用品的加工与销售，规模以小规模店铺为主；大中规模店铺主要分布在叉口；生活交通上店铺较少。调研发现，63% 的商户认为接近城市干道很重要，17% 认为重要，15% 认为比较重要，可见交通区位是重要的集聚因素。

租金水平对不同行业规模的商户具有较大影响。由于涉及部分商业机密，有些商家对租金问题较为敏感，所以在数据收集上难度较大，主要通过访谈获得信息。研究区域内有一个特殊现象，即位于社区内部生活交通上的店铺多数为"下店上宅"或"前店后宅"的家庭式小作坊，不需要支付租金，这是大多数回族选择在自家开店的主要原因之一。有的店铺自祖辈起就在此做生意，经过多年手艺传承已经颇有名气，总店一直没有搬离原址，只是增开了一些分店。以沙家酱牛肉为例，最早创于光绪二十三年（1897 年），代代相传，延续至今，可以说是开封的招牌美食之一。另外，对于主干道、次干道上的店铺来说，位置不同租金也有差别。例如，内环东路的西侧店铺租金要低于东侧店铺，据调查，主要是因为东侧为道路的阳面，采光要优于西侧，同等面积下租金相差 300 元左右。总的来说，穆家桥街、解放路、自由路的租金高于内环东路、曹门大街；十字路口附近的租金要高于道路中段。部分商户，尤其是外地回族商户普遍认为目前租金偏高，更倾向于搬往生意更好的开封新区。

清真寺经济具有显著的消费者指向性特性。根据研究区域的特点结合实际调研情况，回族聚居区及学校是回族商户最大的消费市场。本文研究案例绝大部分位于顺河回族区，有 2 万多回族人口，是清真寺经济的最大消费市场，尤其是对于民族特色商品经营及服务的商户来说，主要消费群体还是以"围寺而居"的回族穆斯林为主，因此，在区位选择上必然要靠近回族聚居区。另外，邻近学校也是其中一个原因。研究区域内共有 8 所学校，包括位于理事厅街的开封市第一职业中专、群英幼儿园、理事厅小学和位于草市街的回民中学、乐观街的回族幼儿园，以及第六中学、第七中学及成龙外语中学。其中，回族中学、群英幼儿园周边的回族商户，集聚较为为明显。

柜台式商铺对远角区位、可视性、易接近性和操作便利性等微区位具有显著的空间指向性。穆家桥街和南羊市街属于远角区位，人流量大，可视性好，沙家酱牛肉、庞记桶子鸡、白记花生糕等开封名吃在此密集分布。另外，此类店铺大多是柜台式店铺，以经营特色回族清真食品为主，所经营的清真熟食具有操作的便利性。与此同时，这些街道停车位少，很多驾车而来的消费者都只能短暂停留，而集中分布的柜台式店铺可为其提供方便携带的真空包装食品，既方便了消费者，又提高了知名度。

4.2 市场与竞争

清真寺经济空间集聚不仅依赖于市场需求、潜力及范围，还依赖于回族商户对市场的空间竞争。

清真寺经济空间集聚明显依赖于当地收入水平、市场需求、潜力及范围。研究区域位于开封老城区，东大寺附近的回族居民收入水平普遍较低，这是当地回族主要从事小本生意的重要原因。一个突出表现就是，大量中小规模店铺及摊位在此集聚，以满足当地居民的日常生活需要；大规模店铺相对较少，主要满足收入水平较高的群体。另外，一些"老字号"回族店铺，虽然最初经营时针对的顾客群主要是周围的回族住户，但随着交通的日益便利及知名度的提升，市场范围也进一步扩大。例如，郑家牛羊汤店的老板就表示，每周都会有很多人从郑州驾车来喝羊肉汤、吃四味菜，有些已经成为了老顾客，甚至河南电视台的知名节目《香香美食》也曾专门来到开封宣传过"寺门"（东大寺门口）的羊肉汤。市场范围的扩大和潜力的提升也吸引了更多的回族商户来此经营，近则郊区，远则西北，如位于穆家桥街的兰州拉面馆老板是兰州回族。总体而言，当地的收入水平和市场需求，决定了清真寺经济所对应的消费模式很大程度上属于伴随性的消费，也就是在日常路径中就近消费和顺带消费。

清真寺经济因区位空间竞争而进行空间集聚。根据区位空间竞争理论，商户通过分析竞争者的数量及可能的市场占有率来确定与竞争者的区位空间关系。但事实上现实中的商户很难做到绝对理性的分析，而且由于信息的不对称性其所做选择的合理性也无法保证。调查发现，当地商户大多文化程度不高，选址时只是简单地考虑了同行的数量，对于竞争程度及如何能促使收益最大化并无清晰的认识。尽管如此，多数回族商户仍然本能地在选择哪些区位和接近哪些竞争者方面做出比较合理的决策。不仅如此，访谈过程中发现，大部分回族商户对周围聚集的同行都持肯定的态度，虽然同行的激烈竞争会导致一定程度的消费者分流；很多"老字号"的店铺因具有较高知名度，在开设分店的时候更倾向于集聚。

4.3 地方政府

开封市顺河回族区政府及相关决策客观上有利于清真寺经济的空间集聚，但在现实中并没有充分体现。

2013年1月出台的《开封市顺河回族区特色商业区发展规划》就是为了通过建设清真美食、民族宗教特色旅游、伊斯兰文化、休闲娱乐有机结合的顺河回族区特色商业区，在提升民族餐饮、特色食品的同时，加强物质文化遗产及非物质文化遗产的挖掘和开发，做大做强民族特色文化；整合小、散、乱的商业资源，加快商业集聚发展。不仅如此，研究区域目前面临老城区、棚户区改造，尤其是以东大寺为中心的回族聚居区，比较破旧，环境较差，预计约2000户需要进行改造。对于政府出台的相关政策，商户基本上持支持态度，而且一些有搬离意向的人也表示如果政府能够把特色商业区建好，他们还是更愿意在这里做生意，可见好的市政规划能够提高一个地方的吸引力和凝聚力。但也有一部分人对此持质疑态度，认为在城市改造、拆迁的过程中少数民族群众的权益得不到很好的保障，而且担心无力购买拆迁后的新建楼房，不得不另寻新的安身之所，远离清真寺，给生活造成诸多不便。就目前来说，地方政府及相关政策对清真寺经济区位选择的影响较小，由于政策实施的滞后性与实际效果的偏差，加上宣传不到位，76.4%的商户认为政府政策不重要，仅有12.8%认为其重要或有些重要。

4.4 行业属性

回族商户的行业类型、规模等级及民族特性对清真寺经济的区位选择及空间集聚特征具有决定性的影响。

一方面，行业类型一定程度决定了消费者的类型、区位的选择及空间的分布。例如，居民生活服务行业主要服务于当地回族社区居民，顾客较为固定，故分散于社区的各个街道，对交通位置要求较低，很少出现同一类店铺相邻分布的状况。穆斯林生活用品经营与居民生活服务行业相似，主要针对社区内的穆斯林大众，数量上小于居民生活服务行业，凸显了商品的民族性及服务对象的特定性，布局上临近清真寺但并不存在明显的集聚。清真餐饮业、日常消费用品加工与销售的受众较广，尤其是开封的清真餐饮业所具有的知名度和影响力较大，所以其对交通区位的要求较高，更倾向于分布在城市主干道及人流量较大的次干道。而普通农副产品最为特殊，只集中分布在北羊市街，经营种类以调料为主，香料作为回族的传统商业也具有一定的历史性和民族性，基本是东大寺社区回族居民所经营。总的来说，不同的行业类型受是否具有民族特色、是否为传统商业的影响对区位选择的倾向均有所不同（表4）。

表4　不同行业网点主要分布道路

行业类型	主要分布道路
清真加工食品的生产销售	穆家桥街、清平南北街、内环东路、维中前街、北羊市街
牛羊屠宰及批发	内环东路、北羊市街
穆斯林生活用品经营	维中前街、清平南北街
清真餐饮业	内环东路、解放路、清平南北街、南羊市街、自由路
普通农副产品的销售	北羊市街
居民生活服务行业	维中前街、理事厅街、北羊市街、乐观街
日常消费用品的加工与销售	穆家桥街、理事厅街、北羊市街

资料来源：2014年8月调研数据

另一方面，规模等级对空间分布的影响主要体现在对经营成本及利润的考虑、对道路宽度的要求等方面，店铺规模越大，其对道路宽度的要求越高，越倾向于分布在主干道上。与此同时，规模大意味着租金成本、装修成本、经营成本高，选址时更需要考虑交通可达性、消费市场的临近性等因素。实际调研结果显示，流动摊位由于规模小，且不需摊位费、流动性高，多分布在城市管制有限的岔路口及人流量较大的社区内部街道。小规模的店铺数量多、分布广，多为家庭式的"前店后宅"或"下店上宅"小作坊形态，再加上当地回族社区多以平房为主，房屋老旧且面积狭小，故社区内的店铺均为小规模临街店铺，甚至很多店铺是直接将自家大厅改为门面或将窗户打开变成简易的小卖部或柜台式经营。大规模店铺则明显分布在内环东路及解放路等城市干道上且在交叉口较为集中（表5）。

表5　不同规模网点主要分布道路

行业类型	主要分布道路
流动摊位	穆家桥街、清平南北街、北羊市街、草市街
小规模店铺	内环东路、穆家桥街、清平南北街、理事厅街、北羊市街、南羊市街、维中前街
大中规模店铺	内环东路、解放路

资料来源：2014年8月调研数据

4.5　清真寺

清真寺对于回族商户"围寺而商"及空间集聚具有很强的中心凝聚作用，具体体现为围寺而商的民族传统、清真寺的邻近效应及从业者的信仰需求。

一方面，回族"寺坊"传统社会文化结构及"围寺而居"的地理结构为回族商业经济的空间集聚提供了地理与社会文化空间。调研访谈印证了这一事实，即具有700多年历史的"寺坊"传统，使得很多回族商户都把紧邻清真寺做生意当做是理所当然的事情。很多回族商户表示，"祖祖辈辈都在这，寺在这，家在这，不在这干生意还能去哪"。

另一方面，清真寺邻近效应为回族商户带来更多消费群体和收益。东大寺作为"中原首坊"知名度远高于其他清真寺，慕名而来的参观者很多，每天都有来自国内外的穆斯林和非穆斯林来参观学习，到了节假日更多，这就为周围商业带来了潜在的消费群体。东大寺原教长赵阿訇表示："东大寺算是周围回族的一个依靠，两者之间是相互依存的关系。他们的生意借助这个寺而红火，清真就是一个无价的资产，寺门的东西就绝对清真，质量也有保障。再一个，做生意出了问题也可以找清真寺解决，有的时候工商局他们解决不了我们寺都能解决。即使寺里解决不了，也可以作为他们和政府之间的纽带。清真寺是经济文化交流中心，也是我们的靠山，我们的家，我们的总体核心。没有清真寺，他们不知道会怎样。"

5 清真寺经济的空间集聚机制

5.1 集聚因素的相对重要性

本文将清真寺经济空间集聚看做是集聚因素相互作用的结果。事实也证明了这一点，实际调研发现，很多回族商家表示在最初区位选择时确实是考虑了多方面的因素。

由于对清真寺经济空间集聚机制的解释是以集聚因素的分析为基础的，要准确描述清真寺经济空间集聚的发生机制，就必须对集聚因素的重要性进行比较分析，进而找出"围寺而商"的主要原因。本文主要采取赋值法进行分析，根据调查问卷结果计算出各个集聚因子的得分平均值，并进行比较（表6）。

表6　清真寺经济集聚因素的相对重要性

排序	集聚因子	平均值	标准差
1	人流量	4.0385	1.1315
2	清真寺的邻近效应	3.9438	0.9889
3	靠近回族聚集区	3.6385	1.2037
4	接近交通干道	3.4067	1.2564
5	依寺而商的民族传统	3.1231	0.8454
6	附近居民收入与消费水平	3.0462	1.17
7	从业者的信仰需求	2.9768	1.3585
8	市场需求	2.4592	1.1538
9	租金水平	2.3579	0.7632
10	可视性、操作方便性	2.1385	0.8366
11	同行数量与竞争激烈程度	1.9753	0.9283
12	政府政策	1.8476	1.0682
13	所属行业类型	1.5962	0.9588
14	市场范围与潜力	1.3615	0.6534
15	店铺规模大小	1.0603	0.7398
16	靠近学校	0.8354	0.8556

在 16 个集聚因子中，人流量、清真寺的邻近效应、靠近回族聚集区、接近交通干道、依寺而商的民族传统、附近居民收入与消费水平 6 个集聚因子平均值高于 3，表明这 6 个集聚因子对清真寺经济空间集聚具有重要作用，而剩余 10 个因子则对回族商户有差别化的影响。另外，较大的标准差表明，不同回族商户的区位选择有较大的出入，这就印证了前文所得出的不同行业类型与规模等级的回族商户区位选择有所不同的结论，同时也印证了区位选择的多样性。

5.2 集聚机制

集聚因子的相对重要性分析表明，虽然交通、市场、人流量等传统经济因素对回族商业经济的空间集聚仍具有非常重要的影响，但清真寺的邻近效应、靠近回族聚居区、依寺而商的民族传统等独特文化因素的影响却同样重要，甚至对研究区域内回族商业经济的空间分布格局具有决定性作用，这也是清真寺经济区别于一般集聚经济的根本原因。换句话说，清真寺经济的空间集聚既是集聚经济地理集聚的结果，也是回族特有的文化经济"围寺而商"的结果，基于此，清真寺经济的集聚机制可通过交通市场邻近性、文化根植性、地方认同与依恋、关系网络结构、路径依赖及交通市场邻近性进行阐释。

5.2.1 交通市场邻近及其偏离

人流量、接近交通干道、附近居民收入与消费水平，这些集聚因素的相对重要性在排序中比较靠前，是影响清真寺经济空间集聚的主要因子，在此可归结为"交通市场邻近性"。

可以说，清真寺经济对交通市场的邻近性及空间指向性，是其与世俗经济的共同特征，与一般的商业、服务业集聚没有什么本质的差别，均与交通市场有着高度的关联性，越是人流量密集、交通地理位置较为优越的区域，空间集聚越容易产生，研究范围内回族商户所呈现的"两心一轴"空间结构即是有力的证明。

但需要指出的是，清真寺经济又不同于一般的世俗经济，上述回族商户的空间布局结构主要是以"清真寺"为中心进行集聚的。主要体现在两个方面：①案例区域在地理空间上邻近鼓楼商业区，交通区位优势突出，人流量大，但很少布局大中规模商铺；②回族商户规模小、数量多、档次低，且民族性非常突出，多由当地回族经营，并与当地回族的日常生活息息相关，也符合回族"小富即安"的传统。

这两个特点使交通市场邻近性对清真寺经济的空间集聚作用发生了较大的偏离，这种偏离是现有集聚经济理论所不能描述的，我们只能从文化根植性、地方认同与依恋、民族传统及路径依赖等方面去寻求更加合理的解释。

5.2.2 文化根植与围寺而商

经济活动的社会文化根植性已经得到经济地理学者、社会文化地理学者及社会学者的广泛认同，即经济活动根植于特定的、地方化的社会文化情景（Granovetter，1985）。

清真寺文化、回族商业文化对回族商业经济的重要性是不言而喻的。清真寺文化具有显著的向心集聚作用，而独特的回族商业文化则可以满足回族及当地居民多样化的消费需求。由此，清真寺文化、回族商业文化可通过"特定的回族社会文化结构——分工经济、外部经济——城市回族商业经济"内在逻辑作用于清真寺经济的空间集聚，一方面，由于清真寺（如东大寺为河南首坊）在当地回族经济文化生活中的中心地位，清真寺文化可以为城市回族商业经济提供一种"向心作用"，从而把回族商户吸引到清真寺周围；另一方面，回族商业文化使回族善于寻求各种商机，为城市回族商业经济提供一种"过滤作用"，使回族商业经济专注于满足回族特定的生产和生活需求，并依市场需求而产生分工经济，因"围寺而商"而产生外部经济。

因此，清真寺经济具有非常强的文化根植性，并在清真寺文化的"向心作用"和回族商业文化的"过滤作用"下，围寺而商空间格局形成。

5.2.3 地方依恋/认同与商业集聚

已有研究已经表明，研究区域范围内的回族，尤其是居住在东大寺周围的回族居民，由于居住时间长，对社区认知较深，对社区环境感知也较为丰富，产生了较深的地方依恋及认同（艾少伟等，2013）。这种地方依恋（Hidalgo and Hernandez，2001），使当地回族和地方之间形成了一种积极的感情联结。

对于集聚在东大寺周边的回族商户而言，强烈的地方依恋主要表现为三个方面：一是当地居民的地方依恋，东大寺虽然破旧但很多人安土重迁，仍喜欢这里的环境；二是商家的地方依恋，很多商家在此经营数十年乃至上百年，依恋很深；三是开封居民对清真饮食的地方依恋，大家愿意到此消费的一个重要原因是能吃到或买到正宗伊斯兰风味的回族饮食。

这种地方依恋及认同本身就具有很强的凝聚力和号召力，能够吸引商家不断集聚，从事各种商业活动，进而形成当地回族"围寺而商"和开封市独具民族气息的特色商业街区，这也就能够很好地解释当地为什么会出现商业集聚。与此同时，商业集聚又进一步强化了当地回族的地方依恋及认同，形成一种循环累积因果效应。

5.2.4 民族传统及其路径依赖

正是由于回族特有的清真寺文化、回族商业文化及回族的地方依恋及认同，回族独特的民族传统才得以保持和延续，而这种保持和延续，可以用"路径依赖"来进行解释。事实上，传统回族文化就是回族对自身信仰、制度、价值观念及行为方式等路径依赖的结果，是回族在城市中发展的历史基础，其对商业活动的认同和推崇通过回族参加的各种宗教活动及家庭教育潜移默化于回族的精神世界之中。

普遍意义上的路径依赖是指制度变迁及技术演进均具有类似于物理学的惯性，即一旦进入了某一路径（无论该路径是"好"或是"坏"）就会对该路径产生依赖，这种惯性的力量会使这一选择不断自我强化（Martin and Sunley，2006）。路径依赖的相关研究多出现在技术、经济、区域发展等领域，而很少用于民族研究领域。但在一些回族研究中，如回族学者对兰州市清真餐饮业空间上呈现出以清真寺为核心的集聚状态的解释（高翔等，2010），以及城市流动穆斯林人际网络关系对地缘和宗教的强依赖性分析（李晓雨和白友涛，2009），"路径依赖"的概念实质上得到了一定的体现。

研究区域内，清真寺经济的路径依赖性可以归结为三个方面：行业类型的选择、经营模式的选择及空间区位的选择。第一，回民大都选择自己熟悉、擅长，并符合民族传统的行业领域，这就是为什么清真加工食品的生产销售、传统清真餐饮、牛羊屠宰及批发、穆斯林生活用品经营等带有民族特色的传统行业占据较高比重（71.8%）的重要原因。第二，从事这些行业本身也就决定了大多数回民的经营模式，除大量流动性摊位外，多为小规模店铺，家庭式小作坊、"前店后宅"或"下店上宅"的模式也非常普遍，而且调研发现，这些经营模式虽历经上百年而未发生根本的改变。第三，回族商户在空间区位选择上也因"围寺而商"的民族特性而传承下来，行成了以"清真寺"为中心的"回族清真产业空间"。

不仅如此，清真寺经济的路径依赖性，以回族特色的行业分工、行业衍生及其聚集为基础，但更依赖于强烈的地方依恋、强关系网络及深厚的文化根植或文化传统。其中，强烈的地方依恋是清真寺经济路径依赖的地理和心理基础；强关系网络是清真寺经济路径依赖的社会基础，而深厚的文化根植或文化传统则是其重要的文化基础。正是基于强烈的地方依恋、强关系网络和深厚的文化根植或文化传统的综合作用，东大寺社区清真寺经济的空间集聚及其路径依赖性才会如此强烈。也正因如此，部分回族商户宁愿放弃选择交通干道，而在社区内的偏僻道路经营，最终形成围寺而商的地理空间格局。这也很好地解释了为什么清真寺经济会对交通市场邻近性产生较大的偏离。

6 结论与讨论

城市回族长期存在的"围寺而商"现象尚未引起学术界的足够重视，也没有在理论上得到合理的解释。为在理论上解释这一现象，本文尝试把人文－经济地理学、空间经济学界有关空间集聚理论的研究和争论，以及民族学、人类学和社会学界对回族民族认同、经济社会文化结构变迁研究，作为探究城市回族"围寺而居"及清真寺经济空间集聚的理论及思想基础。基于此，本文以开封顺河回族区为典型案例，以"清真寺经济"的概念拓展为基础，把城市回族"围寺而居"及清真寺经济空间集聚机制的理论解释置于城镇回族的商业"集聚经济"和具有民族特色的"文化经济"的交互作用上，并借助于田野调查、空间分析等研究方法，对城市回族"围寺而居"现象、特征及发生机制进行探索性的理论解释。主要结论及研究发现如下。

（1）清真寺经济空间集聚深受行业民族属性及规模的影响，并与城市回族"围寺而居""围寺而商"的民族传统保持高度一致。清真寺经济行业类型多样，规模结构偏小，集聚程度较高，总体空间结构以"两心一轴"为基本特征，具体表现为散布型、孤点型及聚合性等多种空间集聚形态。

（2）清真寺经济在根本上是以民族传统及文化根植为重要基础和带有典型民族特性的空间集聚经济。其主要特点是既遵循"从区位选择、市场邻近到地理集聚"的内在逻辑，依赖于交通距离、空间区位选择、市场竞争及地方政府等集聚因素，又遵循"清真寺邻近、文化根植到围寺而商"的内在逻辑，高度依赖于民族特色鲜明的行业属性及清真寺与民族文化传统。

（3）清真寺的邻近效应及民族传统对回族商业经济空间集聚具有较强的决定作用。集聚因子的相对重要性分析表明，虽然交通、市场、人流量等传统经济因素对回族商业经济的空间集聚仍具有非常重要的影响，但清真寺的邻近效应、围寺而商的民族传统等独特文化因素的影响却同样重要，甚至对研究区域内回族商业经济的空间分布格局及集聚特征具有决定性作用。

（4）清真寺经济空间集聚形态是交通市场邻近、文化根植、地方依恋及路径依赖交互作用的结果。清真寺经济空间集聚的形成，虽然以交通市场的邻近为基础，是城镇回族追逐市场集聚效益及区位选择的结果，但却发生了较大的偏离，这种偏离是城镇回族文化根植、地方依恋及路径依赖交互作用的结果。其中，清真寺文化的"向心作用"和回族商业文化的"过滤作用"使清真寺经济具有非常强的文化根植性；城市回族的商业集聚与回族的地方依恋及认同之间具有很强的循环累积因果效应；清真寺经济在行业类型选择、经营模式选择及空间区位选择上具有较强的路径依赖性，并依赖于强烈的地方依恋、强关系网络及深厚的文化根植或文化传统。

由此，本文在理论上阐释和证明了城市回族"围寺而商"及清真寺经济空间集聚存在的合理性，凸显了文化根植、地方依赖/认同、民族传统，尤其是"清真寺"在城市回族商业集聚中的重要作用，发现了清真寺经济明显不同于一般集聚经济的作用机制，是对现有集聚理论的进一步拓展和提升，可为城市回族集聚区和城市民族区发展特色民族经济、打造特色商业街区提供重要的理论依据。

致谢

本研究获得国家自然科学基金项目（41471104、41001072）、"伊斯兰文化的全球化与地方化"国际合作项目和河南大学新兴交叉及特色学科培育计划（XXJC20140022）联合资助。

参考文献

艾少伟，李娟，段小微. 2013. 城市回族社区的地方性——基于开封东大寺社区地方依恋研究. 人文地理. 28（6）：22-28.

白友涛. 2007. 大城市传统回族社区的社会文化结构研究——以南京市七家湾回族社区为个案. 西北第二民族学院学报（哲学社会科学版），（3）：5-11.

陈肖飞，艾少伟. 2014. 非正式制度下城市清真寺周边商业空间区位研究——基于西宁东关回族社区的调查. 经济地理，34（6）：108-114.

高翔，鱼腾飞，张燕. 2010. 城市中穆斯林流动人口的空间行为特征及动力机制研究——以兰州市回族、东乡族为例 . 世界地理研究,（2）: 60-68.

黄嘉颖 . 2010. 西安鼓楼回族聚居区结构形态变迁研究 . 广州: 华南理工大学博士学位论文 .

景芝英, 徐雪梅 . 1998. 试论集聚经济的本质 . 财经问题研究,（11）: 11-13.

李晓雨, 白友涛 . 2009. 我国城市流动穆斯林社会适应问题研究——以南京和西安为例 . 青海民族学院学报 . 35（1）: 80-84.

良警宇 . 2006. 牛街: 一个城市回族社区的变迁 . 北京: 中央民族大学出版社 .

马平 . 1989. 我国伊斯兰教清真寺寺院经济初探 . 中央民族学院院报（哲学社会科学版）,（2）: 34-39.

苗长虹, 崔立华 . 2003. 产业集聚: 地理学与经济学主流观点的对比 . 人文地理, 18（3）: 42-46.

田村正纪 . 2007. 流通原理 . 吴小丁, 王丽译 . 北京: 机械工业出版社 .

王缉慈 . 1998. 简评关于新产业区的国际学术讨论 . 地理科学进展, 17（35）: 29-35.

王平 . 2012. 城镇回族聚居“围坊而商”的经济结构模式——以甘肃省临夏市八坊回族聚居区为个案 . 民族研究,（5）: 43-54.

韦伯 A. 2010. 工业区位伦 . 李刚剑译 . 北京: 商务印书馆 .

魏明洁, 艾少伟, 张落成, 等 . 2013. 城市清真寺周边商业环境的空间区位分析——以青海西宁东关大寺为例 . 经济地理, 33（2）: 90-96.

杨文炯 . 2009. 互动、调适与重构——西北城市回族社区及其文化变迁研究 . 北京: 民族出版社 .

杨文炯, 张嵘 . 2008. 城市回族社区结构的变迁及其文化影响——以西北地区的城市回族社区为个案 . 西北第二民族学院学报（哲学社会科学版）,（3）: 5-10.

周传斌, 马雪峰 . 2004. 都市回族社会结构的范式问题探讨——以北京回族社区的结构变迁为例 . 回族研究,（3）: 33-39.

Gillette M B. 2000. Between Mecca and Beijing: Modernization and Consumption among Urban Chinese Muslims. Stanford , CA: Stanford University Press.

Gladney D C. 1993. Hui urban entrepreneurialism in Beijing: State policy, ethno-religious identity and the Chinese city// Guldin G, Southall A. Urban Anthropology in China. New York, NY: E. J. Brill Publishing Co: 278-307.

Gladney D C. 1998. Ethnic Identity in China: The Making of a Muslim Minority Nationality. Fort Worth, TX: Harcourt Brace College Publishers.

Granovetter M. 1985. Economic action and social structure: The problem of embeddedness. American Journal of Sociology, 91（3）: 481-510.

Hidalgo M C, Hernandez B. 2001. Place attachment: Conceptual and empirical questions. Journal of Environmental Psychology, 21（3）: 273-281.

Hoover E M. 1984. An Introduction to Regional Economics. 3rd edition. New York, NY: Alfred A. Knopf.

Hotelling H. 1929. Stability in competition. The Economic Journal, 39（153）: 41-57.

Krugman P. 1991. Increasing returns and economic geography. The Journal of Political Economy, 99（3）: 483-499.

Lipman J N. 1997. Familiar Strangers: A History of Muslims in Northwest China. Seattle,

WA: Washington University Press.

Litz R A, Rajaguru G. 2008. Does small store location matter? A test of three classic theories of retail location. Journal of Small Business and Entrepreneurship, 21 (4): 477-492.

Lyons D. 2000. Embeddedness, milieu, and innovation among high-technology firms: A Richardson, Texas, case study. Environment and Planning A, 32(5): 891-908.

Malmberg A, Malmberg B, Lundequist P. 2000. Agglomeration and firm performance: Economies of scale, localisation, and urbanisation among Swedish export firms. Environment and Planning A, 32(2): 305-321.

Marshall A. 1961. Principles of Economics. London: Cambridge University Press.

Martin R, Sunley P. 2006. Path dependence and regional economic evolution. Economic Geography, 6 (4): 395-437.

Perroux F. 1950. Economic space: Theory and application. Quarterly Journal of Economics, 64(1): 89-104.

Piore M J, Sabel C F. 1984. The Second Industrial Divide. New York, NY: Basic books: 1-30.

Porter M E. 1990. The Competitive Advantage of Nations. New York: Free Press.

Scott A J. 1988. New Industrial Space. London: Pion.

Vance R D, Johnson R R, Klosterman E W,et al. 1970. All-concentrate Rations for Growing-finishing Cattle. Ohio Agricultural Research and Development Center Research Summary: 43-49.

Spatial Agglomeration of Mosque-centered Economy: A Case Study of Dongda Mosque in Shunhe Hui District of Kaifeng

Ai Shaowei, Sun Zheng, Song Xueping, Zhang Nannan

(Research Center for Yellow River Civilization and Sustainable Development, Kaifeng 475000, China)

Abstract The phenomenon of "urban Hui Muslims doing business around the mosque" has been going on for a long time in the city, but it so far is a big open question and has not been paid enough attention by the academic circle. This paper is an attempt to take theoretical debates on spatial agglomeration in human economic geography and spatial economics circles, the researches on Hui ethnic identity and economic, social, cultural changes of Hui communities in ethnology, anthropology and social circles, as the theory and thought foundation for exploring and explaining the spatial agglomeration of mosque economies. Based on this, this paper took Dongda Mosque in Shunhe Hui District of Kaifeng as a typical case, took the expanded concept of "Mosque economies" as the base, integrated with the field survey and spatial analysis methods, and made a heuristic theory explanation on the characteristics and mechanism of "urban Hui Muslims doing business around the mosque". The findings have been shown that: (1) Concentration distribution of the mosque economies are very significant in the scope of the case study, and maintain a high degree of agreement on the ethnic traditions of "urban Hui Muslims living and doing business around the mosque"; (2) Compared with agglomeration economies based on the location choice and external economies, the mosque economies are fundamentally the spatial agglomeration economies with the Hui ethnic characteristics based on cultural embeddedness; (3) The unique culture factors, such as the proximity effect of the mosque and ethnic traditions, play a decisive role in the Hui commercial economies and spatial distribution; (4) Although the proximity on the transportation and market is very important, the spatial agglomeration of the mosque economies is more dependent on the interaction of cultural embeddedness of urban Hui Muslims, place attachment / identity and path dependence. In this paper, the more theoretical and comprehensive explanation has been made on "urban Hui Muslims doing business around the mosque" and the spatial agglomeration of mosque economies, and the role of the "mosque" has been emphasized in the urban Hui commercial agglomeration. Therefore, the paper will provide an important theoretical basis for developing special ethnic economy and creating the characteristic commercial blocks in the urban Hui districts.

Keywords mosque-centered economy; spatial agglomeration; mosque-centered trade; cultural embeddedness; place attachment

The Livestock Transition, Peri-Urban Agricultural Land Use and Urbanization in China

Ian MacLachlan

Abstract Urbanization and rising incomes in urban areas have triggered rapid growth in Chinese meat consumption with potential impacts on human health via the nutritional transition and on the environment due to growing numbers of food animals on the landscape. This paper documents the growth in meat consumption and discusses urbanization as one of the drivers of this dietary change. It goes on to observe the growth in food animal production and the emergence of a cold supply chain that has been associated with the increase in meat production. Finally the paper points to the large-scale confined animal feeding operations that are drawn to fast-growing urban markets as the most significant outcome of these trends and evaluates the potential for land use conflict and environmental impacts in the peri-urban zone of fast-growing cities.

Keywords urbanization; livestock transition; meat consumption; confined animal feeding operations

1 Introduction

On 16 March 2014, the Chinese national government unveiled its urbanization plan for the 2014–2020 period. This plan will place new emphasis on the environment

Author Introduction: Ian MacLachlan, School of Urban Planning and Design, Peking University Shenzhen Graduate School.

and promises a people-centered approach to city growth with special attention to the needs of the floating population that now constitutes some 20% of the national total. According to the Central Committee of the Communist Party of China and the State Council, urbanization will be the "engine for sustainable and healthy economic growth" that propels the modernization process. An element of the plan that has received less attention in the press is its emphasis on demand-side policies. The National New-type Urbanization Plan identifies domestic demand as "the fundamental impetus for China's development, and the greatest potential for expanding domestic demand lies in urbanization" (Zhu, 2014) . This stands in contrast to the export-based industrial strategies underlying the creation of the Special Economic Zones in 1980. It recognises the huge market potential of China's enormous urban population and its rising prosperity (Wu and Gaubatz, 2012) . Greater reliance on China's domestic market would then buffer the unpredictable fluctuations in global markets exemplified by the global financial crisis of 2008.

Variation in the consumption of goods and services is the essence of the difference in the quality of life that distinguishes rural and urban lifestyles and living standards. The starkest contrasts between the world's most developed urban regions and least developed rural regions are manifest in consumption behavior. Yet until recently, consumption received scant attention from geographers and urbanists. Economic geographers were concerned primarily with the production and distribution of commodities. Production took place in the masculine world of hard labor. Consumption-frivolous, indulgent, and even decadent-took place in the home, largely the province of women who did the marketing for their households. Geographers are coming to recognise human consumption as the driving force behind "the economic problem" . The drive to consume creates the scarcity that gives rise to the question of what is to be produced and how the factors of production are to be allocated in the process of creating value. An appreciation of rural and urban consumption patterns is vital to an understanding of the economic contrasts that differentiate urban and rural areas. And as China's cities grow ever larger as a result of the market forces unleashed in the reform era, their internal structures become ever more specialised in the process of consumption. Any visit to a Walmart, Ikea, or inner city shopping mall makes this abundantly clear. "Commercial activity at different scales seems to have permeated every cell of urban tissue in China's large eastern cities" (Wu and Gaubatz, 2012) .

While a study of the link between urbanization and consumption could focus on housing or clothing on the material side or on education or health services as services, this paper is concerned with animal source food (ASF) . Food is essential to human welfare, it has well established quality and quantity benchmarks to maintain a healthy level of activity, and few consumption processes are more visible or visceral. The act of swallowing food is fairly regarded as the paradigm of consumption. This paper begins with consumer demand for food, and specifically on the soaring demand for ASF. From the rising demand for ASF, the paper shifts its focus to the production of food animals that are the source of ASF, observing the role of state policy as a driver of domestic consumption that differentiates between rural and urban areas and that shapes the urbanization process.

George Lin has argued that urbanization has taken place in a "peri-urban setting, where a favorable urbanizing environment was created by an entrepreneurial local government, numerous (and dispersed) small-scale and labor intensive export-processing firms, an enormous influx of migrant workers that tripled the size of the local population, and a transitional socialist land disposition system" (Lin, 2006) . And it is for this reason that "the growth of peri-urbanism in contemporary China raises important questions about the conventional wisdom that tended to view urbanism as city-based, externally driven, and exclusively affiliated with "urbanites" (Lin, 2006) . This paper is motivated by the considerable volume of livestock production (chiefly pigs, poultry and dairy cows) taking place in peri-urban regions, its impact on urban-centered regions, and the close relationship between urban ASF consumption and peri-urban animal husbandry.

The paper begins by documenting the rapid growth in demand for meat as an element of the Chinese diet, most conspicuously in urban areas. Concomitant with the growth in demand for meat is the growth in domestic production of food animals that has a distinctive geography at the national scale. The paper then turns to the drivers of these changes. Growing meat consumption is seen as an outcome of urbanization and rising real income but it has also been encouraged by state food policy. The shifting dietary consumption of meat products is having an impact on agriculture in rural areas, largely in peri-urban areas. High density confined animal feeding operations (CAFOs) in the fringe areas of China's largest and most rapidly growing areas are growing the fastest and have the greatest potential to impact urban areas through their obnoxious odours, toxic runoff, and other outcomes of high intensity animal agriculture.

2 Livestock Transition: Growing Consumption of Animal Source Foods

First identified in the late 1990s as the "livestock revolution," the rapid growth in the per capita consumption of animal products (meat, poultry, dairy and eggs) has been documented in Asia and Latin America (Delgado et al., 1999). Perhaps the most remarkable aspect of this growth was that it came at a time when per capita consumption of these foods was levelling off in developed western countries. China is leading the way among developing countries that are now consuming as much meat per capita as European countries were in the middle 1960s (Figure 1). China's per capita consumption of mutton and goat now exceeds the European Union while its per capita pork consumption surpassed the United States in 2005 and aggregate pork consumption is now more than double the U.S. (FAO, 2015; Larsen, 2012).

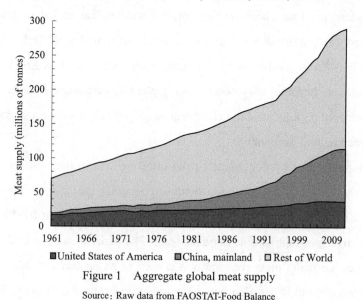

Figure 1   Aggregate global meat supply

Source: Raw data from FAOSTAT-Food Balance

Rapid dietary change in the world's less developed countries has been widely attributed to modernization and economic development thus what is described here as "the livestock transition" shares much in common with transition theory more generally and specifically with transitional models such as the urban transition or the nutritional transition in which development is portrayed using a sigmoid curve describing a process of change that begins gradually, accelerates rapidly and then slows to stationarity. In essence this is a Rostovian developmentalist interpretation that sees rising meat production and consumption as outcomes of rising real incomes and higher levels of urbanization (MacLachlan, 2015; Rostow, 1960). As Schneider notes, "By posing broad trends as causal rather than correlative, these powerful concepts serve to essentialise an ever-growing desire for meat on a world scale, normalise the industrial systems that fuel those desires, and can even justify the damages and displacements produced in their wake. An increasingly consolidated group of agribusiness firms controls the majority of industrial meat production and processing in the world, and is pushing for further expansion" (Schneider, 214).

With its massive human and livestock populations, China has experienced the livestock transition more rapidly and more intensively than any other world region (Rae, 2008). In the post-reform period, per capita pork consumption increased from 8.9 kilos in 1978 to 35.6 kilos by 2011 (300%). Chicken consumption increased from 1.6 to 12.1 kilos or 656% over the same period (FAO, 2015; Rae, 2008). Thus meat consumption in China has increased at rates far above any other developing country. Per capita consumption of dairy food is also growing rapidly which is a surprise as lactose intolerance is still widespread in East Asia (Xiu and klein, 2010) and until recently, it was believed that dairy foods would never be widely accepted. Among the most worrisome outcomes of dietary change on such a scale is the growing problem of obesity observed in China which has become the prototype of the nutritional transition (Bonnefond and Clément, 2014; Du et al., 2014; Popkin, 2014).

3　Food Consumption Data

Food consumption data is collected by annual surveys of urban and rural households and published in the China Statistical Yearbook (National Bureau of Statistics of China, 2015). One of the major shortcomings of this data source is that it does not estimate food consumption that takes place outside the home, not least because respondents are never sure exactly what or how much of different food types they may be consuming in a variety of different restaurant, institutional, or street-food settings.

> Away-from-home food consumption, however, is a major phenomenon in China today, especially in urban areas. Non-inclusion of away-from-home consumption by urban dwellers makes the reported quantity purchased a significant underestimate of food consumption for urban consumers. Though away-from-home consumption in rural areas would be significantly lower than in urban areas, it is also increasing fast (Zhou et al., 2014: 6-7) .

A further source of bias is the tendency for the floating population to be under-represented in surveys of urban food consumers. Thus meat consumption data tend to be "drastically understated" especially in urban areas where away-from-home beef consumption has been estimated at 40% of total beef consumption in the case of Beijing (Waldron, 2010) .

If meat consumption is underestimated, it has been clear for some time that livestock and meat production are seriously overstated at the local level as a result of the emphasis placed on livestock production in the 1990s and the tendency for over-reporting by rural bureaucrats. Both the cattle population and poultry stocks were revised downward by as much as 25% after the Second National Agricultural Census in 1996 (Fuller et al., 2000; Waldron, 2010; Waldron et al., 2007) and again in 2007.

4　Drivers in China's Livestock Transition

In assessing the causal factors underlying the livestock transition, we shall consider the "drivers" of change in the livestock sector in terms of the market or "demand pull" —the factors that encourage ASF consumption and in terms of supply or "institutional and policy push"—the factors encouraging livestock production (Ke, 2010; Waldron et al., 2007) . The most commonly observed contrast between the green revolution and the livestock revolution is that the former was supply-driven while the latter is demand-driven (ILRI, 2000; Steinfeld and Gerber, 2010). The green revolution was the product of agricultural research and technological change which increased yields and total output supplying larger volumes of grain (Yapa, 1979). By contrast, the livestock revolution is commonly understood as the outcome of demand-side changes in the size of the market (population growth); individual and family purchasing power (real income growth); and a consumer meat preference associated with urbanization. As Sumberg and Thompson (2013) observe, "The language of 'demand-driven production systems' looms large in the story of the Livestock Revolution... This distinction between a supply-driven (Green) and a demand (Livestock) driven agricultural revolution has often been repeated and is now inextricably linked to debates and discourse around the Livestock Revolution."

5 Income as a Driver in Urban Meat Consumption

The most conspicuous factor in China's growing consumption of ASF is the income disparity between rich and poor that accounts for differences in the quantity and quality of food consumed as well as dietary structure: the composition of the diet in terms of different food groups (Zhou et al., 2014). The disparity between urban and rural incomes has been expanding steadily in nominal and real terms since 1978 (Figure 2). Indeed, the striking increase in income inequality since the reforms of 1978 has been attributed to state development policies biased in favor of urban residents over rural residents and policies that privilege the developed coastal regions over the less developed regions of the western interior (Xie and Zhou, 2014). Income can only be a driver in the growing consumption of ASF if this income disparity is manifested in food consumption.

Engel's Law predicts that as income rises, the proportion of income spent on food will fall, even though the actual expenditure on food may be increasing. Put another way, Engel's Law states that the income elasticity of demand for food ranges between zero and one thus we should expect that Engel's coefficient will gradually decline as real income increases.

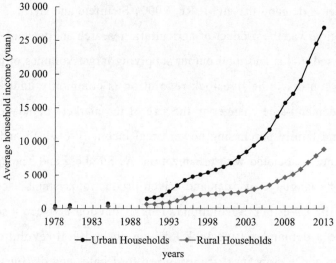

Figure 2　Rural and urban income in China，1978–2013

Source：National Bureau of Statistics of China，2009；2011

$$Engel's\ coefficient = \frac{expenditure\ on\ food\ (yuan)}{total\ living\ consumption\ expenditure}$$

The China Statistical Yearbook（2014）publishes Engel's Coefficients for urban and rural areas in a time series that goes back to 1978（Figure 3）. Taking this data set at face value, it is clear that food expenditures as a percent of total urban household expenditures declined from 58 to 36 per cent from 1978 to 2006 when the downward trend became more or less stationary from 2006 to 2013. In rural households, the decline was steeper and more evenly distributed from 68% in 1978 to 38% in 2013. The broken line with triangular markers on Figure 3 traces the diminishing difference between rural and urban areas suggesting a convergence in rural and urban Engel's coefficients over time. Thus the implication of proportionate expenditure data is a diminution in the rural-urban difference in food consumption, arguably the most important indicator of well-being and an important measure of the extent to which people are able to satisfy this basic human ned.

Over the 1978 to 2006 period, Rae（2008：284）has argued that the composition of food expenditures has changed, increasing the share of ASF in total food expenditures in urban and rural households. In both urban and rural households, fish, poultry, beef and milk account for a rising share of household spending on ASF while pork（the traditional meat in Chinese diets）, eggs and mutton are declining in proportional terms.

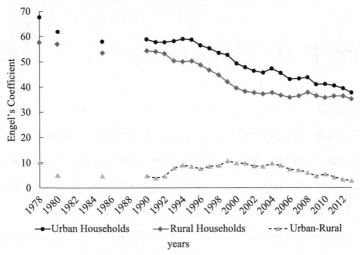

Figure 3   Engel's coefficient for China, rural and urban areas
Source: National Bureau of Statistics of China, 2009; 2011

The urban-rural contrast in food consumption has at least three components. First, urban incomes are about three times higher than rural incomes thus urban households spend more on food and more on meat than rural households. Second, urban households tend to spend very much more on food-away-from-home (FAFH) than do rural households. FAFH expenditure in urban China averages approximately one fifth of total food expenditures at the national scale. For the tenth decile of urban income earners, one-third of food expenditures are classified as FAFH (Zhou et al., 2014). The growth in urban FAFH consumption is extraordinary: real urban food expenditure on FAFH trebled from 30.5 billion yuan in 1991 to 98.4 billion yuan in 1999 (Ma et al., 2006) and it then quadrupled from 2000 to 2011 (Zhou et al., 2014). This has several implications. FAFH tends to have a higher ASF content than traditional meals served in the home. And FAFH consumption is not captured by the standard household survey data sources reported by the Statistical Yearbook. For these reasons there is a growing gap between China's livestock production and meat consumption statistics (Ma et al., 2006) .Third, urban and rural residents differ not only in their average disposable incomes, and their propensities to consume food outside the home but also in the environments in which they choose food for consumption inside the home. Urban residents increasingly purchase food through supermarkets and hypermarket-type department stores while rural residents are more likely to rely on domestic food sources or small scale wet markets in small towns (Rae, 2008), a contrast to which we shall return.

6　Supply Push：State Policy

Notwithstanding the role of urbanization and rising real incomes of a status-conscious "catalyst class" driving changes in attitudes, behaviors and values (Bonnefond and Clément, 2014), the government has also played a key role in encouraging meat consumption and livestock production in China. Between the Ministry of Health's promotion of milk as an essential dietary ingredient and the Ministry of Agriculture's conviction that food quality standards are best served by large scale processing plants integrated with CAFOs, state policy is an important explanatory factor in the growth of meat and dairy production. The government has promoted both milk consumption and milk supply. In 2006, for example, the government launched a campaign to promote dairy consumption and improve nutrition："A glass of milk every day can make people stronger"(Lu, 2009). In 2007, the government announced a major policy initiative to encourage the growth and development of China's dairy industry that included subsidies for converting to more productive dairy cattle breeds, increasing herd sizes, investing in specialised dairy production equipment, for killing diseased cattle and improving access to credit for dairy farmers(Xiu and Klein, 2010).

Until the 1990s public policy encouraged large state-owned or collective pig farms which were often located in suburban locations of large cities. In the 1990s, for example, the Beijing municipal government subsidised state pig farms by 50 yuan for each animal sold to state processing plants. Improved pig supply from large scale private producers has now obviated the need for such an incentive and nearly all producer subsidies have been discontinued as part of the reform of state and collectively owned agricultural facilities(Ke, 2010).

7　Supply Push：Supermarket Revolution and Corporate Integration

While policy incentives are the clearest and most obvious cause of the growing production of food animals, the growing corporate integration that spans the supply of imported feed to farmers to the supply of portion-ready cuts of meat to consumers creates a supply chain that enhances meat consumption. Outside of China's largest metropolitan centers, livestock logistics tend to be informal and the cold chain for meat is fragmented and unreliable. Thus, traditional wet markets continue their role as the main distribution channel for fresh meat, often sold the same day it is slaughtered (Pi et al., 2014; Waldron et al., 2007). As late as 2008, wet markets were still the dominant source of food purchases by urban residents and much of the meat, fruits and vegetables sold in supermarkets and restaurants was originally purchased from wet markets (Rae, 2008).

In urban areas there is an increasing demand for diversity, convenience, safety, healthy and semi-processed and ready-to-eat food products (Rae, 2008). With the arrival of the supermarket revolution in urban China (Mei and Shao, 2011), there is growing integration of the cold chain from livestock processors to meat retailers. This means that perishable foods are available at a price and quality that is encouraging consumers to try new types of foods in supermarket formats inspired by foreign food retailers such as Carrefour and Wal-Mart and FAFH franchises such as Kentucky Fried Chicken, McDonald's and Pizza Hut.

Cold chains are coordinated by the "dragon head" agribusiness companies, Chinese-owned firms that integrate along the full "length of the dragon" from agricultural inputs to retail sale (Pi et al., 2014; Schneider and Sharma, 2014; Sharma, 2014; Waldron et al., 2007). The iconic exemplar is Shuanghui, China's largest meat processor and pork producer. Notwithstanding government rhetoric that encourages cooperative and contractual arrangements as a means of integrating small producers with the dragon heads, barriers to entry such as unattainable market standards and the high cost of contractual relationships tend to discriminate against small-scale pig producers (Schneider and Sharma, 2014). The Ministry of Agriculture has recognised select dragon head enterprises for privileged financial treatment, special dispensation from tax on profits, and other corporate supports, believing that a strong agribusiness sector is a competitive advantage now that China is a member of the World Trade Organization (Waldron et al., 2007).

8 China's Livestock Transition: Growing Livestock Production

The direct outcome of the growing demand for meat and dairy products in China has been rapid growth in livestock production, increasing from 15% of total agricultural output in 1978 to 35% over the past fifteen years (National Bureau of Statistics of China, 2015: Table 12.13) . Figure 4 shows the comparatively rapid growth of pigs, sheep and goats relative to the human population and the volatility of food animal stocks compared with the human population.

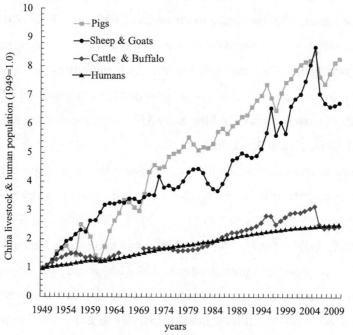

Figure 4   China livestock production by species, 1949-2013

Note: No data available for cattle & buffalo from 1966-1971

Source: Palgrave Macmillan Ltd, 2013

Until 1978, livestock production in China was based on traditional small scale "backyard feeding," with most farms raising fewer than five pigs a year, a handful of chickens, or a single dairy cow, typically as way for agricultural workers to raise cash in rural areas (Huajiao et al., 2008; Speedy, 2003) . Comparatively small numbers of pigs and poultry consumed a varied diet of domestic waste and crop residues, while on-farm lagoons were commonly used to recycle plant nutrients. Pork and chicken played a peripheral role in the Chinese diet; meat was consumed rarely, typically on festive occasions and pigs were generally worth more alive than dead as a means of domestic waste disposal and a source of fertilizer (Schneider and Sharma, 2014).

Cattle were used primarily as draft animals for cultivation and harvesting crops with beef as an incidental product when animals could no longer provide motive power. Dairy production was largely a subsistence-based farm activity in the grassland regions of north and northwest China for the purpose of domestic consumption. As late as 2002, a considerable number of "one cow households" raised multi-purpose cattle for draft and transportation with dairy and beef production as subsidiary functions to diversify farm output (Waldron et al., 2007).

9 Confined Agricultural Feeding Operations

The large scale production of pigs and poultry is well suited to intensive confinement agriculture based on a grain and soybean diet and so these two species are considered together. Confined agricultural feeding operations (CAFOs) were first introduced to China soon after 1978 and by the 1990s, they accounted for 15% of pigs, 25% of egg production, 40% of broiler chickens and 50% of milk (Huajiao et al., 2008). By 2010, an estimated 66% of China's pork production was based in CAFOs (Herrero et al., 2013: 20889, supporting information, p. 43).

With trade reform, import tariffs on livestock feed commodities such as soybeans were reduced, making large scale pig and poultry farming feasible. CAFOs now make intensive use of commercial feed sources, far beyond China's capacity to supply (Schneider and Sharma, 2014). Thus, China has become a major importer of soybean cake and fishmeal, largely from South America (Wang et al., 1998). Since most of the feed supply for intensive operations is imported from overseas, many CAFOs are essentially "landless" with such high density animal production that they can compete effectively with urban fringe land uses. In such locations, however, the challenge posed by CAFOs is the management of livestock manure in peri-urban areas that in sheer volume exceeds the pollution problem from all other urban and industrial sources (Huajiao et al., 2008) .

When an epizootic reproductive and respiratory disease drove domestic pork prices up in 2006, the Chinese government brought in a package of subsidies to encourage large-scale pig farms to address food safety concerns and stabilise food prices (Schneider and Sharma, 2014) . This policy appears to have been supported by consumer preferences. "From a Chinese consumer's perspective, the industrial approach seems to represent values such as achievement and evolution, as well as quality and safety, since pig production is moving away from low-cost, low-quality, and low-safety family-scale systems" (de Barcellos et al., 2013) .

Thus, primary livestock production in China is an industry in the midst of a restructuring process that is sharply divided by the Aihui-Tengchong Line. Dispersed smallholders and backyard production are still common in the western interior while intensive industrial-scale CAFOs have largely replaced traditional livestock raising systems in the eastern coastal regions (Ke, 2010) . Specialist producers tend to be located on the margins of major metropolitan regions of the southeast close to slaughter and processing facilities (Schneider and Sharma, 2014; Webber, 2012) . The poultry sector has also consolidated. In the twenty years ending in 2005, some seventy million small scale poultry farmers withdrew from the industry and the number of broiler farms in China had decreased by 75% in the fifteen years ending in 2011.

10 Urbanization and Peri-Urban Livestock Production

While the link between urbanization and meat consumption has been well documented in China, the literature has paid less attention to the spatial distribution of growth in livestock production which is increasingly found in the peri-urban zones surrounding fast growing metropolitan centers. However, one study has calculated the average density of humans and different species of livestock and estimated these densities as a function of travel time for urban centers in selected world regions including China (Gerber et al., 2010) . These findings suggest that the densities of pigs and cattle per square kilometer are essentially independent of travel time to urban centers while the human population density tails off about 90 minutes from urban centers. The peak density of poultry on the other hand is reached at about 60 minutes from urban centers and decreases quite slowly as far away as ten hours from urban centers. This appears to confirm assertions that the peri-urban distribution of poultry (but not pigs) is growing in those parts of the world where livestock handling infrastructure and the cold chain for meat production is less fully developed. What are the implications of these trends? According to Pierre Gerber et al (2010: 63):

> In essence, livestock is moving from a "default land user" strategy (as the unique way to harness biomass from marginal lands, residues, and interstitial areas) to an "active land user" strategy-competing with other sectors for the establishment of feed crops, intensive pasture, and production units.

The urban transformation of coastal China is clearly polynuclear, creating a complex and sometimes overlapping urban fringe with a lengthy interface between urban and agricultural land uses. There is enormous potential for residential-agricultural land use conflict in the dynamic rural-urban fringe within and between the administrative boundaries of expanding cities. Expanding cities seem likely to encounter a growing peri-urban zone of large-scale intensive livestock feeding operations that are drawn to fast-growing urban markets. Two widely reported episodes show the importance of the relationship between rural and urban land uses and the impact of domestic animals on the human population.

The most widely reported and influential example of the environmental impact of the livestock transition was the discovery of thousands of dead pigs in the Huangpu River in March 2013. Reportedly dumped in rural areas of Jiaxing City in Zhejiang Province, press reports indicated that the Huangpu River water was contaminated by Circovirus. According to Chinese sources, the dead pigs numbered some 2800 head (Deng, 2013) while The Guardian (2013) reported as many as 6600 head. The Huangpu River incident was followed by further pig dumping in the Yangtze and Yellow Rivers. These animals may have succumbed to disease yet the cause of their mortality was never officially identified. The presence of thousands of animal carcasses in rivers that are key sources of drinking water for large urban centers is important for three reasons. First, it points to the potential for diseased animal carcasses to pose a serious health threat to a large and densely populated urban region. Second, it contributes to growing public concerns about food safety and food animal health conditions. Third, it shows that urban regions are not walled cities; they are open systems very much affected by what happens in rural and peri-urban regions.

The second episode was the 2009 ban on pig farming in Dongguan. This is one example of the policy response to such growing environmental challenges. Supported by authorities in 26 of Dongguan's 32 towns, the ban illustrates first, the presence of intensive agricultural activities within the urban boundary of a metropolitan area of 10 million, and second, the competition for land in peri-urban areas. The ban on pig production and the possibility of a ban on chicken production shows the shifting priority being accorded to other value-added industries and environmental quality. According to a local official, the ban was "an inevitable trend of urbanization and industrial restructuring" while a pig farmer complained that the government had not attempted to reduce the environmental impact of local area pig farms by regulating the industry in a way that would reduce pollution problems(*China Daily*, 2007).

China's first national pollution source census(China's Pollution Census)was released in 2010. It made two critical findings that added to concerns that were galvanised by the floating pigs incident. First, agriculture is a greater source of water pollution than any other industry. Second, manure from industrial livestock operations was found to be the most important offender(Schneider, 2014).

11 Conclusions

This paper has outlined the key features of the livestock transition in China, identifying some of the main drivers in the rising human consumption of animal source foods in both urban and rural areas and pointing to the rapid growth in food animal stocks that are supplying this new source of demand. In a country with a weakly developed cold chain and a meat market concentrated in the large and fast growing coastal cities, confined animal feeding operations have become a controversial and increasingly common feature of the peri-urban landscape. This poses a regulatory challenge to national and urban governments and underscores the close links between urban growth and intensive animal agriculture. Land use regulation and the land market will play important roles in shaping the peri-urban landscape as urbanization continues. Further research based on primary data collection to assess the nature and impact of animal feeding in peri-urban areas is required to forestall the potential for serious impacts on the urban environment, urban sanitation, and human health in China's rapidly growing cities.

References

Bonnefond C, Clément M. 2014. Social class and body weight among Chinese urban adults: The role of the middle classes in the nutrition transition. Social Science & Medicine, 112: 22-29.

China Daily. 2007. Ban on pig farming to go ahead: Official. http://www.china.org.cn/government/local_governments/2007-12/11/content_1235056.htm [2007-12-20].

de Barcellos M D, Grunert K G, Zhou Y, et al. 2013. Consumer attitudes to different pig production systems: A study from mainland China. Agriculture and Human Values, 30 (3): 443-455.

Delgado C L, Rosegrant M, Steinfeld H, et al. 1999. The Coming Livestock Revolution Choices: Choices at the Millennium, A Special Issue, (4): 40-44.

Deng S. 2013. More dead pigs retrieved from Shanghai river. http://news.xinhuanet.com/english/china/2013-03/11/c_132225828.htm [2013-12-20].

Du S F, Wang H J, Zhang B, et al. 2014. China in the period of transition from scarcity and extensive undernutrition to emerging nutrition-related non-communicable diseases, 1949‒1992. Obesity Reviews, 15 (1): 8-15.

FAO. 2015. FAOSTAT (Food and Agricultural Organization of the United Nations, Rome).

Fuller F, Hayes D, Smith D. 2000. Reconciling Chinese meat production and consumption data. Economic Development and Cultural Change, 49 (1): 23-43.

Gerber P, Robinson T, Wassenaar T, et al. 2010. Livestock in Geographical Transition // Steinfeld H, Mocney H A, Schneider F, et al. Eds. Livestock in a Changing Landscape: Experiences and Regional Perspectives. Washington: Island Press: 51-66.

Guardian. 2013. Dead pigs in Shanghai river: More than 6000 carcasses found. The Guardian.

Herrero M, Havlík P, Valin H, 2013. Biomass use, production, feed efficiencies, and greenhouse gas emissions from global livestock systems. Proceedings of the National Academy of Sciences, 110 (52): 20888-20893.

Huajiao Q, Zhang F, Wanbin Z, et al. 2008. Reorientation of China's agriculture over the next two decades. Outlook on Agriculture, 37 (4): 247-254.

ILRI. 2000. ILRI Annual Report 1999-Making the Livestock Revolution Work for the Poor.

International Livestock Research Institute, Nairobi.

Ke B S. 2010. China: The East-West Dichotomy//Gerber P, et al. Eds. Livestock in a Changing Landscape: Experiences and Regional Perspectives. Washington, D C: Island Press.

Larsen J. 2012. Meat Consumption in China Now Double That in the United States. http: //www. earth-policy.org/plan_b_updates/2012/update102 [2012-12-20].

Lin G C. 2006. Peri-urbanism in globalizing China: A study of new urbanism in Dongguan. Eurasian Geography and Economics, 47 (1): 28-53.

Lu E. 2009. Radical shifts in China's milk market. China Today. http: //www. chinatoday. com. cn/ ctenglish/se/txt/2009-01/22/content_175685_3. htm [2009-12-20].

Ma H, Huang J, Fuller F, et al. 2006. Getting rich and eating out: Consumption of food away from home in urban China. Canadian Journal of Agricultural Economics/Revue canadienne d'agroeconomie, 54 (1): 101-119.

MacLachlan I. 2015. Evolution of a revolution: Meat consumption and livestock production in the developing world //Emel J, Neo H. Eds. Political Ecologies of Meat. Routledge Earthscan, New York: 21-41.

Mei L, Shao D. 2011. Too cheap hurt farmers, too expensive hurt customers: The changing impacts of supermarkets on Chinese agro-food markets. Millennial Asia, 2 (1): 43-64.

National Bureau of Statistics of China. 2009. China Compendium of Statistics, 1949–2008. Beijing: China Statistics Press.

National Bureau of Statistics of China. 2015. China Statistical Yearbook. http: //www.stats.gov.cn/ tjsj/ndsj/2014/indexeh. htm [2005-12-20].

Palgrave Macmillan Ltd. 2013. International Historical Statistics, 1750–2010. New York, Basingstoke, Hampshire: Palgrave Macmillan.

Pi C, Rou Z, Horowitz S. 2014. Fair or Fowl? Industrialization of Poultry Production in China// Sharma, B Lilliston. Eds. Institute for Agriculture and Trade Policy.

Popkin B M. 2014. Synthesis and implications: China's nutrition transition in the context of changes across other low- and middle-income countries. Obesity Reviews, 15 (1): 60-67.

Rae A. 2008. China's agriculture, smallholders and trade: Driven by the livestock revolution? Australian Journal of Agricultural and Resource Economics, 52 (3): 283-302.

Rostow W W. 1960. The Stages of Economic Growth: A Non-communist Manifesto . Cambridge, MA: Cambridge University Press.

Schneider M. 2014. Developing the meat grab. Journal of Peasant Studies, 41 (4): 613-633.

Schneider M, Sharma S. 2014. China's Pork Miracle? Agribusiness and Development in China's Pork Industry. Minneapolis, MN: Institute for Agriculture and Trade Policy.

Sharma S. 2014. The Need for Feed: China's Demand for Industrialized Meat and its Impacts. Minneapolis, MN: Institute for Agriculture and Trade Policy.

Speedy A W. 2003. Global production and consumption of animal source foods. The Journal of Nutrition, 133 (11): 4048S-4053S.

Steinfeld H，Gerber P. 2010. Livestock production and the global environment：Consume less or produce better? Proceedings of the National Academy of Sciences，107（43）：18237-18238.

Sumberg J，Thompson J. 2013. Revolution Reconsidered：Evolving Perspectives on Livestock Production and Consumption. STEPS Centre，Institute of Development Studies，University of Sussex，Brighton.

Waldron S. 2010. Modernising Agrifood Chains in China：Implications for Rural Development . Newcastle：Cambridge Scholars.

Waldron S A，Brown C，Longworth J，et al. 2007. China's Livestock Revolution：Agribusiness and Policy Developments in the Sheep Meat Industry . Wallingford：CABI.

Wang Q，Fuller D，Hayes D，et al. 1998. Chinese consumer demand for animal products and implications for US pork and poultry exports. Journal of Agricultural and Applied Economics，30（1）：127-140.

Webber M J. 2012. Making Capitalism in Rural China . Cheltenham，UK：Edward Elgar Publishing.

Wu W，Gaubatz P R. 2012. The Chinese City . London：Routledge.

Xie Y，Zhou X. 2014. Income inequality in today's China. Proceedings of the National Academy of Sciences，111（19）：6928-6933.

Xiu C，Klein K. 2010. Melamine in milk products in China：Examining the factors that led to deliberate use of the contaminant. Food Policy，35（5）：463-470.

Yapa S L. 1979. Ecopolitical economy of the Green Revolution. The Professional Geographer，31（4）：371-376.

Zhou Z-Y，Liu H，Cao L，et al. 2014. Food Consumption in China：The Revolution Continues. Cheltenham，UK：Edward Elgar.

Zhu N. 2014. China unveils landmark urbanization plan. http：//news. xinhuanet. com/english/china/2014-03/16/c_133190495. htm［2014-12-20］.

北京四合院居住文化空间认同与传承

——以西四北头条至八条保护区的调查为例

周尚意　夏侯明健　成志芬

摘　要　北京四合院居住空间的传统文化是以礼制空间秩序为核心的。为此城市设有两处四合院和胡同的保护区。由于住房制度改革、城市人口流动性大，历史文化保护区的文化空间认同和传承面临挑战。本研究采用经验主义调查方法，目的是要了解当下四合院和胡同的传统居住文化是否能够延续。本文采用了非表征理论（non-representation theory），依次设计了调查技术路线。本研究以北京西四北头条至八条保护区为案例研究区域，以保护区内的四合院为研究对象，用文献法获得四合院传统礼制空间的表征，用访谈法调查了四合院非表征的现状，最后比较分析了两者之间的关系。本研究的结论是：第一，本地居民对传统文化的表征的认同度相对较高，外地居民不了解四合院传统文化的表征；第二，虽然居民对传统文化的表征的认同度降低，但四合院中出现的非表征也能体现"和""仁"等思想；第三，体现"和""仁"的非表征尚未被当地居民和官方认同为居住文化的表征。

关键词　北京居住文化空间；历史院落；表征；非表征；文化认同

1 引言

全国各地都有四合院，但是北京的四合院在体现儒学礼制空间上有自己的空间安置形式。儒学开创人孔子推崇周代礼制。《周易》"家人卦"是最早讲家政的篇目，其象辞说："家人有严君焉，父母之谓也，父父子子，兄兄弟弟，夫夫妇妇，而家道正，正家而天下定矣。"（黄寿祺和张善文，2012）父子、兄弟、夫

作者单位：周尚意、夏侯明健，北京师范大学；成志芬，北京师范大学、北京联合大学。

妻关系的秩序化，不但是中国传统家庭追求和谐的途径，而且是天下安定的基础。《孟子》（滕文公上·第四章）将这些关系拓展并细化为五常："君臣、父子、夫妇、长幼、朋友。君臣有义，父子有亲，夫妇有别，长幼有序，朋友有信。"（万丽华和蓝旭，2006）。而《中庸》中"致中和，天地位焉，万物育焉"（王国轩，2007）所传达出的中庸之道正是维持家庭成员间节制有度的重要思想支撑。儒学重要来源是周礼。《礼记·大传》中"亲亲也，尊尊也，长长也，男女有别"（杨天宇，2004）强调家庭秩序中在保持亲近融洽时，还应当注重差异，彼此尊重。而"老吾老以及人之老，幼吾幼以及人之幼"（杨伯峻，1988）更是将家庭秩序缩小为对待老者和幼童之上，更有助于从小方面推广维护家庭秩序稳定。儒学中长幼有序的价值观，在北京传统四合院中体现为家庭成员的居住空间的安排上。然而，随着社会的变迁，目前独门独户大家庭的四合院已经很少，临时租房的外来务工人员日益增多，这都使得以家庭为院落使用单元的礼制安排难以传承。本文则探讨在这种背景下，儒学居住秩序是否可以被传承下来。

2 相关文献综述

文化的传承要以文化的认同为基础。认同要有明确的认同对象。在本研究中，我们将认同的对象设定为以儒学为基础的礼制居住格局。自明清以来，这种礼制居住格局逐渐被人们普遍认同，因此它属于文化表征（representation）。它是从人们日常生活的经验中来，许多日常生活也是文化，由于具有个体性、暂时性，因此不是普遍被认同的东西，学者将之称为"非表征"（non-representation）。

2.1 表征与结构主义地理学

所谓表征（representation）不仅是指那些将人们内心真实表达出来的外在事物（周尚意等，2010），它还通常是符号（symbol）、映像（image）和传递某事的过程（process of rendering something），并具有可识别和被认同的特点（Dubow，2009）。

结构主义地理学兴起于 20 世纪 70 年代，它脱胎于其他学科的结构主义分析。例如，结构主义语言学的代表性成果就是费尔迪南·德·索绪尔（Ferdinand de Saussure）的符号学。符号学认为能指（signifier）和所指（signified）之间有必然的联系，这种联系就是结构。结构主义地理学的代表性的人物 D.Harvey（Harvey，1971）和 W.Bunge（Bunge，1971）等人认为，人们看到的现实空间形态为能指，而其背后的实质或机制就是所指。他们按照结构主义人类学的提法，将前者称为表层结构，后者称为深层结构。Harvey 认为，巴尔的摩城市不同阶层的居住空间是表层结构，它由资本主义阶层剥削的深层结构造成。这些居住空间结构（表层空间结构）所体现的阶层剥削和社会不公正。表层和深层结构的整体，就是"表征"。因为人们看到了这种"富人住好屋，穷人住烂房"的表层结构 / 能指，就会想到这是资本主义剥削（深层结构 / 所指）。按照结构主义的分析思路，本文中的四合院建筑空间安置格局是能指，所指是儒学礼制价值观。这样的居住符号系统就是"表征"，且这种表征具有可识别和被认同的特征，否则四合院也不会被列为历史文化保护区。

然而，结构主义地理学对表征的发掘也有局限性。首先，由于结构主义具有共时性，因此它无法解释能指与所指之间关系跨越时代的变化。其次，它忽视人们的行为实践可以打破能指和所指的关系，而建立新的关系。最后，它忽略不同主体看到相同的能指时，能够理解为不同所指的现象。本研究中，我们的确可以看到这样的现象，从历史到如今，四合院居住空间安置（能指）发生了变化，因此对应的所指也发生了变化。即便老居民认同原来的四合院文化表征，但是随着外来人口的增多，不同主体看待四合院空间安置的文化意义想象有极大的差别。

2.2 非表征与后结构主义地理学

由于"表征"在解释现实世界时具有缺陷，因此文化研究领域的学者开始使用"非表征"的概念。例如，表征不能解释世界上许多能指和所指之间没有固定关系的现象。将这样的思维移植到本案例，即四合院的空间安置是能指，但是它并不一定所指"儒学的空间礼制"。20 世纪 90 年代英国地理学者 Nigel Thrift 提出了非表征理论（non-representation theory）（Thrift，1996）。该理论不单打破能指与所指的固定联系，还强调研究文化的实践（practice）、表达（presentation）、运作（operation）（Atkinson et al.，2007）。

后结构主义地理学是对结构主义地理学的反驳和调整。它反对结构主义凭借客观和理性确定表层空间下的深层结构，试图寻找开放空间中的非理性事物，通过多样的身份构建认识空间本身（Murdoch，2005）。例如，Saville 将跑酷行为表达为人"与"外在事物所形成的移动，而不是人"和"外在事物的移动，这种文化表达方式的改变，体现出非表征对文化各要素内在必然的联系的关注，这往往是表征所难以实现的（Saville，2008）。M.Rose 研究朝圣文化时，发现朝圣人们的空间移动行为，不是对外人的卖弄和炫耀，而是个人的实践或体验。他们文化实践的感受，很难用单纯的、传统的语言描述和记录（Rose，2010）。A. Lingis 举了徒步长途旅行的例子，走路是再寻常不过的行为，但是它可以对应多种文化意义或者无意义。徒步长途旅行的人所经历的死亡挑战和生存渴望，不是可以用常规的语言表达出来的，没有经历的人很难从徒步长途旅行的记录中真切地感受到（Lingis，2015）。人类学家 K. Stewart 指出，她在创作领域取得的巨大成就源自于她写作时的创新。这种创新表现为，她写出了自身的独特观察与思考。而文化的魅力正是这种创新，而非用传统表征类语言传达大家已经知道的意思。由此可见，文化活动中非表征的意义高于表征的意义（Stewart，2011）。J.D. Dewsbury 研究了特定环境中的训练如何影响士兵身体习惯的形成（Dewsbury，2014）。士兵身体的姿态、行为的特征是"能指"，它们"所指"军人的作风。在不同地理环境下，士兵所形成的身体习惯不同，但是它们均体现军人作风。这种不固定的关系就是非表征。G. Revill 用法国民间舞蹈者和演奏者之间的配合，说明两者配合的随机性和非程式化就是一种非表征，这种默契的配合，用谱子很难记录下来（Revill，2004）。

当然非表征理论的出现，不意味着表征是一个无用的概念和分析视角。S.Rycroft 分析美国战后反主流文化时指出，虽然 20 世纪 60 年代洛杉矶出现包括地下电影院等在内的反主流文化，它们拓宽了非表征研究的领域，但这些反主流的文化实践仍然受到表征的影响，而且表征也是一种不断变化的实践。他进一步提出，存在一种表征，它体现非表征思想（Rycroft，2007）。这些非表征的研究案例，为本文提供了分析视角，即观察西四历史文化保护区中表征与非表征的转换。

2.3 文化认同

认同（identity）可分为个人、集体、关联和物质四个层面，由于认同主体的多样性，不同的社会群体、社会层面之间时常发生认同矛盾与冲突（Vignoles et al.，2011）。Ting Toomey Stella 等学者研究了来自亚洲、非洲、欧洲和拉丁美洲的美国人的文化认同，认为不同民族和文化背景的种族群体产生了冲突，且各群体的文化认同和民族认同在冲突中呈现出不同的强度与姿态（Stella et al.，2000）。杜芳娟等在对贵州仡佬族官方祭祖仪式的研究中发现，普通仡佬族人并不认同官方组织的祭祀活动，呈现出精英认同与民众认同的矛盾与对立（杜芳娟等，2011）。认同是稳定与变化的对立统一，个人与社会的认同会在不同社会群体的环境中不断波动变化，个体在此过程中实现其自我定位（Spears，2011）。心理学家指出，认同在相同的社会背景中才能保持相对稳定，但在不同的社会环境中是不断变化的（English and Chen，2007）。

结构化的认同强调从一种稳定的状态，过渡到另一个状态。代表人物安东尼·吉登斯认为，认同是社会连续发展的历史性产物，它不仅指涉一个社会在时间上的某种连续性，同时也是该社会在反思活动中惯例性地创造和维系的某种东西，即持续地吸纳发生在外部世界中的事件，把它们纳入关涉自我的、正在进行着的"叙事"之中（吉登斯，1998）。其理论指导本文分析一个结构状态下的表征向另一个结构状态下的表征的转换。

3 研究区域与技术路线

3.1 研究区域

西四北头条至八条保护区建于元朝，此后在北京旧城的相对位置及其隶属情况发生了变化。目前，该保护区是北京市人民政府于 1990 年 11 月 23 日公布的"北京市第一批历史文化保护区"之一（北京市人民政府，1990）。它是北京胡同系统保留最为完整的传统居住区之一。也是北京旧城 25 片历史文化区中胡同肌理保留最为完善的居住区之一（陈雪亚等，2006）。

3.2 技术路线

本文采用经验主义的方法，设计了三个步骤（图 1）。具体的实施方法是访谈。访谈人员的结构见表 1。调查地点均匀地分布在从头条到八条的胡同区域。其中既包括大院落，也包括小院落（图 2）。

步骤1：调查传统表征及认同程度

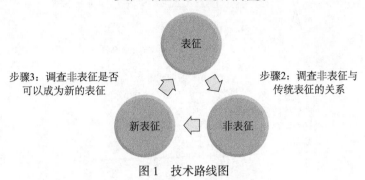

图1　技术路线图

表1　访谈调查人员结构表

编号	性别	年龄	居住时间/年	户口类型	居住院落
1	女	53	53	北京	西四北二条 55 号
2	女	29	1	外地	西四北三条 33 号
3	男	83	>80	北京	西四北三条 5 号
4	男	85	>50	北京	西四北三条 16 号
5	男	41	12	外地	西四北四条 7 号
6	男	54	>50	北京	西四北四条 16 号
7	女	76	>30	北京	西四北四条 36 号
8	女	42	42	北京	西四北五条 31 号
9	女	34	>10	北京	西四北五条 27 号
10	男	50	50	北京	西四北五条 40 号
11	女	72	72	北京	西四北五条 5 号
12	男	33	33	北京	西四北六条 5 号
13	男	46	8	外地	西四北六条 9 号
14	女	61	61	北京	西四北六条 15 号
15	女	30	6	外地	西四北六条 29 号
16	女	55	1	外地	西四北七条 9 号
17	男	52	52	北京	西四北五条 35 号
18	女	64	> 50	北京	西四北八条 33 号
19	女	82	> 40	外地	西四北二条 43 号
20	女	70	> 30	外地	西四北二条 45 号
21	女	43	4	外地	西四北二条 54 号
22	女	74	> 40	北京	西四北八条 18 号
23	女	62	60	北京	西四北三条 24 号
24	男	72	> 60	北京	西四北七条 15 号
25	男	52	> 40	北京	西四北七条 17 号
26	女	64	> 60	北京	西四北四条 16 号
27	女	33	5	外地	西四北八条 15 号
28	女	50	> 20	北京	西四北三条 22 号

图 2　调查地点在保护区中的分布图

4　北京传统四合院的文化表征

4.1　传统居住模式的文化表征

在文化表征的定义下，四合院的实体结构是能指。它是以正房、倒座、东西厢房围绕中间庭院形成平面布局的传统住宅的统称（顾军和王立成，2002）。北京四合院从辽代起初具规模（吴陆茵，2007）。随着时代推移，北京四合院形成了以家庭院落为中心，街坊邻里为干线，社区地域为平面的社会网络系统（王晖等，2007）。宗法文化、阴阳文化、祥瑞文化等交汇融合，成为传统四合院实体要素联系的所指。

宗法等级制度是封建社会的根基，封建家庭内部严格的尊卑、主从等宗法意识自古以来潜藏在人们潜意识中，形成宗法文化（王兆祥，2005）。例如，传统北京四合院中"门"作为一符号，按等级从高到低有王府大门、广亮大门、金柱大门、蛮子门、如意门、随墙门等，传达出北京人严格的等级意识及其背后隐藏的宗法文化（王乐，2005）。四合院门墩的体量大小和雕刻内容也有明确的限制，不同级别的大门配置不同规格的门墩（陈义风，2008）。同一院落内房屋建筑也有严格的等级限制，从较高级的正房、厢房，到低级的倒座、后罩房、耳房，房屋台基和屋顶高度均依次降低（马炳坚，1999），屋顶的形制也从较高等级的歇山顶、悬山顶，到硬山顶和最低级的卷棚顶（陆翔和王其明，1996）。除此之外，在装饰形式上，传统彩画被严格分为宫廷里的"和玺彩画"、王府里的"旋子彩画"和百姓家中的"苏式彩画"（赵倩等，2012）。而院中的石雕、木雕，以及屋脊、门钹等物件的装饰形式上有严格的等级区分，在体裁内容上则有丰富的寓意内涵（贾珺，2009）。

中国风水文化传统。在北京传统四合院中，全宅分为内外院，中间以垂花门隔绝，表示内外有别。外宾、仆役不得随意入内院，家眷也不轻易到外院（贾黎威，2006），整组大宅除大门朝外其他一概向内（李先逵，1996），内外有别的设计处处显露人们安全隐私的文化诉求。风水阴阳文化也是中国传统文化重要一环，四合院组成一个聚气的场所，室内为阴，室外为阳（马建农，2005），一共形成四对阴阳关系（肖红娜，2005），而"坎宅巽门"的东南方开门理论则是"风"克"水"的五行阴阳文化的最佳体现。

中国的礼制文化在四合院的装饰中也有表现。例如，"五常"图案以凤凰表示君臣之道，仙鹤表示父子之道，鸳鸯表示夫妇之道，鹡鸰表示兄弟之道，黄莺表示朋友之道。四合院的门联也多表达传统儒家文化中"修身"与"耕读"的思想（苏建华，2010），如"修身如执玉，积德胜遗金"或者"忠厚传家久，诗书继世长"。《周礼·秋官·朝士》提到"朝士掌建邦外朝之法"，"左九棘，孤卿大夫位焉；右九棘，公侯伯子男位焉"的礼乐制度影响，成为公侯将相的标志，在北京四合院中，槐树几乎家家必种（Murdoch，2005）。

祥瑞文化也是中国传统文化的组成部分。北京四合院抱鼓式门墩寓意通报来客之鼓，客来客往显示主人的良好人缘、家业兴旺，而箱子型门墩则多刻有蝠（福）、鹿（禄）、桃（寿）、喜鹊（喜）、穗（岁）、瓶（平）、鹌（安）、羊（三阳开泰）和钱等图案（任荟和苏健，2001），这些吉祥之物即传统四合院祥瑞文化表征。

4.2　居民对传统居住模式的接受度

目前调查区的居民多为 1949 年以后入住的居民，因此历史上流传下来的上述居住文化表征不是他们创造的。而历史文化保护区若要将历史文化传承下去，就需要当地居民的认同，而不仅仅是专家的认同。随着新中国成立以来的住房制度改革和大量流动性人口的涌入，四合院独户居住的传统居住模式逐步瓦解。"文化大革命"期间传统四合院建筑装饰遭到严重破坏，1976年唐山地震后，四合院内搭建的防震临时建筑，变为非法的"永久建筑"，从而也破坏了四合院原来的建筑格局。改革开放后，外来人口的大量涌入使四合院内人口密度进一步提高，人们为了改善生活状况、拓宽房屋空间，私自乱建的现象更为明显。这样的现象表明，居民已然不认同原来的居住文化表征了。

本文通过问卷调查了居民对传统居住模式的了解度和认同度，如图3所示。调查结果显示，目前半数被访谈者对传统居住文化都是认同的，只有18%的被访谈者表示不了解传统居住文化，18%的被访谈者表示不认同传统居住文化。本文将当地居民分为北京户口和外地户口两个群体进行访谈（居民认同程度访谈分类情况如表2所示）。结果显示：外地户口多为外来务工人员，他们对传统四合院的文化表征几乎是一无所知，因此也谈不上认同。他们之所以选择住在四合院，不是因为欣赏其历史文化，而是因为居住的区位需要。而北京户口的居民多为自小生活在这里的居民，也有一些机关单位的宿舍院落，新进来一些刚在北京落户的年轻人。总体而言，北京户口中的老居民对四合院传统居住文化的了解和认同程度比外地高，但是个体间的差距也很大。甚至部分老居民认为四合院传统居住文化不易传承，应该消亡。较男性而言，女性被访谈者对传统四合院的表征了解程度较低，对传统居住文化的认同度也低。她们更多地关注四合院中的生活舒适度，如是否拥有较多的房屋和较大的院落，部分女性被访者不想继续住在四合院里。相比而言，大多数男性较了解传统四合院的表征，对保护区传统居住文化的认同程度高，并且认为有必要保留传统的四合院和老北京文化，希望继续住在四合院中。

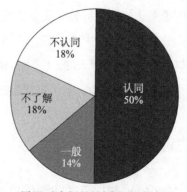

图3　居民对表征的认同程度统计图

上述调查结果令人担忧。即便保护了历史保护区的实体要素，但是其承载的文化将无人继承，因此值得我们反思只保留实体要素的保护途径的意义。

表 2　访谈居民认同程度的分类表

对表征的认同度	访谈示例
不了解	我不是北京人，对四合院老的格局和讲究都不太了解
	虽然在这住了很久了，但对老四合院的讲究真的不是很了解
不认同	我觉得那些老的东西没什么保留的必要了，那都是旧文化了
	现在说那些（传统表征）都没用了，解决好四合院里的住房问题才是关键
一般	现在已经都是大杂院了，几乎没有四合院了，都留不下来了
	按说那种老格局是应该留下来的，但是现在都想改善居住条件
认同	老四合院当然有必要留下来，老北京的文化都在这四合院里了
	我挺向往以前四合院里的生活的，现在已经没有小时候的光景了，挺可惜的

5　现实中四合院的文化实践

5.1　非表征的居住空间

如今四合院的居住形式可以分为三种：第一种是独家独户（如程砚秋故居）；第二种是"城市有机更新"中新贵买下的"独院"；第三种是大杂院，这是多数情况。前两种可以保留原来的居住空间文化表征，但第三种就比较困难了。那么我们看看第三种院落中居民日常生活的实践是什么。这里所说的空间实践是指尚未被符号化的居民日常生活。尽管它们发生在空间中，但是因为与空间没有形成必然的、普遍认同的意义联系，因此不能算是居住文化表征。因此我们要用非表征理论来描述。

首先，我们观察居民使用院落和房屋的安置方式。如前所述，这里多户共居的大杂院占院落总数的多数。院落中并无权威人物安排房屋和院落的使用，而独门独户的家庭，家长通常是权威人物，他控制着空间秩序。1950 年年初，国家将私人住房收归公有后，这片区域里许多院落成为中央和国家机关、中国人民解放军部队机关干部的宿舍。这类房屋的分配由单位根据分房的标准进行，那时还大致按照一个礼制的规范。同时还有一些各类市民混居的杂院，这类院落住房的分配有些就是历史时期的租房情况的延续，没有什么分配的规则。因此说所谓的"传统居住文化表征"也并非体现在历史时期的每个院落中。

其次，我们调查居民对院落格局的安置方式。随着多数四合院居住人口密度的增大，居民纷纷加建、扩建简易房屋，这样便打破了原来规整的四合院落。每家都扩建厨房，甚至卫生间，这样打破了风水理论中对厨房和厕所的安置规则。为了保持每户的隐私和安全，许多院子中又建起新的围墙或铁门，形成院中院。

再次，我们观察建筑的等级形制。现在更多居民追求房屋的安全、舒适，而非等级形制。出于安全的考虑，有的院落将原来的木门换成铁门，或在大门上安装门禁系统；为了方便自行车出入，现在大部分四合院都拆除了门槛，破坏了原来传统的大门结构。除了大门的等级意义不复存在，院门门墩的身份等级的象征意义也不清晰了。社区居委会为许多院落更换了形制统一的新门墩，其作用是体现历史建筑感，而非院落的等级。原来庭院中体现含蓄、内敛的影壁、垂花门等要素已基本消失，即便尚有留存也会被加建的房屋遮挡。

最后，我们考察了四合院的雕刻、绘画等装饰。如今，这里院落和建筑的装饰形式更加宽松。尤其是绘画，它们的题材既有经典的文化符号，也有自由的题材选择。例如，街道请人在胡同墙壁上绘制的老北京人"喝茶""下棋"等风俗画，以及外地来京的居民展现家乡景色的绘画。与此同时，四合院大门上表达传统思想和承担教化功能的门对逐渐消失，取而代之的是内容相对随意的对联。

5.2 四合院非表征文化中的"仁""和"要素

即便是非表征的文化，也会孕育善与美。在上述传统文化中，我们认为最值得传承的不是礼制等级文化，而是儒学中的"仁""和"，以及顺应自然的风水文化。因此我们主要发掘调查区域非表征的这些要素。

第一，公共空间的公平使用和责任共担的"准契约"。比如，居民可以在不妨碍他人出入的情况下共用院落大门口空间来停放自行车；可以共用晾衣绳；共用院落和胡同的绿化空间和休闲空间等。再如，住户无论是常驻还是临时租户，都需要承担轮流打扫公共厕所、清扫院落地面的责任。

第二，院落各户自我克制地占用院落空间。由于居民各户都有许多杂物要放在房屋外面，大家默认各家门前窗下的空间为可扩展的空间。即便有些人挤占更多的公共空间，也会力图摆放整齐，或做隔挡。为公共空间使用不合理的争吵，也可以视为对"和"的追求。

第三，许多院落自发出现了核心人物，以保障"仁""和"的秩序。许多四合院内的核心人物是老住户。原来中央、国家机关、部队的宿舍院落，一些退休的干部具有这样的管理能力。还有一些则是大家尊重的年长者，甚至是靠粗蛮而拥有话语权的"厉害人"。这些人中的许多人在享有更多空间话语权，或者资源多占权的同时，也承担着更多的责任，如打扫院落地面，按时开关大门、门道灯，收取公摊电费，节日悬挂国旗，通知居委会维修破损的房屋或疏通卫生间，协调邻里矛盾，监督居民遵守"契约"等。通常，有权威人物的院落，居民之间的纠纷少一些。但是尚未形成大家普遍接受的院落空间资源管理模式。

当然，邻里之间老户欺负新户的情况也时有发生。比如，老住户可以在大门口或院内堆放杂物，可以在院子中央或过道上种植植物，而外地租户则很少享有这类权力。纵使有上述"准契约"，但是院落内空间争夺仍旧是居民纠纷的最主要诱因。

6　结论

本文共得出以下三点结论：

第一，这里的居民总体上对传统的居住文化表征不了解。与外地户籍的居民相比，本地居民（尤其是男性老居民）对四合院文化表征的认同度相对高。

第二，这里出现的非表征也能体现儒学的"仁""和"。非表征的居住实践中的"仁""和"，不是北京当地的传统居住文化表征的教化结果，而是在拥挤的居住环境下，出于中国人普遍接受的儒学熏陶，以及各种人性本能的博弈结果。

第三，这里体现"仁""和"的非表征尚不具备向表征转化的基础。这有三个原因：首先，各个院落的人口密度差异大，居民职业、户籍、居住年限等方面的构成差异大；其次，居委会对各个院落空间分配的控制力弱，院落权威人物的控制力也弱；最后，多数出现纠纷的院落的房产权都不是私人的，因此法律和法规对院落公共空间使用界定是空白的。因此善良人与自私人之间博弈的"准契约"并非理想结果。

综上所述，本文的总体结论是这个历史文化保护区的文化认同和传承都不容乐观。那些已经出台的历史文化保护区建筑保护方案，并不能根本解决文化认同和传承问题。

致谢

感谢北京师范大学本科创新项目小组高鉴、刘沁茹等同学在小组调查中付出的辛苦和智慧。也感谢华东师范大学"都市空间的情感与认同"的研讨会上提出意见和建议的老师们。

参考文献

北京市人民政府 . 1990. 北京市第一批历史文化保护区名单 . http：//www.bjww.gov.cn/2009/1-6/1231217210031.html[2016-06-25].

陈雪亚，朱晓东，廉毅锐 . 2006. 北京西四北头条至八条历史文化保护区整治与保护规划 . 中国建筑学会建筑师分会人居环境专业 2006 年学术年会论文集 .

陈义风 . 2008. 当代北京四合院史话 . 北京：当代中国出版社 .

杜芳娟，陈晓亮，朱竑 . 2011. 民族文化重构实践中的身份与地方认同——仡佬族祭祖活动案例 . 地理科学，（12）：1512-1517.

顾军，王立成 . 2002. 试论北京四合院的建筑特色 . 北京联合大学学报，（1）：57-62.

黄寿祺，张善文 . 2012. 周易译注（修订版）. 上海：上海古籍出版社 .

吉登斯 A. 1998. 现代性与自我认同 . 赵旭东，方文译 . 北京：三联书店 .

贾珺 . 2009. 北京四合院 . 北京：清华大学出版社 .

贾黎威 . 2006. 北京四合院——中国传统文化和造型艺术的载体 . 九江学院学报，（3）：61-64.

李先逵 . 1996. 四合院的文化精神 . 建筑，（1）：25-26.

陆翔，王其明 . 1996. 北京四合院 . 北京：中国建筑工业出版社 .

马炳坚 . 1999. 北京四合院建筑 . 天津：天津出版社 .

马建农 . 2005. 说说北京的四合院 . 前线，（4）：58-60.

任荟，苏健 . 2001. 四合院的建筑风格与传统文化 . 华夏文化，（4）：59-62.

苏建华 . 2010. 北京老门联：北京风俗 . 北京：凤凰出版社 .

万丽华，蓝旭 . 2006. 孟子 . 万丽华，蓝旭译注 . 北京：中华书局 .

王国轩 . 2007. 大学 / 中庸 . 王国轩译注 . 北京：中华书局 .

王晖，张越，孙洪军 . 2007. 中国传统文化观念在北京四合院中的体现 . 辽宁工学院学报，（3）：176-179，189.

王乐 . 2005. "乐由中出，礼自外作"——北京四合院的伦理功能解读 . 中外建筑，（4）：70-71.

王兆祥 . 2005. 北京四合院的历史内涵与文化效应 . 中国房地产，（5）：77-79.

吴陆茵 . 2007. 人居环境"阅读"——北京四合院居住文化 . 艺术与设计（理论），（5）：79-81.

肖红娜 . 2005. 中国传统建筑北京四合院的审美意蕴 . 长沙：中南大学硕士学位论文 .

杨伯峻 . 1988. 孟子译注 . 北京：中华书局 .

杨天宇 . 2004. 礼记译注 . 上海：上海古籍出版社 .

赵倩, 公伟, 於飞 . 2012. 北京四合院六讲 . 北京：中国水利水电出版社 .

周尚意, 吴莉萍, 苑伟超 . 2010. 景观表征权力与地方文化演替的关系——以北京前门－大栅栏商业区景观改造为例 . 人文地理,（5）：1-5.

Atkinson D, Jackson P, Seibly D, et al. 2007. Cultural Geography：A Critical Dictionary of Key Concepts. London：I B Tauris.

Bunge W. 1971. Fitzgerald：Geography of a Revolution. London：Schenkman.

Dewsbury J D. 2014. Non-representational landscapes and the performative affective forces of habit：From "Live" to "Blank". Cultural Geographies, 22（1）：29-47.

Dubow J.2009.Representation // Gregory D, Johnston R, Pratt J, et al. The Dictionary of Human Geography（5th）. New Jersey：Wiley-Blackwell.

English T, Chen S. 2007. Culture and self-concept stability：Consistency across and within contexts among Asian Americans and European Americans. Journal of Personality and Social Psychology, 93（3）：478.

Harvey D. 1971 . Social Justice and the City. London：Arnold.

Lingis A. 2015. Irrevocable Loss // Vannini P. Non-Representational Methodologies：Re-envisioning Research. London, New York：Routledge.

Murdoch J. 2005. Post-structuralist Geography：A Guide to Relational Space. London：Sage.

Revill G. 2004. Cultural geographies in practice Performing French folk music：Dance, authenticity and nonrepresentational theory. Cultural Geographies, 11（2）：199-209.

Rose M. 2010. Pilgrims：An ethnography of sacredness. Cultural Geographies, 17（4）：507-524.

Rycroft S. 2007. Towards an historical geography of nonrepresentation：Making the countercultural subject in the 1960s. Social & Cultural Geography, 8（4）：615-633.

Saville S J. 2008. Playing with fear：Parkour and the mobility of emotion. Social & Cultural Geography, 9（8）：891-914.

Spears R. 2011. Group identities：The social identity perspective// Schwartz S J, Luyckx K, Vignoles V L. Eds. Handbook of Identity Theory and Research. New York：Springer-Verlag New York Inc.

Stella T T, Kimberlie K Y-J, Shapiro R B, et al. 2000. Ethnic/cultural identity salience and conflict styles in four US ethnic groups. International Journal of Intercultural Relations, 24（1）：47-81.

Stewart K. 2011. Atmospheric attunements. Environment and Planning D：Society and Space, 29（3）：445-453.

Thrift N. 1996. Spatial Formation. London：Sage.

Vignoles V L, Schwartz S J, Luyckx K. 2011. Introduction：Toward an Integrative View of Identity// Schwartz S J, Luyckx K, Vignoles V L. Eds. Handbook of Identity Theory and Research. New York：Springer-Verlag New York Inc.

Identity in Maintaining of an Historical Residential Area in Beijing

Zhou Shangyi[1], Xiahou Mingjian[1], Cheng Zhifeng[1, 2]

（1 School of Geography, Beijing Normal University, Beiijng 10087, China

2 Institute of Beijing Studies, Beijing Union University, Beijing 100101, China）

Abstract　The spatial order of etiquette is at the core of traditional culture in the typical courtyards of Beijing. For the area's protection, the Beijing municipality labels two areas in the old city as historical residential areas. Accompanying reforms in the housing system and the increased population mobility, the two historical areas have been challenged by locals as examples of cultural abandonment. This study uses an empirical investigation as its methodology. The purpose of this research is to find out whether the traditional living culture can be maintained in the contemporary everyday lives of those living in the courtyards. This paper examines Xisi, one of the two historical areas, as the primary research area. The survey frameworks and accompanying analysis use Non-Representation Theory. The representations of the traditional courtyard etiquette space were obtained through a review of the literature. The non-representations features were obtained by household interviews. The final step is a comparative analysis of both the representations and non-representations of the study area. The conclusions are as following. Firstly, the local residents clearly understand and identify the representation of the traditional courtyards and much more than newcomers. Secondly, although the residents do not care much for the representations, the non-representations clearly demonstrate that they practice with the morality of harmony and kindness. Thirdly, the non-representations associated with the morality of harmony and kindness have not been clearly identified yet both by the locals and the municipality itself.

Keywords　culture of residential space in Beijing; historical courtyards; representation; non-representation; identity

社区文艺的阶层分化与情感认同：
以深圳为案例的时空分析模式

李蕾蕾　任　珺　陈杨

摘　要　本文以深圳为案例，基于实地调研和相关资料，从情感认同的历史变化及社区文艺活动之社会性－时间性－空间性三元构成的分析框架出发，考察深圳不同类型居住社区的文艺活动及其带给人们的情感认同。研究发现深圳的社区文艺主要呈现出城中村社区、转型期准单位制社区和商品房中产社区三种类型，其中，城中村社区又据其是否处于城市中心或边缘而有较大差异。本文因此识别出城市社区文艺与情感认同的四种模式，说明不同模式的具体表现和独特问题，与社区内部和社区之间人口构成的阶层分异有关，同时受到社区文艺发展在处理阶层冲突、传统与现代、本土与外来以及代际隔阂之时空矛盾性的影响，呈现出差异、多元、冲突和错位等复杂性。

关键词　社区文艺；阶层分化；情感认同；空间性；深圳

1　引言

社区不论作为地理学意义上的实体空间，还是社会学意义上的社会空间，通常吸引学者的研究问题往往偏重于社区居住或住房方面或日常生活方面，有关社区文艺的研究，相对较少。事实上，文化艺术活动一直存在于居住社区，但最近几年，随着中产阶层和老龄化社区的发展、城市和社会转型、青年文创群体创业创意参与、商家文化娱乐促销活动的侵入、国家和地方政府的资助扶持、文艺型和设计型房地产开发商的推动、艺术家发起的社区艺术的呈现等各种因素和能动

作者单位：李蕾蕾、陈杨，深圳大学传播学院；任珺，深圳市社会科学院文化研究所。

者的影响，社区文艺变成一个多元、复杂、甚至冲突的显性问题。如何讨论和评价社区文艺现象和生态，以及社区文艺与人们对社区的情感认同有什么关系，对于社区本身的维系产生什么影响等，构成本文主要探讨的问题。

2　研究概念和理论分析

2.1　社区概念及其内部的社会分层

人文地理学中的"地方"（place）概念（Cresswell，2004）与社会学中的"社区"（community）概念比较接近。"地方"不仅有空间和场所内涵，也特别突出人地之间的本真关系和情感认同，如"恋地情结"（Tuan，1977）、地方感等。Community或被翻译成社区、社群、社团或共同体，有时强调占据一定地理空间而形成的集聚共同体，如邻里社区、居住社区等，有时又强调基于共同兴趣或利益却未必居住在一起而形成的社团或社群，但都包括了社会互动、地理区域和共同关系（边燕杰和陈皆明，2013）。本文虽然强调前者含义，即在居住小区尺度上的研究，但也特别突出社会学所关注的"社区"整合和凝聚的社会功能，也就是共同体的含义。换句话说，我们讨论问题的前提是承认公共生活包括本文所讨论的社区文艺活动，是形成地方情感和社区认同的必经过程，对于地方和社区的维系十分关键。

此外，我们强调从社区的人口构成出发，观察社区内部和社区之间阶层分化或社会分层，如因兴趣、利益、收入、年龄、品位等各因素所导致的分化和差异，如何形成了社区文艺及其情感认同的复杂性和矛盾性。例如，社区文艺生活的表现有可能分化为偏重于体育健身和广场舞娱乐两个不同的社团，因共享同一社区或公共空间而产生矛盾或冲突。习惯于早起和晨练并使用扩音器大声播放陈氏太极拳或其他老年操甚至广场舞的中老年社群，有可能干扰上班族的休息，而作为中产阶层之中坚的社区白领，分享了大部分居住社区或高档会所提供的体育运动、休闲、购物、乃至文化艺术资源，相反，类似能够满足老年人需求的资源则相对不足。

社区内部人口的分层和差异，以及更为明显的社区之间的阶层分化，反映了空间关系与阶级关系这两套结构关系（苏贾，2004）的交织作用，它们加剧了社区文艺生活的多样性、复杂性和矛盾性，也揭示现代社区与具有高度凝聚力或一致性的传统社区，存在显著区别，社区本身的演变暗示着人们社区情感认同的历史变化。

2.2　社区情感认同的演变

2.2.1　作为地方感的社区情感的瓦解：基于情感个体主义的生活政治

情感是面对某种对象而产生的心理和态度反应，偏重于身体反应的是情绪，是个人情感，作为社会情感的地方感或恋地情结（Tuan，1977），是人文主义地理学研究的核心主题。人们在不同尺度的空间和地方，小至家庭大到国家和全球，通过社会交往和互动，形成诸如爱情、亲情、友情、地方认同、故乡感、家园感、爱国主义、普世情怀，等等。这些社会情感都是与地理、空间或地方有关的情感。关注情感与地点和空间之关系的情感地理学（朱竑和高权，2015）的发展，强调地理空间实体对于情感的意义非常重要。

虽然人与地方或空间产生的情感类型，不仅包括偏重于某种浪漫主义或怀旧感的地方感、认同感、依恋或依附感，而且包括负面意义的空间拥挤感、地域歧视感、排外感等（Tuan，1977），但从社会维系的角度来看，地方或社区认同感，对于维系社区、地方乃至国家，意义非常。从社会学功能主义来说，作为好感和认同感的社会情感，是形成社区团结、凝聚力、社区精神和公民性的基础，有利于社会稳定和凝聚而不至于使社区或社会解组。在社区这一微观尺度上，社区文艺活动、公共生活、社区文化是维系社区、满足社区居民情感需求的重要来源。

不过，现代社会已无法回归到传统社会或礼俗社会（滕尼斯，2010）的有机团结（涂尔干，2004），相反，现代性的个体主义冷漠成为普遍趋势。吉登斯（1998）的亲密社会学认识到情感个体主义的兴起，使得婚姻和家庭的基础，从过去的大家庭或将家庭视为繁衍和经济单位乃至家族意义上的婚姻和家庭模式，转变为基于情感个体主义、自我实现、乃至生活政治（对生活方式的选择）的家庭和婚姻模式。情感对于现代人的存在重要性的表现就是生活政治的兴起。我们认为社区文艺活动及其内部冲突恰恰就是基于情感个体主义的生活政治的组成部分。

2.2.2　被操纵的社区情感：后情感主义与媒介化的社区情感

"后感情主义"（postemotionalism）指的是"后情感社会"的情感操纵形

态，即情感被自我和他者操纵成为柔和的、机械的、大量产生的，然而又是压抑的和快适的，它所追求的不再是美、审美、本真、纯粹等情感主义时代的伦理（Mestrovic，1996），而是强调日常生活的快乐和舒适，即便是虚拟和包装的情感。其中，大众传播媒介特别是电子媒介，加剧了社区情感从本真状态演变为媒介化的社区情感和地方感（Moores，2004）。例如，社区居民很容易对媒体所呈现的遥远他者的灾难、死亡或欢乐事件所感动与感染，反而对于身边人和事的情感反应比较麻木。而社会化媒介（如社区QQ群）的建立，日益取代了传统社区人们所习惯的面对面的社会互动和交往，人们对社区的认识和了解也借助各种媒介手段，如社区电话、传单、公告、账单、海报、小广告、宣传或促销活动等。我们认为有关社区文艺和情感认同的研究，也可以借助后情感主义的快适伦理及社区情感和认同的媒介化等概念和思想，加以具体分析和理解。

2.3　社区文艺活动与社区情感认同的分析框架

社区文艺活动正是以社区这一日常生活空间为场所，形成的具有一定日常性和习惯性的时空行为或地方芭蕾（place ballet）（Seamon，1980）。例如，不同人群在平日的早、中、晚或周末、节假日，形成彼此不同但日复一日、连续不绝的文化休闲娱乐或艺术活动，这些文艺活动的空间场所和时间节奏，明显不同于汇聚在城市地标、文艺空间或大型公共文化艺术场馆的城市文化中心区或商业大街，后者往往是重大节事、赛事或嘉年华等大型标志性城市文艺活动的举办场所，这些地方的文艺活动具有突发性，突显了城市形象而非日常生活的特点。地方芭蕾作为人、空间/场所/地点、时间的三者组合，暗含了苏贾（E.W.Soja）所说的社会性、空间性和历史性的"三元辩证"关系（苏贾，2004）。我们认为强调人类生活之历史性、空间性、社会性的"三元辩证"思维和跨学科研究视野，不仅能够思考历史、社会和空间的共时性、复杂性与相互依赖性，也可具体化为本文所关注的社区文艺活动及其情感认同的基本分析框架。

我们讨论社区文艺时，特别关注文艺活动相关主体的社会分层、社区文艺活动本身在处理传统（历史）文化、当下需求和未来文化之关系的选择，以及面对本土文化与外来（或全球）文化时的选择；我们也将各种空间概念或理论阐释所构成的"空间性"（spatiality），运用到社区文艺活动分析。具体包括如下几点。

（1）社区文艺活动的社会性：主要从社区的人口或居民结构出发，关注社区文艺的主体（如组织者与参与者）的内部关系及其对情感认同的影响。社区文艺活动的组织者和参与者有时合而为一，有时相互分离，体现了社区民居主体的内在分层（如年龄、性别、收入、受教育程度、居住年限、生活方式、文化资本、社会资本等各方面的差异分层），以及与外部社区（如不同社区的空间结构对应不同社区的阶层结构）的各种合作与竞争关系，也可能反映了社区文艺活动本身之居民公共性需求与商业性侵入的冲突。

（2）社区文艺活动的空间性：主要讨论 David Harvey（2006）所说的绝对空间、相对空间和关联空间的思想，对于社区文艺活动意味着什么。例如，社区文艺对绝对空间、实体性公共空间之占有的必要性，社区所在城市区位作为相对空间对于社区文艺活动的影响，以及作为关联空间的社区情感和想象与社区外部其他空间的关系，包括 Doreen Massey（1994）提出的与外部和全球联系所形成的全球地方感，也关注社区文艺作为 Henri Lefebvre（1991）所说的空间实践和社会实践，如何生产了社区空间的各种符号与表征（representations of space），以及社区空间是否成为居民表达情感和想象的"表征的空间"（representational space）。当然，在互联网媒介化时代，我们也会关注互联网媒介或虚拟空间（如社区 QQ 群）与社区文艺活动和情感认同的关系。

（3）社会文艺活动的时间性：注意到虽然文化艺术的类型往往被划分为主流－非主流－亚文化，或高雅文化－小众文化－大众/流行/通俗文化，为艺术而艺术的文化－不为艺术而艺术或为商业而艺术的文化，等等。不过，考虑到居住社区文艺活动的特殊性，即某种因长时间居住和栖居（dwelling）（Heidegger，1993）而形成的时间感和历史感，我们更倾向于相对稳定的传统或布迪厄所说的"惯习"（布迪厄和华德康，1998），或人文主义地理学的地方芭蕾（Seamon，1980），构成和推动的社区文艺及其情感认同的功能。当然，我们也注意到居住社区本身在快速的城市化、工业化、全球化、社会转型、空间重构、移民流动等各种因素的影响之下，发生了巨大变化，社区文艺本身及其情感认同功能面临很大挑战，因此，"历史性"或"时间性"在此特别强调社区文艺性质本身的变化，即在处理历史传统、当下需求、外来影响和全球化时代的抉择和实际表现。

总之，我们对社区文艺生活的讨论，试图综合以上概念和分析思路，建立起围绕主体轴、时间轴、空间轴所构成的时空模型，作为分析社区文艺的基本框架，通过深圳不同社区的案例分析，说明转型期社区文艺活动的复杂性和内部分异性，以及与居民情感认同的关系。

3 案例分析：深圳

深圳作为中国少数几个一线城市，其成长路径已成为传奇，被主流话语圈描述为从一个边陲小渔村和二十多万人口的小县城，在短短的三十多年，迅速发展为上千万人口的大都市，是当代中国工业化、城市化、全球化和流动社会的缩影。城市居住社区及其文艺生活因此呈现出复杂叠加的样态。本文将其大致划分为三大案例类型和四种模式。

3.1 城中村社区

"城中村"（urban village）作为中国城市空间的独特现象，来自中国土地所有权的二元结构。新中国成立后，城市土地是公有的，政府可进行城市化和工业化开发；而由居住用途的农民住房宅基地及生产用途的农田和农业用地构成的农村土地，则是农村集体所有。改革开放后的城市化和工业化进程所需要的土地，一般来说，可首先使用城市用地和农田生产用地，直到以修建高楼大厦为标志的城市化进程将一个个低矮的农村传统居住聚落包围起来，形成镶嵌在城市总体格局中散落分布的城中村，以及城市更新或"三旧"改造的空间对象。时至今日，深圳保留下来的城中村及其社区文艺生活大致可划分为两个亚类，即位于城市边缘因而仍然保留比较强的传统性和地域性的模式，以及位于城市中心的城中村模式。

3.1.1 城市边缘的城中村模式——文创旅游目的地化

这类城中村的社会构成虽然以原住民（村民）为主，传统村落形态和文化活动比较典型，但实际上受到外来文创和文商阶层影响较大。以凤凰古村、沙井万丰村、观澜版画村、梧桐山大望村、龙岗客家围屋村落等为代表，这些地方在空间表征方面保留了本地传统符号，如凤凰古村的明清广府文化建筑、沙井的蚝壳墙体建筑、客家围屋村落的客家文化、观澜版画村的碉楼标志等。不过，也因为这些城中村的地域文化或地方个性以及地处特区关外早期工业区之相对空间和关系空间的特点，在近期的改造和发展中，其反而不断受到大量来自更高级别（村外）地方政府、外来资本和外来人口等各种因素的影响。例如，观澜版画基地作为深圳文创产业基地之一，开展了外国艺术家的驻场项目；梧桐山大望村凭借地处梧桐山风景区的环境优势和相对低廉的租金，吸引了国内外艺术家和改造资本的进入，变成了一个艺术小镇和香云纱等非物质文化遗产保护中心；沙井万丰村由于集聚相对多的台资企业，在台湾外来主体或移民主体的组织和参与下，开展了包括台湾美食街、庙会表演、布袋戏、电音三太子、原住民歌舞等极富台湾特色的台湾文化月文艺活动；凤凰古村则吸引了来自北京的中国艺术研究院开办创作基地、凤凰书院、艺展中心等，重塑了古村原有相对狭小和粗朴的文化活动空间。

总之，位于城市边缘区的城中村文艺生活，存在某种外来者主导的文创化、符号化和文化遗产商品化改造及面向游客的旅游目的地化（佐金，2015）的发展趋势。事实上，这些地方都已变成深圳文博会的分会场，也被列入当地文化旅游和文化产业基地的名册。这些城中村的社区文艺主体，呈现出外来移民（主要是艺术家、企业、协会或文化机构构成的文商阶层）反客为主的特点。文商阶层利用和活化当地传统虽然有利于历史文化和地域传统的保留，不过，其同时也借机引进和开展了大量非本地的外来文化，使得原来的本地居民变成新文化的"逆向"凝视者而非主要参与者，或者变成作为旅游目的地之社区文化的表演者，以及被外来游客所凝视的对象（厄里，2009）。

这种社区文艺活动的发展和特点为原住村民带来复杂的情感认同，原本村民与作为其居住空间的村落文化和民俗活动的本真关系，因村落本身绝对空间或公共空间发生较大变化和改造甚至出现大体量的城市化文化设施，而变得"异化"；外来文商对传统文化的"创造性破坏"和另类改造，进一步加剧了社区原住民对社区本真文化的陌生感。此外，外来文商阶层内部相对封闭的社群主义文化，以及与原住民在文化品位和趣味上的差别，反而加剧了社区文化作为整体的分裂感，社区文化活动本来期待承担社区整合的功能可能因而失效，甚至可能出现社区分化的威胁。

3.1.2 城市中心的城中村模式——社区内部的阶层分化与冲突

位于高度城市化和城市中心区的城中村社区文化，一些在城市化和城市更新的改造过程中，消失殆尽。例如，临近深圳高新技术产业园区的大冲村，已在华润地产资本的介入下，完全"曼哈顿化"（佐金，2015），过去自然分布于荔枝林坡地的传统村落及随后新农村建设形成的规整化的三四层高的楼梯房城中村聚落，完全转变为高层和超高层现代建筑，如售价超过每平方米 10 万元的高档公寓、商品房，以及面向全球招商的写字楼、办公楼、大型购物中心，整个社区的文化气质因此改变，完全取代了曾经重视家族生活、乡土文化、春节期间全村居民欢聚一堂同吃大盆菜的盛况，以及基于蚝田捕捞和荔枝林种植的沿海客家文化。而另一些尚未被拆除的城市中心的城中村，经过与特区同在的三十多年的发展，已然成熟，从早期外来移民之"落脚城市"（桑德斯，2012）变成了可居社区。例如，未被拆除的部分岗厦村，由于租客人数远远超过原住民，而成为社区文艺主体。部分可居社区的流动租客甚至引进和发展了来自移民家乡的传统文艺或在地创造的新生文化，如石厦村的湖南人花鼓戏、非正规经济文化（Wang et al.，2009），以及位于深圳大学周边桂庙村的"学生化"（studentification）文化活动和创客空间。当然，不能忽视的是那些已被拆除的城中村，在民间口述和网络社群中，沉淀为城中村早期流动移民的情感记忆，作为一种被选择和过滤过的情感记忆，有关城中村的回忆和表征，通常充满了对青春年华和草根移民奋斗精神的认同。有意思的是，随着近几年"新型城镇化"国家战略的提出，以及精英阶层、媒体和舆论环境对于推土机式的城市更新的反思，白石洲这样的临近"世界之窗"主题公园、拥有优越区位、已被列入更新计划尚未拆除的城中村，开始发展各种具有外部乃至国际影响力的当代艺术项目，如美国人类学者发起并坚持多年立足白石洲的"握手302"艺术项目、城中村特工队、"物恋白石洲"话剧，以及"不拆"摄影项目，等等。城中村成为艺术家的表征空间和由艺术家引导流动移民表达其地方情感的空间载体，相关的城中村艺术项目也进入"深港城市建筑双城双年展"的主流和中国当代艺术的先锋之列。

能够保留到今天且地处城市中心 CBD（中央商务区）或 RBD（游憩商务区）的城中村社区，或许能为同质化的现代都市景观，提供某种用以说明城市起源的物质空间和差异性的文化生活，不过，拆迁改造前后物理空间的鲜明对比，却给那些获得巨额拆迁补偿①、仍可居住在寸土寸金之原地并获得各种物业租赁收益的原住民，带来了某种村落精神之失落与都市未来之迷茫的复杂情感。正如大冲村的拆迁改造，虽然保留了村庙宗祠，但在高楼林立的都市综合体里面，它只能当做一个被淹没的盆景符号。事实上，不少城中村的宗族祠堂已经大门紧锁，不再如过去那样即便在平时也向族人（本族公众）开放，更不可能开放给流动的外来移民。毕竟传统的宗族文化难以延续到年轻富裕的"村二代"，而且，宗族活动对于移民而言，不过是某种他者的文化认同场所，这种认同错位导致通过宗

---

① 深圳大冲旧村改造：造就 10 个亿万富翁 400 个千万富翁，http://finance.ifeng.com/roll/20100125/1751986.shtml。

族祠堂的文化活动凝聚家族认同的社区功能和价值因此不再。如何在新的社区语境下，恢复宗祠及其文化活动作为公共空间的公共性、通过复兴超越本宗价值的公共空间①，实现社区整合功能，是一重要问题。此外，原住民在面对都市生活、小资消费文化和时尚科技文化时，因缺乏必要的素养和经验，而难以融入新的社区。难怪即便原住民获得了补偿性的商铺空间，其商业经营无法沿用过去经营城中村小商铺的本土经验，原村民只能将商铺空间转租给精品店、时尚店或连锁店的外来经营者。这种依赖租金的社区生活，并不利于原住民通过深度参与和日常生活，实现对社区文化之建构的积极介入。

总之，城市中心的城中村文艺活动所体现出的内部社会分层，暗示了如何处理原住民、流动移民和富裕中产阶层（甚至包括外来艺术家）共处同一社区的文化冲突问题。此外，与城市边缘模式一样，移民的快速流动和中产阶层的扩大，将取代本土的城中村文化，这种未来取代能否形成具有新文化和新传统的社区文艺，尚待观察。

3.2 准单位制老旧社区的文艺模式——老龄化和居住替代

作为中国改革开放的先锋，深圳特区在发展之初，主要通过计划经济时代的国家力量，兴建了各种单位制社区（柴彦威等，2007），以便容纳成建制转移而来的内地建设者，包括部队、国企和事业单位从业人员，这批人员不同于在城中村落脚的流动农民工。不过，这种单位制社区因建设匆忙，在社会化配备方面比不上改革开放前其他社会主义单位的建设标准。例如，有的单位制社区虽然可能有自己的幼儿园、小学、中学、社区图书馆，但可能并没有自己的医院或广播电视等基础设施。我们因此将特区的单位制社区称为"准"单位社区。福田莲花北村就是这样的大型社区，占地面积 0.9 千米²，1994 年开始入住，居民近 3 万人，这类社区的文艺活动延续了计划经济时代的"单位"组织模式，成立了社区文化部，配备文艺专业员工，负责策划有针对性的文化活动，有社区老年腰鼓表演队、太极拳、体育运动队、艺术团、秧歌队、读书会、社区体育协会、社区科协等文艺队伍和文体组织，举办春节大团拜（搭彩楼、挂花灯、贴春联、舞狮舞龙，营造传统节日气氛；举行秧歌、腰鼓、威风锣鼓等民间文艺表演），以及"九九重阳"关爱老人主题活动，也举办"科普""环保""义

---

① 例如，坐落于岗厦城中村和凤凰古村的文天祥宗祠，因文天祥作为民族英雄，具有超越本宗之外的价值，而对更广大的国内移民产生精神认同。

工”等活动，强调社区体育比赛活动等，重视获得政府类的明星小区奖。显然，这些社区文艺与深圳的地方特色或本土历史并无多大的关联，而是计划经济时代单位制社区的标准文艺模式或宣传模式，目的是体现社会主义建设者的精神风貌。

需要说明的是，这类社区的社会构成正在发生变化，由于房子日渐老旧，甚至出现因使用海沙施工造成渗漏的问题，加之多为无电梯的老楼，逐渐被收入更低的阶层占据。例如，位于华侨城的楼梯房很多被保姆、餐饮服务人员、装修工、搬运工、退休老工人所侵入和占据，或成为家教、培训的场所；而罗湖文华社区存有不少其他省市在特区开设的“驻深办”；鹿丹村则被改造消失，成为高层商品房居住小区；园岭小区的居民替代也比较明显，留下的居民多为退休或半退休人员，常常在附近的荔枝公园吹拉弹唱，红歌与广场舞盛行。一些社区试图引进外来社会组织，重振社区文化。例如，文华社区试图培育本土社会组织孵化机构“光合春田”，该机构曾设想利用社区管乐优势策划“管乐快闪”活动。[①]虽然该项目因经费问题未能按期举办，但新机构的入驻为社区文化带来了某种全球和时尚的都市文化意识。

总之，改革开放早期的老旧社区文化活动以老人和隔代儿童为主要参与群体，组织化的文化活动和节日竞赛活动比较多，偏重于计划经济时代的文艺类型，包括当下形成的以生存性养老驱动的和红色怀旧的社区文艺活动。这类社区显示出某种试图通过逐渐衰落的社区文艺活动，表征或延续前社会主义时代单位的特殊精神，特别是工人阶级的社区情感（李蕾蕾和王顺健，2014）。但这类缺乏地下车库的老旧社区，不得不将有限的公共空间让渡给停车场，文艺活动空间收缩，社区文化衰落迹象明显，它们是仅次于城中村的城市更新改造对象。可以想见，在不远的未来，这类社区也会消失殆尽。

3.3 新建商品房门禁小区的文艺模式——中产阶层社区文艺的商品化

相对封闭、对外隔离、必须使用门禁卡才能进入的门禁社区，是房地产开发商建成的高档居住小区，主要居住的是高收入中产阶层和富裕阶层，上班族比较多，邻里关系比较淡漠、个人隐私要求高。例如，福田中心区的黄埔雅苑、香蜜

---

① “快闪”是近几年来在国际上颇为流行的街头行为艺术，参与者通过网络等新媒体方式随机约定时间、地点，举办引人注目的活动，活动结束后迅速走人。

湖中旅公馆、华侨城波托菲诺小区等，都属于这类门禁社区。这里的文化艺术活动多围绕社区高档会所及周边的精品店铺展开。例如，会所[①]往往配套有标准游泳池、网球场、周边也开设诸多小资化的咖啡馆、精品店、茶馆、养生馆、字画店、棋琴书画培训、创意小店、复古家居店、画廊、概念书吧、形象店、美容养护、瑜伽和健身会、进口商品店或港货店、cosplay 青年亚文化等具有设计感和视觉品味的文化休闲艺术和消费场所，居民的文艺生活主要依赖于这种市场化、商业化、功能主义的现代模式。所形成的社区文化、人际关系和情感认同，必然是以金钱为中介的个体主义疏离感和后情感主义类型。

需要说明的是，门禁社区的中产阶层属于都市主流，且具有高度的国际视野，因此，与其他全球城市的类似社区形成某种同质化。这类社区的文艺生活多为消费型而不是社区居民自发生产出来的，消费内容往往与本地无关，多为国际或连锁品牌，因此，在文化内容上具有较广阔的外部关联性，是典型的关系空间，所形成的社区感其实是某种全球地方感（Massey，1994）。此外，这类社区的文艺活动组织方式，往往借助会员制或互联网虚拟社群。例如，组建装修 QQ 群解决诸如房屋手绘墙体装修问题，或个性化的消费需求包括有机蔬菜、乡土食品等。这种借助新媒体的社区人际交往，比现实交往更为频繁，从而形成虚拟社区的认同感。但是，这种门禁社区如何发展出具有生产能力而非仅仅消费或购买能力的社区文化，以及具有本土特色而非全球同质化的中产阶层社区文化，仍然有待观察。此外，在深圳房地产价格急剧攀升的当下，以及中产移民海外之风的影响下，这类社区也存在一定的换房率，这种流动性显然并不利于社区文化的培育和社区认同感的形成，毕竟人地本真关系的形成和情感认同依赖于长期的栖居而非流动的生活（鲍曼，2002）。

4 结论和讨论

城市居住社区虽然有别于以大剧院、音乐厅、博物馆、美术馆或文创园区等为代表的都市文化空间，但它并不缺乏文化艺术活动，而且因其存在更为明显的日常生活和人际互动，在满足人们的地方认同与情感需求方面，反而可能更为重

---

① 在商品房中产社区，中产阶层的维权意识相对比较高。例如，位于深圳世界之窗对面的高层商品房小区，在笔者成立之时打出了"无良中海、还我会所"的红色条幅，这也说明"会所"对于这类社区文化生活的重要性，以及会所日渐被商业化侵占的趋势。

要，因此，研究社区文艺活动及其空间表现，构成都市文化空间之情感认同不可或缺的组成部分。情感与社群或社区有密切联系（拉什，2001），社区文艺的形态和内容及可持续发展的能力，则与社区的人口构成及其历史变动和外部联系即时空性状况密切相关。本文基于人文主义地理学"地方感"的研究和社会学之社区团结功能的主张，以及现代社区情感主义的演变和媒介的作用，将社会性、历史性和空间性构成的三元分析框架，作为建构社区文艺时空分析框架的启发性要素；结合深圳不同类型社区文艺活动的个案，探讨了社区文艺活动的组织者或参与者的社会阶层属性和内在分异或冲突，以及社区文艺活动的具体内容与空间占据、文化表征，还讨论了社区的相对区位和外部相关空间的影响，对于形成社区情感认同的作用。

研究发现深圳的社区文艺生活大致呈现三种类型四种模式：因城市化进程而逐步消亡的城中村社区、流变和衰落的准单位制老旧社区、同质化的新建商品房中产社区。其中，城中村社区因地理区位的不同，被分为城市边缘城中村和城市中心城中村两种不同的文艺模式。前者出现的外来文商阶层对传统聚落的文创性保护和再开发，使得原住民变成旅游目的地的被凝视对象，形成复杂的社区情感；后者因流动农民工的大量占据形成城中村，曾经围绕本地宗祠开展的文化民俗活动被外来移民文化取代，或无法被"村二代"继承，被拆迁改造过的城中村还出现社区文艺生活的原住民阶层与后移入的中产阶层的认同分裂问题。准单位制老旧社区虽然延续了计划经济时代组织化的单位文艺宣传模式，但老龄化和衰退问题比较突出。封闭式的中产社区的商业化和市场化的文艺活动最为明显，突显了个体主义消费时代的后情感主义模式，以及媒介化的虚拟认同。不论哪种社区模式，随着城市更新的发展，同质化、非地方性和流动性的社区文艺似乎正在演变为某种普遍未来，如何构建社区阶层融合、非媒介化的在地参与、公共空间充分、栖居型和生产性的社区文化，是需要进一步讨论的问题，尽管这听起来带有某种乌托邦的社群理想。

致谢

本文得到国家自然科学基金项目"艺术地理学与当代中国城乡发展的艺术干预"（41471124），以及国家社会科学基金艺术学重大项目"新兴城市文化流动与文化创新研究"（14ZD05）资助。

参考文献

鲍曼 Z. 2002. 流动的现代性 . 欧阳景根译 . 上海：上海三联书店 .

边燕杰，陈皆明 . 2013. 社会学概论 . 北京：高等教育出版社 .

布迪厄 P，华德康 L D. 1998. 实践与反思 . 李猛，李康译 . 北京：中央编译出版社 .

柴彦威，陈零极，张纯 . 2007. 单位制度变迁：透视中国城市转型的重要视角 . 世界地理研究，
（4）：60-69.

厄里 J. 2009. 游客凝视 . 杨慧，等译 . 广西：广西师范大学出版社 .

吉登斯 A. 1998. 现代性与自我认同 . 赵旭东，方文，王铭铭译 . 北京：生活 . 读书 . 新知三联出
版社 .

拉什 S. 2001. 自反性及其化身：结构、美学与社群 // 贝克 U，吉登斯 A，拉什 S. 自反性现代化：
现代社会秩序中的政治、传统与美学 . 北京：商务印书馆 .

李蕾蕾，王顺健 . 2014. 中国工业遗产的阶级情感与情感遗产：基于工业文艺作品的分析 // 朱文
一，刘伯英 . 中国工业建筑遗产调查、研究与保护 . 北京：清华大学出版社 .

桑德斯 D. 2012. 落脚城市 . 陈信宏译 . 上海：上海译文出版社 .

苏贾 E W. 2004. 后现代地理学——重申批判社会理论中的空间 . 王文斌译 . 北京：商务印书馆 .

滕尼斯 F. 2010. 共同体与社会：纯粹社会学的基本概念 . 林荣远译 . 北京：北京大学出版社 .

涂尔干 E. 2004. 社会分工论 . 渠东译 . 北京：生活 . 读书 . 新知三联出版社 .

朱竑，高权 . 2015. 情感地理学西方地理学 "情感转向" 与情感地理学研究述评 . 地理研究，34
（07）：1394-1670.

佐金 S. 2015. 裸城：原真性城市场所的生与死 . 丘兆达，刘蔚译 . 上海：上海人民出版社 .

Cresswell T. 2004. Place: A Short Introduction. Oxford: Blackwell.

Cresswell T. 2009. Place//Thrift N，Kitchen R. Eds. International Encyclopedia of Human
Geography. Oxford: Elsevier, Vol 8: 169-177.

Harvey D. 2006. Space as a key word//Havey D. Spaces of Global Capitalism. Verso: 117-148.

Heidegger M. 1993. Building, dwelling, thinking//Heidegger M, Krell D F. Ed. Basic Writings.
London: Routledge

Lefebvre H.1991. The Production of Space. Basil Blackwell Ltd.

Massey D. 1994. Space, Place and Gender. Minneapolis: University of Minnesota Press.

Mestrovic S.1996. Postemotional Society. London: SAGE Publications Ltd.

Moores S. 2004. The doubling of place: Electronic media, time-space arrangements and social
relationships//Couldry N, McCarthy A. Eds. Mediaspace: Place, Scale and Culture in a Media
Age. London: Roultledge.

Seamon D. 1980.Body-subject, time-space routines, and placeballets//Buttimer A, Seamon D. Eds.
The Human Experience of Space and Place. New York: St Martin's Press.

Tuan Y F. 1977. Space and Place: The Perspective of Experience.Minneapolis, MN: University of

Minnesota.

Wang Y, Wang Y, Wu J. 2009. Urbanization and informal development in China: Urban villages in Shenzhen. International Journal of Urban and Regional Research, 33（4）: 957-973.

Community Culture and Emotional Identity with Social Stratification: A Social-temporal-spatial analysis for Shenzhen case study

Li Leilei[1], Ren Jun[2], Chen Yang[1]

（1. School of Media and Communication, Shenzhen University, Guangdong 518060, China 2. Shenzhen Academy of Social Science, Shenzhen 518000, China）

Abstract This paper concerns people's cultural and art-related daily life in their residential community. The authors attempt to make a framework for evaluating and studying community art and culture life which is thought to be a key function for the making of community identity and people's collective emotion and social integration. Drawing from the key conceptions such as the community in sociology, the place and the spatiality in cultural geography, and the idea of post-emotional society and medicalization, the framework is constructed from three dimensions of social-temporal-spatial interactions relating to community social stratification or class conflicts, the impacts of community spatiality and temporality on community art and culture activities. Based on Shenzhen case study, this paper identifies three types of residential communities including urban village community, quasi-Danwei community and gated community, all of which have developed different culture and art activities with different impacts on people's emotional identity. Urban village located in city edge has attracted a lot of art and culture businessmen out of the community making the urban village a creative and tourist destination, which at the same time marginalizes aboriginal villagers. The urban village located in city center area is now occupied by mass mobile workers from rural areas who may displace their hometowns' culture into their working city but at the same time may destroy the local culture which is normally based on the ancestral hall for communityintegration. In quasi-Danwei community, although the former socialist Danwei culture mode has sustained in a certain way, the declining of this kind of community is unavoidable because of its decaying in abstract space and the aging of community. In the gated community, it is evident that culture and art life is dominated by commercial principal and consumerism of middle class with post-emotional mode and mediated community identity.

Keywords　community culture；art life；social stratification；emotional identity；spatiality；Shenzhen

理想·消费·政治

——20 世纪新村在上海地区的发展与时空演变

张晓虹　郑　端

摘　要　新村作为一种集居形式，一直被认为源自 20 世纪 20 年代的日本，随后传播到中国，并在 1950 年之后成为新中国工人阶级住宅的标志。然而，作者通过梳理历史文献，发现早在 20 年代新村已作为一种社会改造的乌托邦理想空间在上海出现，但不久就开始成为上海居民的集居方式之一，并在 30 年代发展成这个城市居住空间的重要组成。在这一过程中，商业资本、企业单位、地方政府都通过消费新村原有的平等、公正、清洁、卫生等乌托邦理想空间形式介入上海城市空间生产之中，同时还吸收这一时期传入中国的田园城市理念。1950 年之后新村这一居住形式为新生的中国政府所接受，作为新中国工人阶级当家做主的政治符号，表明与旧有的资本主义城市空间决裂。通过复原上海 20 世纪 30 ～ 80 年代新村的地理分布和内部空间布局，作者试图在分析这一新型居住空间所构建出的新型社会关系的同时，应用列斐伏尔的空间理论对 20 世纪 20 ～ 80 年代半个多世纪中新村在上海城市物理空间和社会空间生产过程中的作用与后果进行深入的剖析。

关键词　新村；乌托邦理想空间；田园城市；城市空间；上海

　　工人新村作为一种集居形式，一直被认为是 1949 年以后中国城市空间社会主义改造的典型。虽然学者们大多能够将这一居住空间形式在中国的发生追溯到 20 世纪年代由周作人发起的新村运动，然而却直接跳过 20 ～ 50 年代新村在中国，特别是上海的发展历史，而是将 1950 年后中国的工人新村建设与苏联的社会主义集体居住方式联系在一起，认为它们在思想与理念上是一脉相承的。例如，罗岗（2007）在《空间的生产和空间的转移——上海工人新村与社会主义城

作者单位：张晓虹，复旦大学历史地理研究中心；郑端，复旦大学哲学学院。

市经验》一文中在论述工人新村问题时，特别引用了列斐伏尔的话："一个正在将自己转向社会主义的社会（即使是在转换期中），不能接受资本主义所生产的空间。若这样做，便形同接受既有的政治与社会结构：这只会引向死路。"紧接着在文中称，"因此，曹杨新村作为上海的第一个工人新村就具有特殊的意义，它既代表了社会主义对上海这座殖民大都会的改造……与之相关的是，新村内部的规划、布局陈设作为一种空间的生产方式，不仅再造了工人群体的日常生活环境，而且形塑了他们的日常生活模式"。在这里要强调的是，工人新村的建设是社会主义新中国与旧社会（殖民上海）的一种决裂，换言之，建设工人新村的目的是要割裂新上海，即工人阶级作为领导阶级的新上海与旧有的、腐朽的、资产阶级的旧上海的关联。那么事实上究竟如何？

当我们实际考察近现代上海城市空间的形成过程，就会发现新村这一城市居住形式不仅在 1949 年之前数量可观，而且分布遍及整个上海市区及近郊。与此同时，工人新村建设在随后的社会主义时期也有迥然不同的历史命运。那么，20 世纪上海地区新村的最初发生与发展与同时期日本的新村运动有着怎样的关联？并且除了日本的新村运动外，它们是否还受到其他理论的影响？此外，民国时期新村的空间设计理念与新中国的城市社会主义空间改造之间有着什么样的关系？即使是 50 年代之后的工人新村，它们又经历了怎样的历程？它们与中国现当代政治运动之间的关系如何？换言之，这样一部几乎贯穿整个 20 世纪上海城市住宅发展史的新村建设，对上海城市空间的形塑有着怎样的影响与作用？无疑，这些问题的解决有助于我们从中国近现代历史进程中把握工人新村的全部涵义，更有助于了解当下上海城市空间建构的特征及其历史文化特点。

1 新村的出现及其在上海的时空分布变迁

1.1 新村在上海的出现

据载，上海首个新村出现在西郊龙华，时间是在 1919 年。关于这一事件，《申报》1919 年 6 月 3 日称："沪俗腐败殆臻极度，兹有蔡式之、顾念劬、敖宇润、杨济时、竺规身、黄警顽等就沪南二十里外龙华村试办模范新村。"

作为模范新村的龙华新村，其理论上明确来自日本的新村运动。日本的新村运动最早是 20 世纪初由日本白桦派理想主义作家武者小路实笃发起的，他受到俄国无政府主义者克鲁泡特金的互助理论和作家托尔斯泰的泛劳动主义的影响，开展了"新村运动"。其目标是让大家过上"人的生活"，在一个十几人的共同体中一起劳动，粗茶淡饭，各取所需。

周作人留日时受此影响积极参与新村运动，并在回国后极力推广这一社会改造运动，撰写了多篇关于新村运动的理念与实践的文章。当时在中国出现的新村规划中有一套完整的管理制度，带有强烈的乌托邦性质。曹乐澄在 1922 年的《新村制度的意义》一文中就这样说道："他的组织是善良的，他的主领乃是以协力的动作，造成人种安全的生活。换句话说，便是'各尽所能，各取所需'八个字。一方面尽了对于人类的义务，其他方面尽个人对自己的义务。"新村这一理念，很快在以上海为主的中国城市中传播开来，当然也就引起了人们，主要是知识分子的关注：有人对新村制度大加赞美，认为它可以养成平民正确参与政治生活的习惯，可以将中国的政治纳入正常的轨道，有利于形成地方自治制度（王焜，1929）。但同时也有不少批评意见，关于新村的讨论在当时是非常激烈的，为此敦伟、黄绍谷和周作人曾于 1920 年在《民国日报·批评》中专门撰文讨论新村在中国的发展及所面对的问题。但龙华新村的建立，无疑对新村运动的支持者是极大的鼓舞。新村从而如雨后春笋般开始出现，成为上海城市空间的重要组成部分。

1.2 抗战之前的新村建设

龙华新村的建立开启了新村在上海的发展历史。自此之后，新村逐渐在上海市区内发展。初期，新村的发展相当缓慢，而且与龙华不同的是新建的新村主要分布在城市中心地区，如图 1（a）。但进入 30 年代后，随着上海城区的不断扩张，土地价格的飞涨，新村这样的居住方式开始大受欢迎，数量激增、分布遍及上海市各处，但仍以市区范围内为主，见图 1（b）。

然而，这时的新村建设与最初的新村运动已经有了明显的区别：它们不再是由知识分子自发组建而成的自助社区，而是大多由企业和学校主导修建，作为员工宿舍分配给员工使用，也有部分由单位员工集资建设而成。比如，暨南大学由南京迁往真如后，校董会立即出台章程——《扩充新村购地附办新村》兴建职工宿舍。当时单位兴建新村主要基于两个方面的考虑：一是员工集体居住，方便单位管理及生活方式的统一；二是便于工余联谊及紧急时的望相助。

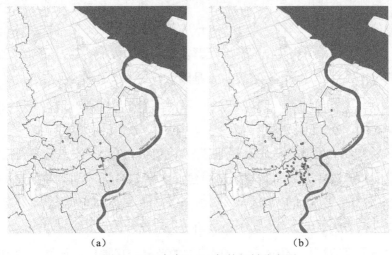

（a）　　　　　　　　　　　　　（b）

图 1　1927 年与 1936 年的新村分布图

但很快，在上海，新村建设者的队伍中加入了两种十分重要的建设主体：一是房地产商，二是上海市政府。新村的建设因此也进入了一个快速发展的阶段。从图 1 中我们可以明显看出新村数量自 1927 年到抗战前的 1936 年有了明显地增长。

近代上海开埠后，因为租界的设立及回报颇高的土地收益（张晓虹等，2014），上海的房地产发展迅猛，成为上海的支柱产业之一。同时，随着上海城市经济的发展，社会分化日益突出。特别是一战后民族产业的出现，数量可观的中产阶级在上海兴起，他们随着经济地位的稳定，力图透过对空间的消费来强化其身份认同。针对这部分人群，房地产商们看重新村所蕴涵的现代、卫生等空间意象，纷纷将新建的住宅小区命名为"某某新村"。对于这种将"新村"概念的过度消费。有人在《建筑月刊》（1935）上撰文批评道：

> 这里所谓新村，并不是像银行或地产商投资在市区较远的地方，划出一片田地，建造起许多火辣辣的洋房，招人购买，并订定分期付款办法的那种新村。也不是什么村呀，邨呀，出租给人居住的那种里弄房产。更不是顶着建设新村的名目，在乡区里购进一片土地，计划成了各种建筑图样，叫人去选择任何一种房屋，预先缴付定洋或先付造价百分之几定造住宅，造成之后完全付清，或分期拨付。但结果定房方面的钱是收了，建筑也着手进行了，终至承揽建筑者收不到款，而宣告停顿。定房到期也欲住新屋，但房屋只有一个墙框，框上架着一个屋顶的那种新村。

这段文字清晰地透露出，由房地产开发商经营的新村共有三种形式：第一种是位于郊区的西式洋房；第二种是位于市区内的普通里弄住宅；第三种是最接近新村原旨的，位于乡间，但仍是由房产商经营。这三种居住形式都冠以新村之名，甚至只是简单地以村命名。由此可见，正是因为最初兴建的新村所形成的特有的空间意象吸引了众多的市民，才使得以新村之名发展房地产业成为上海房地产商营销的重要手段。

在房地产商借用新村概念发展房地产业的同时。为了改变上海居住环境的恶劣，上海市政府也开始积极介入新村建设之中。例如，1934 年受实业部的指示[1]，上海市政府由于上海市内"人口集中，商业繁盛。因地价高涨，平民住居问题，便发生了严重的恐慌。上海市政府为应平民的需要，特设平民福利事业委员会，主办平民新村"。不过，市政府组织的新村与房地产商所针对的中产阶级明显不同，所建设的新村带有明确的福利意味。例如，1936 年制定的"上海平民新村住房居住规则"中的第三条规定"本市市民现有相当职业，全家每月收入在卅元以下，原入本会平民新村居住者，应填具申请书，经本村主任许可，方予租住"。在政府的积极推动下，上海的平民新村建设蓬勃发展，仅 1936 年就有不少平民新村建成。

1.3 抗战及其国共战争时期的新村发展

1937 年抗战军兴，人口大量迁入上海，特别是租界地区，引发了新一轮房地产开发热潮，在房地产的推动下，新村的数量有所增加，至 1945 年抗战结束时，上海新村数量明显比战前的 1937 年增长［图 2（a）］。

1945 年抗日战争结束后，大量人口复原回到上海。不久，国共内战再燃烽火，难民蜂拥而至。故而，这一时期新村的营建主体与方式都与战前略有不同：一是房地产商基本退出新村建设市场，二是所针对的对象增加了需要安置的战争难民。

以工作单位为单元建设的新村，目的是为解决职工的居住困难。例如，招商局（1946）"为解决员工宿舍问题，在闸北同济路购入地皮十三亩九分五厘，并

---

[1] 实业部训令：劳字第二六六〇号载"查我国各地工人住宅，大都卑陋湫隘，不合卫生，不独妨碍工人健康，尤足减少工作能力。故工厂法内有'工厂在可能范围内应建筑工人住宅'之规定。亟应积极提倡，期以改良工人生活。前工商部制有劳工新村设施大纲一种，经本部重加审查，仍可适用。兹检发此项大纲五份，令仰该厅、局、公署参照，斟酌地方情形，提倡举办，并将办理情形随时具报为要！此令。计发劳工新村设施大纲五份另邮。中华民国二十三年一月二十三日"。

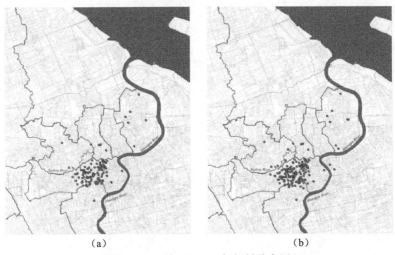

图 2　1945 年和 1949 年新村分布图

依法招商承包建造西式二层单幢住宅六十四幢"。一年后，招商新村建成，并成为招商局成立七十五周年的献礼。而由上海市政府主持营建的新村，承续着战前的功能，主要以安置市民为主。事实上，抗战甫一结束，上海市政府就成立了"上海市市民新村委员会"（1946），以"根据《建国大纲》第二条之规定为筹划并鼓励建筑市民新村施以合理管理以利民居起见，设立市民新村委员会，直隶于市政府"。专门用以管理新村建设事务。

　　然后，随着国共战争的持续及影响地域的不断扩大，大量难民涌入上海，因此，为安置难民也兴建了不少新村，但这些新村大多是由各地同乡会出面捐资修建，如闸北等地修建的通海新村、为安置难民而修建的平民新村，主要南通新村等即由苏北同乡会组织募捐修建。从图 2 中可以明显地看出 1945 年和 1949 年的新村无论是数量还是分布范围都较 1936 年有显著地增长。

1.4　1950～1966 年的工人新村

1949 年 5 月，中共接管上海市政府，开启了上海市城市建设的新篇章。

　　甫一接手上海市的中共政府，遇到的第一个问题就是解决日益尖锐的居民住房问题。1950 年 10 月，上海市二届一次各界人民代表会议召开。在此次会议上，时任上海市长的陈毅就明确指示："目前经济情况已开始好转，必须照顾工人的待遇和社利"。同年，上海市就成立工人住宅修委会。

　　1951 年，上海建立了新中国第一座工人新村——曹杨新村。曹杨新村的建筑格局是典型的郊区型花园式的居住区（丁桂节，2007）：这些居民新村的建筑起初

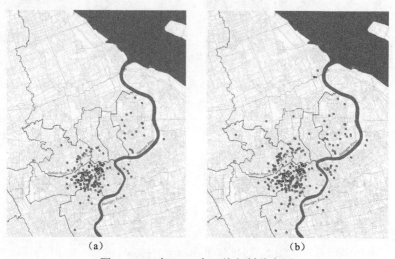

（a）　　　　　　　　　　　（b）

图 3　1953 与 1958 年上海新村分布图

以二三层为主，后来逐渐发展成五六层为主。新村由若干幢结构相同的楼房组成，形成了一个面貌整齐的大居民点。曹杨新村的建设模式成为当时上海市政府主导下城市住宅生产的主要方式。《人民日报》在 1952 年的一篇报道这样写道：

> 为了执行毛主席的在今后数年内要解决大城市内工人住宅问题的指示，华东军政委员会和上海市人民政府正在实施一个大规模的建筑计划——在上海市建造大批工人住宅。第一批建造二万一千户住宅，如果以平均每户五人计算，可容纳十万余人。其中一千零二户住宅已经落成，其他的也即将分期动工兴建。……目前已经落成的一千零二户住宅，坐落在上海市西郊曹杨路附近，取名为"曹杨村"。

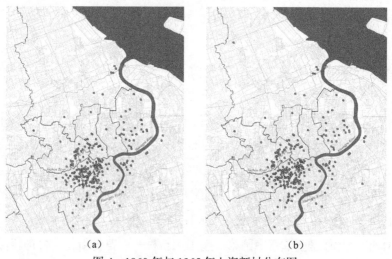

（a）　　　　　　　　　　　（b）

图 4　1960 年与 1965 年上海新村分布图

正是在这样的住宅生产方式下，在50到60年代期间，上海先后在当时的城郊地区建设了大量工人新村，从图3和图4中我们可以看到新村数量明显地增长。不过，由于住房供需之间的极度不平衡，尽管冠以工人新村之名，但在那个匮乏的年代，只有先进工作者和劳模才能分到工人新村的房子（罗凌，2007）。

1.5　1966～1990年的工人新村建设

1966年"文化大革命"开始，在以政治挂帅的那个年代，对物质生活的要求受到极大的压制。同样，作为改善工人生活条件的工人新村的建设一直处于停滞时期，数量几乎没有增加。

1978年改革开放后，随着上海城市经济的快速发展，改善生活状态的需求再一次进入人们的视野，工人新村的建设开始进入另一个快速发展的时期，尤其是北郊宝山钢铁厂的大规模建设，同时促进了这一区域工人新村的修建，新村数量再一次爆发式增长（图5）。新村在上海城市空间中的作用正如1982年11月8日的一篇报告文学《绿色的翅膀》中所称那样：

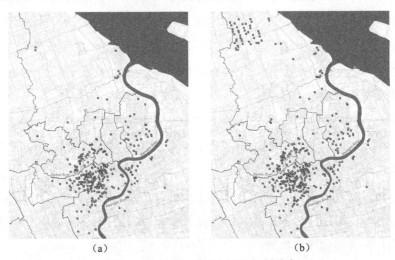

图5　1976年与1986年上海新村分布

> 这中间有鳞次栉比的工人新村二十八个，外加旧上海遗留下的棚户区像雨后的蘑菇多得数不清。

新村是夹杂在新旧上海中的一个态度不明的场所。尽管如此，这显然已是新村建设在上海的回光返照。进入90年代后，随着住宅生产的市场化，以政府主导下的单位集居式工人新村逐渐退出上海城市空间生产过程，成为昨日黄花。

2 资本主义空间生产方式下新村的异化

列斐伏尔在《空间政治学的反思》（包亚明，2003）中批评了在城市规划学界所存在的"一种更为隐蔽的公理是：规划的空间是客观的和'纯净的'；它是一种科学对象，并且因此是中性的"。在对新村在上海发展的梳理中，我们看到的事实，正如同列斐伏尔（包亚明，2003）所认为的那样："如今看起来空间是政治的。空间并不是某种与意识形态和政治保持着遥远距离的科学对象（scientific objects）。相反地，它永远是政治性的和策略性的。"我们从新村的空间生产过程中可以明显地看出，这一城市空间的生产方式及其在二十世纪上半叶的发展，完全是与当时上海，以及中国的政治、社会紧密联系在一起的。

最初的乌托邦空间理想与新村的建设，更多是与当时的救亡图存、民族复兴联系在一起。有志青年们往往把新村的建设与自治组织联系在一起（民治学会，1919a）。其中，以在上海成立的民治学会最为积极，如他们（民治学会，1919b）大约在龙华新村建立的同时，也在淮安设立新村，以图建立一个新型的社会组织："包君达三为我等在淮安开了三百万（疑为衍字）亩之地组织新村，请诸君研究民治学理，他日均到兄弟处先办一小小新村，亦可讲宗教及教育。诸君要造净土及黄金极乐世界请到敝处初步试验。"

这一乌托邦理想虽然一直贯穿着新村发展的过程，但当新村转变为房地产商营销房产的策略后，这一理想渐渐被抛弃，新村不再被认为是社会改造的良器，而是蜕化为城市居民改善居住条件的方式之一："最近中国新村建设社发表宣言，提倡于本市近郊建筑新村，主张房产合作投资，并以八大优点相标榜，这对于备受不良业主压迫及饱满尝都市烦嚣的市民，诚有相当的裨益"（时新，1935）。新村中的乌托邦理想被逐渐抽离。

抽离其乌托邦理念后的新村，正好与其时传入我国的英国著名城市学者霍华德所著的《明日的田园城市》中的思想相对接。霍华德关于田园城市的理念，特别是他将田园景观引入城市空间营造中，对这一时期的中国城市设计与规划产生了深远的影响（董修甲，1925）。这一点可以从30年代中期上海对新村建设的期许可以看出，"目前以社会合作的方式来倡导近郊新村建设，此种工作，显然有它内在的意义，如沟通都市与农村的生活，逐渐化乡村为都市等等，然而就整个的社会见地来讲"，时新（1935）在《新村建设与建设新村》一文中不无忧虑地说道："这种新村不过是农村建设的一种形态，还是谈不上严格的新村建设。"显然，新村空间品格中的公正、清洁、卫生等要素正与田园城市的理念相吻合。而正是基于这种空间品质，新村随后被在上海兴起的中产阶级加以利用，作为区分身份的空间标识。

虽然冠以新村之名的居住小区，建筑形式多种多样，有西式洋房，也有新式里弄。如李青崖（1934）在短篇小说《玫瑰新村——二十二年上海的新村》中就描述了主人公江铸人在真如新村的房屋类型即是新式洋房：

> 虽然这新村仅仅只有十多栋散在荒地里的矮而且小的单层洋房，可以表示其为"村"而且"新"的意义。

但更多的还是钱冬生（1948）所说的新村式建筑：

> 现所流行的"新村"式。这是一种集体式的住宅建筑。普通系由数幢乃至十数幢的房屋构成，每幢房屋的可容纳六七家至十三四家不等。房屋以外，照例预留有相当大小的空间，籍作"村"内居民儿童游戏散步之用。……这些房屋的式样，大抵系以西式为主，但在橱房，楼梯门窗方式，有时却还保留些中式的作风。

这种以新村冠名的住宅小区由于更强调其清新的空气和公共空间的设计，房地产商自然是不会放过这种资本可以渗入的符号空间，从而大肆对其消费。如当时人所撰小说中，一则新村的广告是如此描述的：

> 住宅问题，在海上真难以解决，既苦耗费过大，复苦环境不良，兹有热心公益改良社会之某某诸君，购得沪西某处地皮百亩，空气新鲜，交通便利，预备建设玫瑰新村，以图对于上海的住宅问题，谋可作模范之改决。……并闻该村除住宅外，尚有公共礼堂、学校、商店、自流井、公共汽车种种设备，是则此种组织固不仅为住宅问题谋解决也。（李青崖，1934）

随后，小说详细描述了主人公夫妇在与推销新村的房地产商交涉的种种经历，展示出一幅在商业利润驱动下的新村营建状况。可知，在这种新村中社会改造的乌托邦色彩早已荡然无存（李青崖，1934）。

另外，政府主持修建的平民新村，其消费群体是普通的低收入市民阶层，时新（1935）提到："这种运动的范围，仅仅限于都市的近郊，而构成它的社会成分，又多是市民当中的薪水阶层。"尽管其居住品质无法与中产阶级的花园新村所媲美，但是仍然秉承新村运动最初的空间设计理念："村内街道广阔，并有运动场，书报处，合作社，浴堂等以供住民之需，设计极臻完善。"（秦泰来，1936）而在《新世界》（徐大伦，1937）上有一篇文章更是详细地描述了新修建而成的平民新村——其美新村的内部空间设计：

> （平民新村）地方是在市中心区其美路，名叫"其美新村"。村的一面是平成竹篱。一面靠近小溪，风景很好。村里面的房间，分甲乙两种：甲种，每家有一屋，一寝室、一厨房、一厕所，无楼。每月租金五圆，连自来水电灯以及小孩子的教育费用，都在里面。乙种，地面较小，没有特别间寝室，只在客屋上加一层楼，地铺睡觉，每月租金四元。其他各样享受同甲种一样。甲乙共有五百个房间，排列得很整齐，都是非常好看的。每家屋内的地下，是水门汀铺的，隔两天要用水冲洗一次，所以干净得来同我们船上的地板相等。房门外，多数人家都种得有花。有少数人家，将规定的小花园圈来种菜，也是一样的美观，并且还经济。宿舍大概分的三个集团。各个集团的两头，有水门汀做的洗衣处，也可淘米、洗菜。又有公共厕所一间。村的中央有小学校一所，有幼稚园一所，还有新村的办公室一间。校门外是一个大运动场。另外还有大食堂，消费社，图书馆等，都办得极好。内中有一所公共浴室，室内设有冷热水管，盆堂，莲蓬等，分男女两列。每逢星期二、五开放一天。每人只要两分钱的水费，这是多么经济啊！

平民新村里的公共设施一应俱全，特别是消费合作社成为新村标准配置，一般在新村居民迁入后就正式营业（中国合作学社，1937）。同时，新村内部环境卫生、清洁，"该项新村建筑虽简单，而具纯朴之美，切合实用，尤注重于卫生设置"（秦泰来，1936），也使得新村的这种居住形式，成为台湾学者郭奇正教授所言的带有强烈的"清洁、卫生、舒适"等现代化的空间意象，因而成为城市中产阶级居住的主要形式。

此外，工作单位主持兴修的新村则是通过集体性的群居，以培养出一种合乎现代性的中国都市中产阶级的理想生活方式。如开明新村正是如此：

> "开明新村"，是开明书店的新村，在北四川路永丰坊底的祥经里，前门是公路，有六七亩地，在寸金寸土的都市里，能有那么大的一个所在也不易了。二年来，他们以辛苦经营，购进地，造起屋，连同买下原先祥经里的一幢房子，住着六十多位工作者（容纳了他们在上海全部工作者的三分之二），从总经理到各部门的职员，分配房间采用一个原则：有眷属的一间，没有的

住"统舱"。中间是一大片运动场，旁边有一排厨房，有眷属者两家合用厨房一间，此外有阅览室，娱乐室各一间，最周到的是搭起一排极大的木架子，以供晒晾之用。（中华职业教育社，1948）

而开明新村的分配方式得到了当时社会精英的充分肯定与认同："以上海的文化企业机构说，'开明'不算最大，建立起这么一个共同生活的场合，据我所知，除此以外却就绝无仅有了。一种合理的做法，也说明了何以一个力量并不太大的文化企业，会建立得起这么一个需要力量并不太小的共同生活的设备。踏实着做，一步步的走，对于一个以'事业团体化'，'团体家庭化'为方针的我们，'开明'有著（着）值得借镜（鉴）的地方。"（中华职业教育社，1948）

3　社会主义时期新村的意识形态化

进入 50 年代后，中国政府对上海进行了全方位的社会主义改造。城市空间的改造是其中必不可少的内容。除了更改旧上海的一些路名外，工人新村的建设也属于这一范畴之内。毛泽东在七届二中全会中的"只有将城市中的生产恢复起来和发展起来，将消费城市变为生产的城市了，人民政权才能巩固起来"讲话，确定了将中国城市由半殖民地半封建的农业、手工业城市向"生产性城市"转变的指导方针。为了让当家做主的工人阶级更好地生活，以保障人民新中国的生产建设，中国政府在全国范围内开始大规模建设"工人新村"。

经历了旧时代人口的激增之后，新成立的上海政府面临的一个严重的问题，就是住房紧张问题。特别是在当时的城郊结合部和工业区，大量的工人蜗居在条件极为恶劣的棚户中，甚至是连房屋都称不上的"滚地龙"内。为此，上海的城建部门进行了规划，除了改造"棚户区"和"滚地龙"之外，在市区和边缘空旷地带开始陆续地建造起一批新的居民新村，以切实解决部分工人的住宅问题。这就是上海工人新村的滥觞。

1951 年所建立的第一座工人新村——曹杨新村，首先从建筑形式上区别于上海旧有的里弄和欧式的街坊，是郊区型花园式的居住区（丁桂节，2007）。随后所修建的居民新村的建筑起初以二三层为主，后来逐渐发展成五六层为主。新村由若干幢结构相同的楼房组成，形成了一个面貌整齐的大居民点。在 50 到 60 年代期间，上海先后建设了 18 个工人新村。尽管冠以工人新村之名，但在那个匮乏的年代，只有先进工作者和劳模才能分到工人新村的房子（罗凌，2007）。

而如同列斐伏尔所说的"社会主义的社会也必须生产自己的空间，不过是在完全意识到其概念和潜在问题的情形下生产空间"（包亚明，2003）。社会主义对空间的改造其实也是一种意识形态改造。住宅不仅仅是物质的载体，还是社会思想的载体，社会变革的需求在住宅思想中得以体现（丁桂节，2007）。但在具体生活世界和媒介双重构建下，社会主义时期工人新村的形象也随着上海城市变迁而发生着变化。

从 50 年代到 90 年代，上海的工人新村拥有十分鲜明的意识形态属性：即空间本身的政治性，即作为生活世界（私人领域和公共领域）本身的政治性。如曹杨新村从其五角星布局，到其中宣传栏的选址，再到小区私人空间和公共空间的交汇和管理都呈现出鲜明的政治性。但是这种意识形态属性却同样也随着中国政局的变动而具有明显的阶段特征。

在新中国初建立的十多年里，中国经历了建国初期的三大改造和全面建设时期。而这一时期也是工人新村的建设时期。上海这一特殊的地点又有着和全国其他城市十分不同的性质。首先，她是一座革命的城市。中国共产党的成立和活动都与这座城市有着深刻的渊源，她是中国近代各种思潮激烈斗争的现实的战场。其次，上海又是一座十分西化的城市。上海 30 年代的形象在全国就是摩登、先进的，是"外面世界"的一切美好和罪恶的化身。从社会主义的角度来看，则是一个被资本主义浸淫的城市，是一所需要被改造的城市。所以这一时期对上海的城市定位是从消费型城市转变为生产型城市。这样的城市定位一方面是现实的历史进程，另一方面也是新成立的人民政府希望将上海打造成为社会主义改造的典范和示例。这一点我们可以从《人民日报》1952 年的一篇报道清晰地辨别出：

> 为了执行毛主席的在今后数年内要解决大城市内工人住宅问题的指示，华东军政委员会和上海市人民政府正在实施一个大规模的建筑计划——在上海市建造大批工人住宅。第一批建造二万一千户住宅，如果以平均每户五人计算，可容纳十万余人。其中一千零二户住宅已经落成，其他的也即将分期动工兴建……目前已经落成的一千零二户住宅，坐落在上海市西郊曹杨路附近，取名为"曹杨新村"。

事实上，早在 1950 年 10 月，上海市二届一次各界人民代表会议召开时，市长陈毅就指出："目前经济情况已开始好转，必须照顾工人的待遇和福利。"同年，成立了工人住宅修建委员会，由华东军政委员会副主席曾山兼任主任委员，刘长胜、方毅任副主任委员。在 1951 年 4 月召开的上海市二届二次各界人民代表会议上，副市长潘汉年在《上海市人民政府 1950 年工作总结》中指出："为工人阶级服务，就市政建设来说，目前上海最迫切的工作，就是为工人阶级解决居住问题。"

因此，除了曹杨新村之外，这一时期上海持续通过修建工人新村来改善作为新中国领导阶级的工人的住宅状况：

> （四月）二十五日，上海市近郊又有三个工人新村动工兴建。这是继今年三月之后第二批动工兴建的工人新村。
>
> 这批工人的新住宅将建成三层楼房。每层有六间或八间卧房。人口多的人家可以住两间卧房，单独使用一套卫生设备和一间厨房。人口少的人家可以住一间卧房，两家合用一套卫生设备和一间厨房。住宅的四周都留有栽种花木的地方。
>
> 昨天动工建筑的这批新住宅连同三月中旬已经开工的第一批住宅，都将在今年八、九月陆续完工，那时候将要有三千个工人家庭迁入新居。其余可以住六千户工人家庭的住宅，也将在以后的几个月内陆续建成。
>
> 从 1951 年开始到目前为止，上海市已经有十三个新的工人住宅区。住在这些住宅区的工人和他们的家属共有二十多万人。（新华社，1956）

上述《人民日报》的报道强调了工人新村建设的连续性，即对上海城市改造是有条不紊、逐步进行的。在对工人新村的空间结构进行叙述时，重点在于工人阶级对空间的"使用"。如同列斐伏尔对资本主义空间和社会主义空间做出的区分，"社会主义空间的生产，意味着私有财产，以及国家对空间之政治性支配的终结，这又意指从支配到取用的转变，以及使用优先于交换"（包亚明，2003）。此外，从这种广告式的对空间使用的指南，可以看到这时对于工人新村的总问题是对于空间的现实使用和改造上。工人作为社会主义中国最重要的阶级，解决其现实的住宅问题，同时给予他们解决住宅问题的希望是至关重要的。给予希望的背后当然就是匮乏，当时上海工人的住宅问题的确是一件急需解决的问题。

显然，新中国成立初期的总问题依旧是工业化的问题，或者说，中国总体当时面临的是前现代的问题。在全国主要都是建设问题，在上海则将这个问题复杂化了。她一只脚已经踏入现代化，但是那只脚现在却偏要被当做没有跨入现代化。首先，产业工人增多带来的住宅问题必须得到解决。其次，旧上海资本主义元素占据了城市的中心地带，进行意识形态改造必须得要解决一个关键的问题，现实空间所蕴含的记忆，也就是如何否认旧上海的现代性。面对这种问题，"工人新村"的建设则是试图一次性解决这两个问题的途径：作为现实空间，它割裂了与旧中国所有与新村有关的记忆，结合对旧地名的更新，将上海从空间的认知上变成一个新的上海，通过建设"新的"工人社区，建立起新中国的"生产—生活"原则；而作为符号和典范，工人新村让人们看到工人阶级当家做主的状况，工人新村成为新的、生产性的上海的城市符号，而只有劳模和先进工人才能入住，更表达出它作为示范作用的意义——在"破旧"的同时，也表达了"立新"的目标。

1966年到改革开放的这段时期里，中国大地全都在进行着激烈的、全民性的政治运动。自然而然地，随着政治运动的深入和普遍化，城市内的"生产—生活"结构被打破，变为"政治—生活"结构，所以工人新村的功能也变为主要行使意识形态功能。这一时期工人新村已转变成上海及社会主义中国面对世界的窗口，在作为展示社会主义优越性方面具有强烈的象征意义：旧上海是著名的"冒险者的天堂"，地标是租界、跑马场、万国建筑，她是资本主义在旧中国的开花之地。而现在新中国已经将上海改造得焕然一新，工人新村作为社会主义先进的社会理念成为展示其意识形态功能的主要空间：

> （日本福冈青年）访华团在中国访问期间，参观了工厂、人民公社、学校、医院、工人新村、少年宫，瞻仰了鲁迅墓，游览了名胜古迹，并同中国朋友进行了座谈。（新华社，1975）

在这里面，工人新村作为社会主义城市改造的成果和地标展示给外宾。但其实这里面还隐含着当政者的些许尴尬——工人新村是作为"文化大革命"前所谓的"走资派"的成绩，因而在主流话语中得不到充分的肯定。

改革开放以后，上海又变回消费型城市。随着商品房市场的开放和上海第三产业的兴起，工人新村已经渐渐和工人没有了关联，工人新村里的人员构成鱼龙混杂。这里我们可以看到在资本主义冲击下，工人新村内部要素已经完全改变，其功能随之失效：现在的工人新村既没有工人，也并不新，作为社会主义的主人翁位置的工人失去了一体性，也失去了能塑造其整体性的生活空间。工人阶级在中国已经消失，"消费—刺激—再消费"结构下工人阶级分化成了白领和带有歧视意味的农民工。具有讽刺意味的是，上海城市改建进程中，棚户区改造尚未全部完成，工人新村现在又变成了被改造的对象。

4 结论

1950 年之前的上海新村建设，透露出列斐伏尔所指出的"空间一向是被各种历史的、自然的元素所型塑，但这个过程是一个政治过程"（包亚明，2003）。此时新村空间的生产，无疑是在 20 世纪上半叶上海城市政治、经济背景下的产物，它从最初的乌托邦理想空间，一步步演化成房地产商和政府机构所着意打造的居住空间。在这一过程中，社会改造的理念并未完全从中隐去，相反，不同社会机构均或明或暗地通过对这一理念的消费而获得收益。同时，田园城市理念的阑入又强化了原有的平等、自由、公正的空间理想。

如果我们对 1950 年之后的工人新村的空间品质稍有了解的话，会发现"平等、公正、清洁、卫生"等这些原有新村建设中的空间意象正是新生的共产党政府用以打造社会主义居住空间——工人新村的主要元素，并且它们也被成功地转化为新中国工人阶级当家做主的政治符号。但在政府的话语体系中却有意无意隐去了工人新村与过往的新村运动和职工新村之间的关联。事实上，这样的状况似乎更体现出列斐伏尔所谓的"空间是政治的，意识形态的。它真正是一种充斥着各种意识形态的产物"（包亚明，2003）。

此外，正如阿尔都塞（2001）读出了马克思思想上的认识论断裂一样，笔者也通过"工人新村"看到社会主义中国意识形态的认识论断裂。社会主义总问题的框架在不断地被转换着。上海的城市功能在从消费转变为生产过程中，中间经过一段时期的断裂后再变回为消费。但是每进入后一个时期都必须克服前一个时期所未能解决的问题。所以社会主义上海要解决旧上海的问题，转向生产型的上海要解决消费型上海的问题。改革开放后的上海又要试图解决之前所有的问题。具体来说，就是三个总问题的转换：工业化的"生产—生活"结构转向"文化大革命"时期的"意识形态"结构，再转向资本重新注入中国以后的"消费—刺激—再消费"结构。而这些宏大的问题转换，都可以透过一个特定的历史产物——工人新村来体现，并且与工人新村内部要素结构和外部结构之间形成联动，使得工人新村这个概念也不断变迁着。

显然，我们如何认识与处理上海的新村问题，关乎我们如何面对和解释上海的过去、现在和未来。过去的历史总都是关乎现在的合法性的。在新村这种特殊的城市空间，它既是意识形态的产物，又最终随着那个架起各种意识形态的社会基础的消解而失效。新村先是作为现代性的标志在前现代的意义上被使用，而后又被作为解释现状的意识形态工具而被利用，最后又作为现代性和意识形态的残留物被处理。

致谢

本文受教育部人文社会科学重点研究基地项目"开埠以后上海城市空间扩展与近代城市文化景观的形成"（10JJD770003），"上海市城区景观重建（1843—1870）"（14JJD770025），国家自然科学基金项目"上海城市活动空间研究（1842—1937）"（40771056）资助。本文中所有插图均由复旦大学历史地理研究中心孙涛工程师帮助绘制，在此表示衷心感谢。

参考文献

阿尔都塞·路易，巴里巴尔·艾蒂安. 2001. 读《资本论》. 李其庆，冯文光译. 北京：中央编译出版社.

包亚明. 2003. 现代性与空间的生产. 上海：上海教育出版社.

蔡式之，等. 1919-06-03. 试办模范村之计划. 申报，第12版.

曹乐澄. 1922. 新村制度的意义. 广益杂志，（33）：9-10.

丁桂节. 2007. 工人新村：永远的幸福生活. 上海：同济大学博士学位论文.

董修甲. 1925. 田园新市与我国市政. 东方杂志，22（11）：30-44.

国际劳工局中国分局. 1936. 国内劳工消息（十二月份）. 国际劳工通讯，（16）：95-96.

李青崖. 1934. 玫瑰新村：二十二年上海的新村. 十日谈，新年特辑：31-32.

罗凌. 2007. 上海邻里空间研究——以虹口区建设新村为例. 上海：复旦大学硕士学位论文.

马家声. 1936. 上海市平民新村开幕. 实报半月刊，（11）：4.

民治学会. 1919-09-29. 民治学会开会纪. 申报，第11版.

民治学会. 1919-10-13. 民治学会之自治讲演. 申报，第10版.

钱冬生. 1948. 闲话新村式的住宅建筑. 营造旬刊，（45）：3.

秦泰来. 1936. 平民福利建设：上海市新建平民新村. 良友，（113）：21.

上海市建筑协会. 1935. 新村建设. 建筑月刊，3（9/10）：42-43.

上海市市民新村委员会. 1946. 上海市市民新村委员会组织规程. 社会月刊（上海 1946），1（4）：96.

时新. 1935. 时论撮要：新村建设与建设新村. 道路月刊，47：83.

实业部. 1934. 实业部训令：劳字第二六〇号. 实业公报，（161-162）：19.

王焜. 1929. 新村制. 新评论，2（3）：91-93.

新华社 . 1956-04-27. 上海又兴建三个工人新村 . 人民日报，第 2 版 .

新华社 . 1975-11-01. 日中友好福井县青年之翼访华团离上海回国 . 人民日报，第 2 版 .

新中华杂志社 . 1936, 亚林匹克大会之会场及新村 . 新中华，4（17）：13.

徐大伦 . 1937. 职工生活：参观上海市平民新村 . 新世界，10（9）：27-28.

张恩骏 . 1947. 员工福利：招商新村内景 . 国营招商局七十五周年纪念刊，纪念刊：64.

张晓虹，孙涛，项蓉敏 . 2014. 城市空间的生产与消费——上海静安区城市意象的形成与文化变迁 . 东亚观念史集刊（台湾），（6）：113-158.

招商局轮船股份有限公司秘书室编纂组 . 1946. 产业：招商新村动工建造 . 国营招商局业务通讯，38：3.

中国合作学社 . 1936. 合作消息：沪平民新村消合社开始营业 . 合作月刊，8（3）：39.

中华职业教育社 . 1948. 补白抄：开明新村 . 社讯，41/42：8.

The Production of Space and the Cultural Shift of New Residential Village in Shanghai，1930～1980

Zhang Xiaohong[1]，Zhang Duan[2]

（1. Institute of Chinese Historical Geography，Fudan University，Shanghai 200433，China；2. School of Philosophy，Fudan University，Shanghai 200433，China）

Abstract　The new residential village, as a way of urban collective living, has always been considered as having a close relation with the socialist transformation of cities in China after 1949. The idea is commonly believed to have originated in 1920s Japan, only later to spread as a cultural symbol of PRC's new worker class from 1950. However, the idea of the clustered residential workers' village appeared in Shanghai as early as 1920s, and by 1930s it was already an important part of the geography of residential life in the city. In this process, business capital, cooperates and local government all consumed the original utopian space characterized by the symbol of equality, justice, hygiene and healthy, thus intervening the production of the space in shanghai, all the while absorbing the idea of Garden City ideal. This idea was adopted by Chinese communist party and the new residential village was as the symbol of working class becoming the master of socialist society in PRC and a radical break with the old capitalist city space. By mapping out the spatial distributions and internal special layout of new villages in Shanghai, the authors analyze these new constructed social relationships, in addition, the authors use Lefebvre's idea to analyze the consequences of the new residential villages for the production of social and physical space in Shanghai from 1920 ～ 1980.

Keywords   new residential village; Utopian ideal space; Garden City; urban Space; Shanghai

最后的"四合院"

——城市认同与体育空间生产

戴俊骋

摘　要　随着城市化进程的加快和体育影响力不断扩大，体育在城市认同培育方面的价值功效受到重视。现阶段对体育与城市认同方面的研究，集中在公众参与和身份建构两方面，对体育作用于城市认同机理的研究较少。本文立足城市认同如何通过体育空间进行生产这一核心问题，通过参与式观察方法，以北京国安乐视足球俱乐部为研究案例来分析体育空间的生产过程。研究发现对俱乐部赛事及其衍生品的消费构成了身份认同基础，通过消费品味（taste）的区隔，来强化身份认同，并在进入球场后通过奇观、喜剧式文本与咒骂等形式的狂欢又打破这种区隔，消解不同阶级市民之间的差序特征，进而带动下一次的消费升级，从而构成了体育空间生产城市认同的过程。但是在空间载体相对缺失、资本野蛮生长和政策干扰下，这种生产过程也容易被阻断。

关键词　城市认同；体育空间；空间生产；足球

2015 年 12 月 20 日，中央城市工作会议提出了一系列成体系的要求，核心是聚焦"人"，尊重人的权利，尊重自然人的选择，让人民群众在城市生活得更方便，更舒心，更美好。为了让市民"留在我的城市"，城市政府的工作重心需要调整。城市认同成为城市政府能力的重要表征，一个强有力的政府要为市民提供优质生活，同时维持可持续的城市认同感。同时随着中国城市化进程的推进，除了当地居民的城市认同外，如何实现城市新移民与中国现代化、城市化进程结合，引导新移民融入城市社会，也是解决城市融入问题的关键所在（刘于琪等，2014）。目前对城市认同的研究较为成熟，根据现有研究，影响城市认同的因素可以归为三大类：社会人口统计学变量、社会网络与社会互动变量及对当地公共

作者单位：戴俊骋，中央财经大学文化经济研究院。

服务的满意度（DeHoog et al.，1990）。从公共服务角度看，体育的社会互动性，为不同社会背景人提供良好的互动平台，有助于突破阻碍新移民融入的社会屏障，增加公众对城市的认同度（任海，2013）。随着竞技体育商业化程度不断加深，体育不仅承载着城市的公共服务，而且逐渐成为城市品牌的"代言人"，承载着城市经济发展、文化传承、社会公平等更多功能（阮伟，2012）。随着体育赛事的影响力不断扩大，探究竞技体育对城市认同的作用，挖掘其影响的过程机理具有十分重要的意义。本文着眼于足球这一全球影响力最大和覆盖度最广的运动，立足文化地理学学科视角，探讨竞技体育空间生产对城市认同的作用过程及其机理。

1 理论探讨

1.1 城市与体育

对于城市与体育的研究，最早缘于美国印第安纳波利斯 19 世纪 70 年代后期提出的"建设'体育胜地'"的战略。该目标希望通过建设"汽车竞速场"并引进知名汽车赛事，以此来激活城市能量，扭转"死气沉沉"的城市形象（陈林华等，2014a）。此后，包括 1992 年西班牙巴塞罗那依托奥运会制定的"Barcelona 2000"战略计划、英国谢菲尔德的"体育复兴"等皆是利用体育来提升城市品牌，构成城市复兴的重要路径。在这样的背景下，国外就体育对城市影响的分析，主要考虑体育尤其是竞技体育投入对城市建设的带动作用。例如，伊恩·哈德森（Ian Hudson）选择美国 17 个城市，综合考虑职业体育单位投资收益与城市单位投资收益之间的关系（Hudson，1999）。城市竞技体育发展在一定程度上被视为城市吸引力的重要维度（Turner and Rosentraub，2002），也是世界城市度量的重要维度（朱淑玲，2011）。

中国城市与体育的关系也经历了类似的发展过程，早期各个城市发展体育的目的仅限于为竞技体育输送人才或提供训练服务上，形成两种类型：一类是以为国家输送冠军级竞技体育人才为标志的城市，大多冠以"体育之乡"的名称，如享有"中国体操之乡"之称的湖北仙桃；另一类是不断强化城市在某个运动项目传统特色优势，如"武术之乡"的河北沧州等。如今国内城市更多地结合自身发展的需要，将体育发展融入整个城市发展的框架中来思考及规划（陈林华等，

2014b）。尤其是 2000 年以后，以北京、上海、广州等大城市为代表，其利用体育提升城市品牌与国际形象，如北京的"三个奥运"①和这些城市陆续出台的五年体育发展规划。

1.2　城市认同与体育

体育对城市认同的影响基础在于体育具有地方性特征。正如莫里·尼尔森（Murry Nelson）提到的一样："美国史中的体育研究，实则是体现美国故事的极佳主题：种族主义、性别歧视、战争应对、移民、城市化、社区生活等"（Nelson，2005）。大到国家尺度，如"潘帕斯草原的雄鹰"（阿根廷）、"德意志战车"（德国）、"桑巴舞军团"（巴西）等球场昵称无一不是该国国民性在足球场上的集中体现（戴俊骋和韦文英，2010）。中观城市尺度，如英国现有的 92 个职业足球俱乐部，大部分分布在工业革命时期的新兴工业城市及周边地区，即使伦敦城中许多著名俱乐部，也和工业革命有关（颜强，2004）。再小到职业俱乐部的体育场馆选址，体育融合城市的战略实施并不局限在场馆本身，也不仅仅是经济的单一因素，而是涉及社区的历史文化传承，纽约洋基队在南布朗克斯而非曼哈顿就是例证（Chanayil，2002）。

体育运动已逐渐成为地方民众日常生活的重要组成部分。公民体育参与情况对城市认同的影响也因此引起了学界的关注。一些实证研究构建了体育参与对其城市认同作用机制的数理模型。国外的研究者集中研究城市发展体育的成果共享与社会公平，一些批评者质疑城市投资竞技体育，认为这些政策施行带来经济发展巨额红利，却并未被公众所共享，而是为联赛所有者、经营者和精英运动员所享有（Gratton et al，2005）。在中国的现实语境下，体育参与程度与公众经济文化的融合程度呈现显著的正相关关系（张艳，2012）。农民工群体在城市化进程中表现出"体育边缘化"（何元春和林致诚，2011），农民工的体育参与度低并呈现出意识弱、质量低、评价差等困境，阻碍了农民工城市情感、城市归属及定居意愿的培养（胡书芝，2014）。

除公共选择视角外，以球迷为代表的群体身份建构则是城市认同研究的另一视角，有学者扩展了布迪厄理论，用"体育场域"来说明文化资本和身份构建的相互依存关系的理论（Pierre，2001）。在足球领域，人类集体通过足球来表达自己的归属感。这种归属感并不是一种冷淡的情感体验。对很多球迷而言，某一足

---

① 即 2008 年北京奥运的三大主题：绿色奥运、科技奥运、人文奥运。

球俱乐部的体育场是当地标志性的建筑，也是心灵的地标（黄璐等，2009）。在当今俱乐部足球为主的世界里，俱乐部的传统、城镇或地区在球迷身份的象征性建构中起到重要的作用（王晓婷，2015）。球迷群体已经成为其所支持的体育组织的组成部分，球迷对于职业体育俱乐部的认同感部分取决于球迷从获胜球队所体验到的共同成就感的程度，进而影响到与城市共荣的归属感（Cialdini et al，1976）。球迷作为职业联赛最主要的消费群体，研究球迷的消费行为、认同程度与忠诚度与城市认同关联性具有必要性（马淑琼等，2014）。

综上所述，目前的研究对体育空间作用下如何从球迷认同上升到城市认同的机理过程语焉不详，这是本文的重要切入点，也带来了本文的核心问题：城市认同是如何通过体育空间生产出来的？从实践角度看，相较于欧美一些城市比较成熟的职业体育，我国职业体育仍在不断探索，但自1992年中国足球率先步入职业化以来，经过30多年的培育，目前已基本形成一个以足球、篮球、排球和乒乓球职业联赛为主体，以F1、网球、高尔夫球、台球等各类商业性赛事为补充的职业体育市场化体系（鲍明晓，2010）。而且与欧美一些扎根于城市并与城市共命运、同呼吸的职业体育俱乐部相比，中国城市体育俱乐部对城市的影响力有限（许月云，2012）。随着职业化进程不断深入，以及职业俱乐部在城市日益扎根，如何发挥城市职业体育俱乐部作用，将其对球迷和广大市民的吸引力转化为城市认同度，使得无论市民还是新移民都可以更好地获得城市的归属感，则是本文的实践问题指向。

2 研究对象与方法

2.1 研究对象

本文以足球运动为体育样本，一方面，足球作为一项具有世界影响力的运动，被称为英语之外的一门"世界语"；另一方面，国内外足球俱乐部运作体系相对完善。很多时候足球运动被称为一种文化现象，对教育、经济、文化，乃至整个社会都有着深刻的影响（赵裕虎，2006）。根据中国足球协会网站数据，目前中超有16支队，中甲有16支球队，中乙有20支球队，分布在中国的主要城市。以2016年中超球队分布来看，在北京、上海、广州、天津等中国大城市皆有分布（表1），因此探究足球空间与城市认同具有较广的适用性。

表1　2016年中超球队的城市分布

球队名	分布城市	球队名	分布城市
江苏苏宁	南京	重庆力帆	重庆
广州恒大	广州	延边富德	延吉
河北华夏幸福基业	秦皇岛	石家庄永昌	石家庄
河南建业	郑州	广州富力	广州
上海申花	上海	辽宁宏远	沈阳
杭州绿城	杭州	山东鲁能	济南
上海上港	上海	北京国安	北京
天津泰达	天津	长春亚泰	长春

本文选择的北京国安乐视足球俱乐部（简称国安，成立于1992年年底，其前身是北京足球队），是中国顶级联赛传统四大豪门之一，外号"御林军"。获得过很多荣誉，主要有中超联赛冠军1次、中国足协杯冠军3次。正如《人民日报》将国安队的主场工人体育场称为"最后的四合院"（陈晨曦，2014），认为北京国安队的球迷基础来自于历史传承和城市归属感，球迷的支持造就了工体的火爆。文中还采访体育社会学者金汕，提到："北京国安俱乐部的这种传承是很多俱乐部不具备的，很多小时候看国安比赛的球迷已经成长起来，成为社会的骨干和栋梁。很多年轻球迷则是继承了父辈的基因，选择继续支持这支球队。"在国安、申花等中超球队效力过的乔尔·格里菲斯也提及"国安的球迷是我效力过的球队中最棒的……虽然上海、青岛的球队对于本队的支持也无可挑剔，但与国安球迷相比还是有一些差距，主场的气氛更是和工体差很多"。可见通过国安和工体来研究城市认同的空间生产过程具有一定的代表性。

2.2　研究方法

本文研究主要采用的是参与式观察法，即研究者直接参加到所观察的对象的群体和活动中去，不暴露研究者真正的身份，在参与活动中进行隐蔽性研究观察。其优点是不破坏和影响观察对象的原有结构和内部关系，因而能够获得有关较深层的结构和关系的材料；其缺点是：由于研究者主观参与，处理不当易影响观察的客观性。但总体而言，个人的主观兴趣或价值观与追求真实的科学目标间，并不一定会有冲突。参与式观察并不否定个人的兴趣及价值观。相反的，它要求研究者去了解这些想法及感受如何影响研究（Jorgensen，1989）。研究者从1995年国安提出"永远争第一"开始关注并喜欢这支球队20多年。到北京后，从第一场 2009 年 8 月 30 日现场观看国安对阵鲁能开始，平均每年 3 场左右，表现钟爱程度的极端例子是 2012 年 7 月 21 日北京大暴雨仍坚持到现场观看国安对阵杭州的比赛。在整个研究过程中，努力在"球迷"身份和"地理学研究者"角色间持续不断辩证式地进行观察思考。

3 体育空间生产过程

从文化地理学角度研究，一般将体育景观/空间视为一种人类运动化的文本，显示出某种价值观和人们的信念（Bale，1994）。这种体育景观与人类文化之间互为文本，不可切割，在解读球迷从对国安热爱发展成为对北京的城市认同过程中，需要将其视为文本，并按照一定的时空语境（context）进行解读（吴世政和苏淑娟，2006）。

3.1 消费

当代社会是消费社会之主张，即所有商品买卖交易之重点并不在于其实用价值，而取决于符号、象征之类的文化价值。在消费社会的回路中，积累循环的并非资本，而是意义与快感（鲍德里亚，2006）。体育空间内的消费并非要一场比赛的使用价值、资本价值，而是消费其符号价值（吴世政和苏淑娟，2006）。在这个消费过程中，生产者是球员和球迷，消费者是球迷，商品是认同、意义还有快感（Fiske，1989）。

体育空间也成为典型的消费空间，以赛事商品化程度最高的美国为例，围绕体育赛事，形成了以旅游、产品、创意为代表的外围消费空间。各大城市的职业体育俱乐部和联赛，常规赛、季后赛、总决赛周期稳定，长年不断，又和相关的其他赛事文化活动一起，构成了动态、连续的赛事文化产业链（王成和张鸿雁，2015a）。

球迷要表达其对俱乐部的认同，首先是从消费俱乐部的相关产品开始的（Conn，1997）。球迷对于俱乐部的个人评价及与之的相互关系是影响其进行球票消费、球迷产品消费的重要因素（马淑琼等，2014）。从最日常的球票，到充斥球队标志的球服和各类纪念品，再到俱乐部会员活动（梁斌等，2014）。国安的案例中各类消费的物品（图 1）基本涵盖了一个普通球迷的衣食住行。

消费的核心——球员

吉祥物

衣：国安球迷T恤衫

行：国安车标

食：国安套盒

住：国安宾馆

图 1　国安各类衍生品

3.2　区隔

在参与消费的基础上，不同的消费形式可以用来凸显群体间的差异，不同风格、特色、意识形态显现，消费过程就是主动积极的认同建构。消费品味具有分类作用，并把分类者也分了类。它所预设的便是各种品味（tastes）发挥着"阶级"（class）的诸种标志的功能（Bourdieu，1984）。在与国安球迷朋友的互动交流过程中，可以发现他们对所谓真假球迷的判断正是依靠不同的消费形式进行区隔，存在着这样一个"球迷鄙视链"：俱乐部注册球迷 > 很多套年票粉丝 > 1 套年票粉丝 > 非年票常买票观众 > 偶尔买票观众 > 赠票观众。在许多人看来，不买年票不能称为球迷，只能称为"观众"；不注册只能称之为"粉丝"，注册球迷才是真球迷。正如 Giulianotti 经典球迷分类法中的支持者、追随者、粉丝和游荡者四个球迷群体，其最重要的维度之一是传统化 / 商业化维度。传统化的球迷对俱乐部持有长期的、地域性的和市民化的认同感，而商业化的球迷则与俱乐部保持着更加市场趋向的关系（Giulianotti，2002）。购买年票是一种粉丝的商业行为，而注册者才被视为坚定的支持者。

如果说在现代场域下的位置由"工作"定义；在后现代的情境下，一个人在场域中的位置则由"消费认同"来进行定义（Featherstone，2007）。这种消费上的区隔反映到球场空间上，又形成空间位置的区隔。绿色狂飙、绿色旗帜、兄弟连、御林军、绿翼京师、闪亮工体六个注册的球迷群体（图 2），构成了国安的"铁粉"。对他们而言，球场是表达自己厚重忠诚和感受独特身份认同的独一无二的场所。这种狂热感情的一个典型表现是在主场球场内有着自己的专属地区。也就是常常提到的俱乐部死忠看台。英国最为著名的三大死忠看台是利物浦的安菲尔德 KOP 看台、曼联的老特拉福德西看台和切尔西的斯坦福桥北看台（梁斌等，2014）。

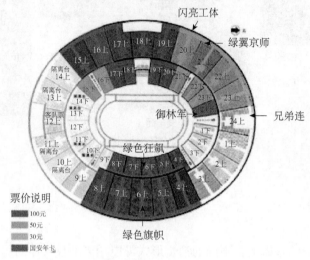

图 2　国安球迷的空间区隔（文后附彩图）

3.3　狂欢

传统上，足球俱乐部是所在社区的标志，俱乐部的核心支持者也都来自于所代表的社区。俱乐部可能被看做周围社区的一种图腾代表，这种文化认同让支持者在比赛日的球场中展现出各种有仪式感的行为（Bale，1994）。球场中构成了一种狂欢（吴世政和苏淑娟，2006）。

在巴赫金狂欢理论中，其前提是两种世界、两种生活的划分。第一世界是官方的、严肃的、等级森严的秩序世界，统治阶级拥有无限的权力，而平民大众则过着常规的、谨小慎微的日常生活，对权威、权力、真理、教条、死亡充满屈从、崇敬与恐惧。而第二世界（第二生活）则是狂欢广场式生活，是在官方世界的彼岸建立起的完全"颠倒的世界"，这是平民大众的世界，打破了阶级、财产、门第、职位、等级、年龄、身份（宋春香，2008）。人们平等而亲昵地交往、对话与游戏，尽情狂欢，对一切神圣物和日常生活的正常逻辑予以颠倒、亵渎、嘲弄、戏耍、贬低、歪曲与戏仿。而一切非平民阶层要想在第二世界生活，只有放弃在第一世界的一切权力、身份、地位，才能够为第二世界所容纳。无论身份如何区隔，进入球场后就要去享受平等的狂欢。

巴赫金的理论中，狂欢由"奇观、喜剧式文本与咒骂"三大特征构成。其中，奇观是狂欢节的第一项特征，是突破观赏者感官认知范畴的景观，颠覆、夸大原有景观社会中的比例尺度，产生景观爆裂式的震撼感受，证明身体之在场呈现。例如，国安开场的围巾墙（图3），每次球队开场的时候或高喊"国安加油"的时候，球迷们高举手中的绿色围巾，称之为"围巾墙"或"绿色长城"。奇观在于打破空间规范，在奇观中阶级差序被无形消解。

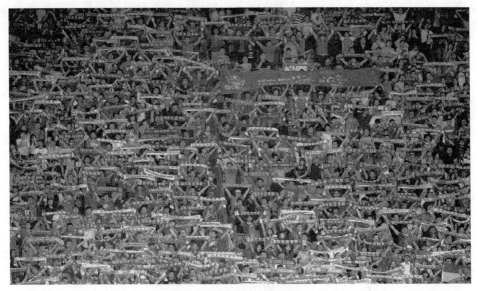

图3　国安的"围巾墙"

狂欢节的第二项特征是喜剧化文本。国安球迷之于自身以"御林军"自称，"保卫工体""保卫京城""叱咤中国，荣耀京城""唯绿独尊"是他们对自身定位的戏仿。而之于对手，如山东鲁能、上海申花和天津泰达，被分别附上了"步行者队"、"暴力欠薪队"及"包子队"的称号。

狂欢节的第三项特征，是咒骂，是鄙陋的粗俗言语的宣泄。"在工体，你很难听到现场介绍客队换人和进球的信息，这并非是赛事组织方的缺失，而是刺耳的骂声不得不让球迷本应享有的服务'打折'"（陈晨曦，2014）。尽管近几年工体中的口号和歌声越来越多，骂声有减弱的趋势，但在球场上仍时不时会有爆粗口现象发生。在有人理解，这种京骂带来的"与其说是国安的影响力越来越大，不如说是北京两个字，对于在这座城市长大的孩子有着一种魔力，让他们可以通过带着侵略性的呐喊，直接简单地表达自己对家乡的热情和爱"（陈晨曦，2014）。而对于外地人来说，很多时候是一种融入的"爽"。

"消费—区隔—狂欢—消费……"，正是这样一系列过程构成了体育影响城市认同的基础（图4）。参与体育赛事为不同主体感受这个城市提供了包括图像、情绪、感受等一系列符号体验的城市识别印记和主观的团体身份认同，传统的身份边界逐渐被新的身份认同所取代（Karp and Yoels，1990）。在城市俱乐部足球的世界里，俱乐部的传统在市民城市象征性的建构中起到重要的作用（王晓婷，2015）。这种建构的情感像是这样：虽然不出生在一个城市，但是仍然有"家"的感觉。这种情感也在升华成为对城市的归属感与责任感，如"721 特大暴雨"灾害过后，国安球迷自发开车到重灾区房山援助，救援后留下的是"我是国安球迷"的字条。

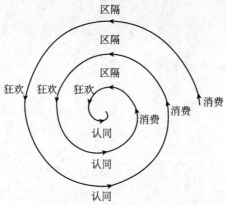

图 4　城市认同的体育空间生产过程示意图

3.4　阻断

遗憾的是，足球等体育运动对城市认同的空间生产过程很多时候，被一些制约因素所阻断。那么有哪些因素可能影响到体育文化空间产生的认同？

一是载体的缺失和异构。以北京为例，2003 ~ 2009 年北京常住人口增加近 300 万，但各类标准体育场地只增加 49 个，人均场地面积下滑；同时，北京有 60% 的常住人口集中在只占全市土地面积 8.3% 的城八区内，区域内人均场地面积只有约 1 米 ^{2}，且还包含不对外开放的各类学校和竞技体育场馆（汪浩，2011）。同时城市化过程中大量原本用作体育场馆的公共空间被侵占，而新盖起来的许多体育场馆设施，在寻求体育特色契机的时候，往往忽略城市市民真正的内在需求，从迎合赛事需要的立场上筑造一批并不属于普通民众的"高、精、尖"的体育场馆设施，在吸引眼球为城市打造新名片的立场上引进一批也不属于普通民众的"假、大、空"的体育运动项目（王成和张鸿雁，2015b）。城市体育空间一味地成为城市文化符号的象征，却缺乏市民的主体参与，成为空有形式而缺乏内容的载体。

二是竞技赛事逐步沦为资本的游戏。在政策的东风中中国借助资本市场，足球产业打开了一个前所未有的空间。据德国《转会市场》公布的 2016 年冬窗转会目前最贵 11 人名单，中超联赛占据 6 席，中甲联赛占据 1 席，这 7 人总转会费就达 1.344 亿欧元（约合 9.7 亿元人民币）。但资本逐利导致的频繁搬迁，是没有地方根植性的俱乐部，无法支撑地方对俱乐部的情感。正如 2015 年已迁到北京丰台体育馆的人和足球俱乐部，最早的前身是 1995 年成立的上海浦东队，后曾更名上海中远、国际队，2006 年搬迁至陕西，又改名为陕西浐灞队，2012 年迁至贵州更名为贵州人和队。足球不仅仅是产业，中国足球不能过度职业化，未来的发展如果不扎根于城市，没有太多人性的东西，则很难发展，俱乐部要有很强的文化指向性（颜强，2004）。

三是政府的过度介入，或许导致"不再狂欢"。近两年政府在足球领域动作频频，《国务院办公厅关于印发中国足球改革发展总体方案》出台，配套各部委的政策频繁出台，如教育部的"全国青少年校园足球特色学校及试点县（区）遴选工作"。《中小学校园足球教材》进校园，教材涵盖小学、初中、高中学段。媒体也在一直鼓吹"未来足球要纳入中高考"。足球运动在特定时间段内，受到政府的关注，对足球运动在中国发展是件好事，但也越来越具有了功利性，倘若民众对足球一味维系着工具性的联系，而不是情感联系，又如何狂欢？

4 结论与讨论

现代体育作为一项社会文化活动，是特色和软实力的鲜明体现，在城市文化创建和城市归属感培育方面可以发挥独特的价值功效。在国内城市热衷通过体育提升城市品牌，为谋求城市升级发展大背景下，体育空间对城市的认同作用亟须得到强化。从本文国安的案例中可以发现，现有城市依托职业俱乐部来构筑具有地方根植性城市体育空间。在商品化社会中，民众对俱乐部赛事、球员及其衍生品的消费构成了体育空间生产的基础。依托消费品味的区隔，带来体育空间的区隔，进而又强化了球迷的身份认同。同时，球场上通过奇观、喜剧式文本与咒骂等形式的狂欢又打破了这种区隔，消解了不同阶级市民之间的差序特征，进而带动了下一次的消费。在这样的体育空间生产过程中，对城市的认同被逐步生产出来。但是在空间载体相对缺失，资本野蛮生长和政策的干扰下，体育空间的地方性被逐步削弱，使得体育与城市无法很好融合，体育对城市认同的促进作用也就无法很好发挥。

致谢

本文为国家自然科学基金青年项目（41501149）和中国博士后科学基金资助项目（2015T80053）资助成果。感谢"都市文化空间的情感与认同"学术研讨会上各位专家对本文提出的诚挚建议。

参考文献

鲍德里亚 . 2006. 消费社会 . 刘成富，全志钢，等译 . 南京：南京大学出版社 .

鲍明晓 . 2010. 中国职业体育评述 . 北京：人民体育出版社 .

陈晨曦 . 2014-06-04. 京骂究竟杀伤了谁 . 人民日报 .

陈林华，王跃，李荣日，等 . 2014a. 国际体育城市评价指标体系的构建研究 . 体育科学，（6）：34-41.

陈林华，曾理，王跃，等 . 2014b. 我国体育城市发展指数研究——以 35 个大中城市为例 . 武汉体育学院学报，（9）：29-33.

戴俊骋，韦文英 . 2010. 区域性格的形成与扬弃——区域性格研究系列论文之二 . 广西社会科学，（8）：112-115.

何元春，林致诚 . 2011. 农民工体育边缘化及救治——以公共选择理论为研究视角 . 武汉体育学院学报，45（5）：13-16.

胡书芝 . 2014. 资本制约、体育参与困境与城市认同——基于广州、长沙、柳州 1342 名农民工的模型分析 . 武汉体育学院学报，（10）：5-9.

黄璐，王金福，付晓静 . 2009. 北京奥运会奖牌榜的政治战略与国家身份建构 . 首都体育学院学报，21（5）：557-561.

梁斌，陈洪，李恩荆 . 2014. 集体认同传承与商业利润最大化矛盾下的英国足球球迷研究 . 成都体育学院学报，（3）：17-23.

刘于琪，刘晔，李志刚 . 2014. 中国城市新移民的定居意愿及其影响机制 . 地理科学，（7）：780-787.

马淑琼，陈锡尧，刘雷 . 2014. 中超职业足球俱乐部球迷认同及其购买行为分析 . 体育文化导刊，（3）：122-125.

任海 . 2013. 体育与"乡—城移民"的社会融入 . 体育与科学，1：24-25.

阮伟 . 2012. 体育赛事与城市发展关系研究 . 北京：北京体育大学博士学位论文 .

宋春香 . 2008. 狂欢的宗教之维——巴赫金狂欢理论研究 . 北京：中国人民大学博士学位论文 .

汪浩 . 2011. 当代北京城市大众体育空间发展趋势浅析 . 城市建筑,（11）：38-40.

王成, 张鸿雁 . 2015a. 美国体育城市的类型特征、创建成因与本土启示 . 体育科学,（10）：82-89.

王成, 张鸿雁 . 2015b. 体育城市本土创建的社会病理分析 . 武汉体育学院学报,（3）：24-28.

王晓婷 . 2015. 体育全球化的本土认同过程研究——以职业足球俱乐部为例 . 河北体育学院学报,（6）：55-58.

吴世政, 苏淑娟 . 2006. 台湾棒球场域的消费景观 . 地理学报（台湾）,（43）：1-22.

许月云 . 2012. 体育城市形成与发展的逻辑路径与构建维度 . 泉州师范学院学报,（4）：67-73.

颜强 . 2004. 你永远不会独行——英国足球地理 . 长沙：湖南文艺出版社 .

张艳 . 2012. 农民工的体育参与与社会融合——南京市农民工体育参与情况调研 . 体育与科学, 33（4）：81-85.

赵裕虎 . 2006. 对足球运动价值体系的探讨 . 常州信息职业技术学院学报, 5（4）：53-55.

朱淑玲 . 2011. 我国国家中心城市建设与体育城市建设之融合研究 . 山东体育学院学报,（6）：11-16.

Bale J. 1994. Landscapes of Modern Sport. Leicester：Leicester University Press.

Bourdieu P. 1984.Distinction：A Social Critique of the Judgement of Taste. London：Routledge and Kegan Paul.

Chanayil A. 2002. The Manhattan Yankees? Planning objectives, city policy, and sports stadium location in New York City. European Planning Studies, 10（7）：875-896.

Cialdini R B, Borden R J, Thorne A, et al. 1976. Basking in reflected glory：Three（football）field studies. Journal of Personality and Social Psychology, 34（3）：366.

Conn D. 1997. The Football Business. Edinburgh, Scotland：Mainstream.

DeHoog R H, Lowery D, Lyons W E. 1990. Citizen satisfaction with local governance：A test of individual, jurisdictional, and city-specific explanations. The Journal of Politics, 52（03）：807-837.

Featherstone M. 2007. Consumer Culture and Postmodernism. Sage Publication.

Fiske J. 1989.Understanding Popular Culture. Routledge.

Giulianotti R. 2002. Supporters, followers, fans, and flaneurs：A taxonomy of spectator identities in football. Journal of Sport & Social Issues, 26（1）：25-46.

Gratton C, Shibli S, Coleman R. 2005. Sport and economic regeneration in cities. Urban Studies, 42（5-6）：985-999.

Hudson I. 1999. Bright lights, big city：Do professional sports teams increase employment? Journal of Urban Affairs, 21（4）：397-408.

Jorgensen D L. 1989. Participant Observation. New York：John Wiley & Sons Inc.

Karp D A, Yoels W C. 1990. Sport and urban life. Journal of Sport & Social Issues , 14（2）：77-102.

Nelson M. 2005. Sports history as a vehicle for social and cultural understanding in American history. The Social Studies, 96（3）: 118-125.

Pierre L. 2001. Moving with the Ball: The Migration of Professional Footballers. Oxford: Oxford International Publishers.

Turner R S, Rosentraub M S. 2002. Tourism, sports and the centrality of cities. Journal of Urban Affairs, 24（5）: 487-492.

Last Quadrangle: Urban Identity and Production of Sport Space

Dai Juncheng

（Cultural Economics Research Institute, Central University of Finance and Economics, Beijing 100081, China）

Abstract   Against the background of globalization, urbanization, and the influence enhancement of popular sports, the relationship between sports and urban identity intention has drawn extensive attentions from policy-makers and the media, but such topic especially the functional mechanism remains under-researched in recent literature. Based on the key question that how the urban identity produced by sport space, this paper takes Beijing Guo'an Leshi Football Club as the case, uses participant observation approach to analyze the production process of sport space. It finds urban identity thus can be considered a manifestation of cultural consumption, and distinction of consumer taste strengthen the identity. Then the pleasure landscape and cannval landscape are central to constitute the "place" of the football game. However, lack of public sports space, capital growth wildly and the invalid policy would likely to disturb the production process of sport space.

Keywords   urban identity; sport space; production of space; football

Characteristics and Mechanism of the Government Residential Area Remains During the Market Process in Chengdu

Zhang Deli, Yang Yongchun

Abstract　The urban residential area is experiencing a strong change under the background of the globalization, rapid urbanization and transformation in China. The old built-up area has undergone rapid demolition and renovation after market-oriented reform, however, some urban residential areas are still preserved for some reasons. Taking the government residential area as a case study, this paper discusses the location characteristics and mechanism of these remains of the residential area. The main conclusions are as follows: ① Most of urban government-staff residential areas are retained in the process of transformation. They are still existed after the housing reform and occupy relatively better location in the city. ② The residential areas for government staffs have certain hierarchy features that the higher level the government office is, the more advantageous location of their residence, and vice versa. ③ The power has played a central role in the "remains" of the government-staff residential areas. Recently, people who live in these residential areas are not all government staffs and gradually become a "hybrid" of different social groups.

Keywords　government residential area; market processing; remains characteristics; the mechanism; Chengdu

"Danwei" plays an important role in the organization of city life and production

---

Author Introduction: Zhang Deli, College of Resources and Environment, Lanzhou University; School of Geodesy & Geomatics Engineering, Huaihai Institute of Technology. Yang Yongchun, College of Resources and Environment, Lanzhou University; Key Laboratory of Western China's Environment Systems of the Ministry of Education.

during the period of planned economy in China. It is the key to understand the city evolution in the transition of China (Chai and Zhang, 2009) . Danwei residential yard patterns is the typical form of living organization before the 1990s .The urban residential yard is experiencing a strong change under the background of the globalization, rapid urbanization and transformation in China. China began to implement the monetization of housing instead of the welfare housing distribution in 1998 and the real estate market is going on the market-oriented road step by step. The roles and status of Danwei are gradually reduced in the housing market transition. However, a few Danwei yards are still remained for some reasons in the market processing, which were formed in the long period. After housing reform, most houses's ownership once belonged to Danwei has become private. But in China, ownership and use of land are separated because the land is state-owned. So it is not complete property for some house because the land property is belonged to Danwei. Therefore, after the housing reform, there is obvious differences between the house's ownership in the Danwei yards and the commercial housing in the traditional sense.

Research on Danwei residential area focus on the formation (Qiao, 2004), distribution in the city (Chai, 1996; Ren, 2002), influence to the urban space (Chai et al., 2007) . Few domestic and foreign scholars focus on the subject of Danwei residential area. Bian et al (1996) explored the relationship between Chinese urban housing and discussed the status and roles in the housing commercialization and socialization reform by surveying the residential housing and the workplace in Shanghai and Tianjin. The social differentiation in residential area and their mechanisms are also concerned, some of which involving the differentiation mechanisms of Danwei Community (Gu and Kesteloots, 1997; Zhang, 2001; Wu, 2001; Feng and Zhou, 2008; Liu et al., 2006; Li and Wu, 2006; Zhang et al., 2008) .

Through comprehensive analysis, site selection, differentiation, evolutionary mechanisms (Zhang et al., 2008, 2013; Hu and Zhang, 2015) of Danwei have been studied in detail. But the studies on government residential area, especially the problems of their location, characteristics and mechanism of remains are still in the blank. Cities for study mainly focus on Beijing, Shanghai, Guangzhou, Nanjing and other East Cities, as the lack of case studies in the western cities such as Chengdu. In terms of research scale, most studies depend on the Census data of administrative boundaries. Insufficient sample size does not reflect the actual situation in the residential area to a certain extent for it is difficult to take full coverage survey data for the researchers.

Taking the government residential area within the scope of The Third Ring Road area of Chengdu as a case study with the comprehensive survey data, this paper discusses the location characteristics and mechanism of these remains of the residential area. The purpose is to provide the theory and practice basis for residential land change and it's restructuring. To describe simply, in this paper the area within The First Ring Road in Chengdu is called Zone Ⅰ, the area between The First Ring Road and The Second Ring Road called Zone Ⅱ, the area between The Second Ring Road and The Third Ring Road called Zone Ⅲ.

1 Data source and Research methods

The data comes from the detailed investigation of residential yard by investigation team from May to August 2012, including spatial data and attribute data. Investigation range is within the scope of The Third Ring Road of Chengdu and all the independent residential area and courtyard with house number are detailed surveyed. The investigation team carried out the supplementary investigation for the residential area in July 2013 in order to get more detailed data. Method of investigation is on-site interviews, questionnaires and the Mapping boundary of the residential yard on site by the respondents and interviewers. All of the yards are investigated along the street. The street location of residential areas, residential district name, building time, housing type, residential community scale (households), residential houses floors and the land use type pre-construction types and its process of change are detailed interviewed with interviewers. During the interview, the investigators draw the boundary on the prepared large-scale remote sensing maps and let the respondents confirm the spatial extent on site.

The confirmed parcel is digitized by digitalization, editing, and adding the attribute data with ArcGIS based on the large-scale remote sensing map. So the spatial database and attribute database of the residential area within the scope of The Third

Ring Road are established. The study selected all of the government residential yards to study, including provincial government residential yards, municipal government residential yards, and the district authorities residential yards. There are total 324 government residential yards are studied.

2　Characteristics of government residential yards

2.1　Status quo of the government residential yards

In this paper, the government yards refer to the relatively independent residential area or residential unit whose living subjects is mainly agency personnel and their families inherited from the era of Danwei, not including the agency used in the office.

Chengdu government residential yards can be divided into the provincial, municipal and district level residential yards. These yards often locate in the better site with relatively perfect infrastructure and better environment (Figure 1). The agency land and the residential land are obtained in the form of an administrative transfer for free in China, which are often located in the traditional center of city. Research and interviews shows that the building founded in 1960 to 1980s main have 3 or 4 floors, but they have been rebuilt since 1990 at the original site and was rebuilt from 6 to 8 floors. Although the buildings and infrastructure are renovated, but because of their land property have not been changed, most of the resident yard's lands have no migration or transformation. In 1998 the State stopped the welfare housing distribution system and most houses were transferred to the private by housing reformation. But most of the government residential yards are still exist in the form of Danwei residential unit. For instance, there are still Chengdu municipal office yards and the Provincial Department of Finance yard located around the Tianfu Square and Chunxi Road, Where land prices are most expensive in the city. After housing reform, the living style is inherited and the living subjects are still the original residents of government. Because of the close relationship with the original office and having high level rights, the yards are remained in the process of urban reconstruction and market-oriented transformation.

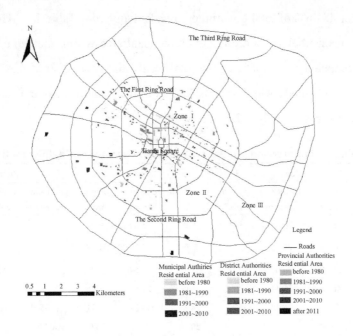

Figure 1   The distribution of the government agencies resident areas in different time
(with clolor graph at the end)

Provincial and municipal government residential yards in Chengdu are mainly distributed in the urban centers to the Tianfu Square, where formed Sichuan Provincial Party Committee Office residential yards near Commercial Street and the Sichuan Provincial Government residential yards near Duyuanjie Street .According to the principle of power guidance and proximity between vocational and living, Provincial residential yards are located in Yangshijie Street, Commercial Street, Xiyuhejie Street, Duozixiang street , which were near their office. While Sichuan Provincial Science and Technology Department, Education Department, Food Bureau, the Department of Finance and the other Danwei also set up their residential area in the center of the city. Meanwhile, some government residential yards are also built surrounding scenic spots with better environment, such as Du Fu Thatched Cottage and Huanhuaxi Garden. Figure 1 reflects the law that the provincial, municipal and district-level residential yards distributes from the center of the city to the periphery with the decreasing power. Such spatial structure shows the distribution pattern of living under the hierarchy of power restriction.

It can be analyzed from the survey data in 2012 and 2013 that the provincial government residential yards are more concentrated in Zone Ⅰ, where the yards accounted for 48.46% of total government residential yards（Table 1）. The municipal government residential yards are relatively concentrated within the Zone Ⅱ, where the yards accounted for 33.68% of the total residential area. District Residential Area is relatively fragmented, which are distributed in the Zone Ⅰ, Zone Ⅱ and Zone Ⅲ, but the district yards are only 7.72% of the total.

Table 1　The percentage of the government resident areas in different time

time	Zone Ⅰ			Zone Ⅱ			Zone Ⅲ		
	provincial yards/%	municipal yards/%	district yards/%	provincial yards/%	municipal yards/%	district yards/%	provincial yards/%	municipal yards/%	district yards/%
before1980	39.13	30.43	8.70	4.35	13.04	4.35			
1981～1985	60.38	20.75		1.89	15.09	1.89			
1986～1990	56.32	20.69	2.30	2.30	12.64	3.45		2.30	
1991～1995	46.58	16.44	2.74	5.48	20.55	5.48		2.74	
1996～2000	39.19	16.22	2.70	14.86	16.22	8.11	1.35	1.35	
2001～2005	30.00			20.00		10.00	30.00		10.00
2006～2010	25.00			25.00			25.00	25.00	
total	48.46	18.52	2.47	6.79	15.12	4.94	1.54	1.85	0.31

2.2　Construction timing and change processing of government resident yards

For the building time, the government resident yards construction began in the early founding of The People's Republic of China, and the existing yards are mainly built from 1980 to 1998. The data for five-years-period suggest that it is the peak construction tide from 1981 to 1995. Among them, the provincial yards are constructed the fastest, the number of building were accounted for 62.27%, 58.62% and 52.06% in the corresponding period, while the municipal yards accounted for only 35.84%, 33.33% and 36.99% in the corresponding period （Table 1）. Survey data indicate that the sequence of construction on its priority are provincial, municipal and district yards.

Tianfu New District of Chengdu was planned and developed in 2005 and the Chengdu municipal administrative units moved to the new district in 1998. Some new government resident areas were established along with the migration of government authority and construction in Tianfu New District .These resident areas are the continue of new Danweism and accelerate the construction of commercial housing and affordable housing around.

2.3 Hybridization of the living subjects in the government resident yards

Danwei system is the product of China. Danwei residential area fully embodies the typical features "unit for society" . Therefore, there is strict dependent relationship between members of the Danwei and the Unit. Most residents live in the Danwei yards in the period of planned economy system. So the members of the Danwei are relatively consistent with the same sense of belonging, so the living subjects are relatively unitary.

China began to implement the Monetary housing distribution instead of the welfare housing distribution in 1998 and the housing is going towards market-oriented road step by step. By housing reform, most house ownership transfer from Danwei to the private.

Some personnel in government have purchased commercial housing with complete property rights in other places while they get reform housing in residential yard. The house in the residential yard perhaps become the second housing or to be rent to the personnel outside to obtain profits for them. So the hybridization of the living subjects in the yard is formed.

Nevertheless, most government agency permit that the reformed housing can only be transferred to employees of the agency because of the limited property rights to the house. Additionally, these houses are located in good place with excellent facilities so the living subjects are mainly the members and their families in a variety of reasons.

Hybridization of the living subjects is the result of interaction between commercialization of housing and government residential community.

3　Analysis on mechanism of remains

Government residential yard remains are the interaction of government agency, the living subjects the Real Estate developers. The mechanism can be represented by Figure 2.

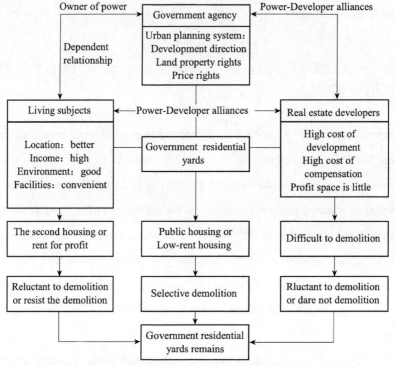

Figure 2　Mechanism of the government residential area remains

3.1　Government agency

Government plays an important role in the social life of the city. Government has become performer makers in China's urbanization strategy, institution suppliers, processes executor and the performance rater through planning guidance, parameter adjustment, polices control and macro capital allocation. Therefore, the government plays a decisive role in changes, transformation and remains of the residential yards both in the era of planned economy and market economy.

On one hand, government is the framers of the institution. According to Chinese regulations on city planning, local governments are organizers and makers of urban planning.At the same time, the approval of urban planning is performed by the government. Through the development and implementation of urban planning, the size and direction of urban development is confirmed. In order to avoid the large-scale demolition, some residential yards are remained legally by urban planning, while the urban fringe farmland and other types of land become the first choice for urban development.

On the other hand, the government also has its own real estate, and the government consists of a series of department, whose members also need their own houses. So in the process of demolition and renovation, the government not only cares for public interests, but for their own interests, they often maintain their residential areas by the means of urban planning or raising prices for compensation to demolition. Meanwhile, the government and developers generally often combine to form a Power-Developer Alliance to perform selective demolition and transformation. As the result, most of the houses in common were demolished, and the yards with the close relationship with the government agency are preserved.

3.2 Living subjects

In transition period, institutional factors especially the power factor become an important factor to drive the living space changing. Various levels of power are studied for guidance on Chinese power analysis. Foucault reflects the social and political power relations between subjects (Foucault, 1999) . Harvey believes any attempt to reconstruct the struggle of power relations, is reorganizing their space-based struggle (Harvey, 1989) . Lefebrve pointed out the space is a product of society and the evolution of the history of social production model is a history of changes of the type of space (Lefebrve, 1991) .

Traditionally, there are three basic guiding for Chinese to select the ideal settlements (Yang et al., 2012) . The first is living near the center of the city. The second is living next to local power sources such as the government authority. The third is living in the place with advantageous environment.

The government authorities have enormous power with possession of financial, information social resources and more rights to speak. These rights need to be performed by government staffs living in government residential yards. Living subjects in the yard have different levels of authority, and the higher power rating, the greater priority to site and location of residence more superior. Due to high power, they are unwilling to or resist the demolition and relocation. So that these yards can continue to exist in the form of residential units in the process of urbanization and market processing。

3.3 Real Estate developers

Chinese real estate industry is booming everywhere in the process of market. Construction of commercial housing and resettlement housing plays an important role in urban sprawl. For real estate developers, the greatest impetus is to chase the maximum benefits. Therefore, commercial housing development and saling is the most effective way that they get the maximum benefit.

Real estate development requires a certain cost. Urban fringe farmland and unused land become the first choice for land developers for the land price is low there, while demolition will pay different prices for the demolition costs. The housing relocation compensation costs of the government residential area usually high so the profit margins are very small to the developers, so they have no incentive to demolition the house in government residential area.

In the process of development and construction projects, in order to obtain maximum economic benefits, real estate developer need to regularly communicate with government agencies. Persons living in the government residential areas often become their negotiations objects. Sometimes under the pressure and interests, they will form alliances. In short, they are reluctant to demolition or afraid to utilize the government housing, so the yards are preserved.

4 Conclusion and discussion

（1）Most of urban government-staff residential areas are retained in the process of transformation. They are still existed after the housing reform and occupy relatively better location in the city.

（2）The residential areas for government staffs have certain hierarchy features that the higher level the government office is, the more advantageous location of their residence, and vice versa.

(3) The power has played a central role in the "remains" of the government-staff residential areas. Recently, people who live in these residential areas are not all government staffs and gradually become a "hybrid" of different social groups.

The study has carried on the preliminary classification to government residential yards, and discusses the characteristics and mechanism of the remains. However, this research is only based on thorough investigation and deep interview data. There is no in-depth quantitative research on the influence mechanism .The Following studies will detail the problems of hybridization, based on census data of the streets, combining with the methods of questionnaire, interview and GIS to get more scientific conclusions.

Acknowledgements

This research was supported by National Science Foundation of China(41171143) .

References

Bian Y, Logan J R, Lu Hanlong, et al. 1996. Work units and commercialization of housing. Sociological Studies, (1) : 83-94.

Chai Y W. 1996. Danwei-based Chinese cities internal life-space structure: A case study of Lanzhou city. Geographical Research, 15 (1) : 30-38.

Chai Y W, Zhang C. 2009. Geographical approach to Danwei in Chinese cities: A key to understand the transition of urban China. International Urban Planning, 24 (5) : 2-6.

Chai Y W, Chen L J, Zhang C. 2007. Transformation of Danwei system: An angle of view on city changes in China. World Regional Studies, 16 (4) : 60-69.

Feng J, Zhou Y X. 2008. Restructuring of socio-spatial differentiation in Beijing in the transition period. Acta Geographica Sinica, 63 (8) : 829-844.

Foucault M. 1999. Discipline and Punishment. Liu Beicheng trans. Shanghai: SDX Joint Publishing Company.

Gu C L, Kesteloots C.1997. Social polarization and segregation phenomenon in Beijing. Acta Geographica Sinica, 52 (5) : 385-393.

Harvey D. 1989. The Condition of Post Modernity. Oxford: Blackwell.

Hu P J, Zhang J X. 2015. Beyond Zero-Sum: Innovation in city-district intergovernmental management based on growth coalition-A case study of the Hexi New Town in Nanjing. Modern Urban Research, (2): 40-45.

Lefebrve H. 1991. The Production of Space. Oxford: Blackwell.

Li Z G, Wu F L. 2006. Sociospatial differentiation in transitional Shanghai. Acta Geographica Sinica, 60 (2): 200-211.

Liu Y T, Wu F L, He S J, et al. 2006. Typology, features and mechanism of urban low-income neighborhoods under market transition: A case study of Nanjing. Geographical Research, 25 (6): 1073-1082.

Qiao Y X. 2004. History flux of Beijing unit yard and its effect on Beijing urban space. HuaZhong Architecture, 22 (5): 91-95.

Ren S B. 2002. Discussion on the integrate of unit yard and urban space unit yard. Planners, 18 (11): 60-63.

Wu Q Y. 2001. The Dynamic Mechanism of Urban Residential Differentiation. Beijing: Science Press.

Yang Y C. 2013. Gradual Institution Change and Geographical Space Involution. Lanzhou: Lanzhou University Press.

Yang Y C, Tan Y M, Huang X, et al. 2012. Housing choice of urban residents in China based on the transformation of cultural values: A case study in Chengdu. Acta Geographica Sinica, 67 (6): 841-852.

Yan W. 1996. Danwei-based Chinese cities' internal life-space structure-A case study of Lanzhou City. Geographical Research, 15 (1): 30-38.

Zhang J X, Wu F L, Laurence J C Ma. 2008. Institutional transition and reconstruction of China's urban space: Establishing a institutional analysis structure for spatial evolution. City Planning Review, (6): 55-60.

Zhang J X, Zhao D, Chen H. 2013. Termination of growth supremacism and transformation of China's urban planning. Urban Planning, 37 (1): 45-50.

Zhang T W. 2001. The urban restructuring of Chinese cities in 1990s and its dynamic mechanism. City Planning Review, 25 (7): 7-14.

State-Led Gentrification? Inner-city Redevelopment and Social Change in the Post-reform Cities of China

Yang Qinran

Abstract　This paper provides three thematic analyses of the urban processes and consequently social outcomes stimulated by inner-city redevelopment in large Chinese cities. It aims to identify the existence of gentrification process in Chinese context. First, the paper stresses the state-led construction of new urbanism during the process of urban redevelopment and subsequently the isolation of activists who were defending for cultural diversity and property rights. Second, the paper examines a compensation scheme for property acquisition in urban redevelopment, which promotes homeownership for the working class previously housed by work units and municipal housing department and ushers the workers into conflicting situations of social transformation. Finally, the paper reveals that urban redevelopment aggregates the marginalisation of rural-urban migrants in the city by overwhelmingly commodification and formalisation of urban spaces. With these evidences, the study suggests a tendency of gentrification interweaving with the three urban processes. Meanwhile, gentrification presents contextualised characteristics in the post-reform Chinese cities.

Keywords　inner-city redevelopment; gentrification; China; epistemological gap; contextualization

Author Introduction: Yang Qinran, Department of Geography, University of British Columbia, Canada.

1 Introduction

In 2012, a workshop in London invited a number of English and non-English researchers to address the epistemological gap between gentrification in the Global North and gentrification in the Global South. Researchers from the Global South are encouraged to extract endogenous processes that might be defined by concepts other than gentrification to examine the global application of the concept of gentrification (Lees et al., 2015). In advanced industrial cities, the gentrification literature is at the leading edge of critiques of working-class displacement from the city. Setting aside contextual restrictions on the concept, Lees et al (2015) suggest three common conditions that are useful in defining the process: "class polarization that lies beneath the appearance of gentrifying urban areas", a "noticeable increase in investment put into the economic circuits of urban regeneration", and "different forms of displacement" (p 8).Compared with the notion of urban renewal, which to date has used in studies from a wide range of theoretical perspectives, gentrification is grounded in class-based urban change and displacement (Butler, 2007; Slater et al., 2004; Wyly and Hammel, 1999; Lees et al., 2015) and draws particular criticism to social injustice in the urban process (Lees et al., 2016).

Gentrification studies of cities in China, as well as in other developing countries, are still incipient. Scepticism towards the use of the term "gentrification" may stem from the different causes and results of the process, the wide variation inits contexts, and the distinctions between the Chinese urban process and gentrification in advanced industrial societies (Lees et al., 2015; Maloutas, 2012). The present paper begins from a fundamental suspicion about the use of gentrification as a concept, a suspicion derived from empirical studies demonstrating both the advantages and disadvantages of urban redevelopment in improving the life prospects of the workingclass. These findings are contentious; gentrification often connotes social injustice in advanced industrial cities. On one hand, intensive critiques emphasise the large number of people displaced by urban redevelopment in large Chinese cities and the resulting hardships suffered by these relocated individuals (He, 2010; He and Wu, 2007; Shin, 2009a,

2009b; Shin and Li, 2013). Both the media and academics have paid special attention to resistance to urban redevelopment by property activists, particularly to the Chinese phenomenon of the nail-house (dingzihu)(Hsing, 2010; Shin, 2013; He, 2012; Zhang, 2004). In contrast, some studies reveal a relatively high degree of satisfaction with rehousing on the part of Chinese residents (Wu, 2004a; Li and Song, 2009). Still, the formation of organised and effective resistance movements by residents against the dominant ruling classes and the decisions regarding urban redevelopment remains uncertain (Wu, 2004a; Zhang and Fang, 2004; Shin, 2013).

Thus, the original residents of redeveloped neighbourhoods present a confusingly mixed and somewhat neutral response to relocation or displacement caused by inner-city redevelopment. The result, as I suggest, is not simply a contingent fact depending on specific, case-based factors in urban redevelopment. Rather, it implies an epistemological gap between understandings of inner-city redevelopment in China and gentrification in advanced industrial societies. Based on the case of Hong Kong, Ley and Teo (2014) argue that this epistemological gap originates in different property cultures. This means that, as a consequence of the rapid growth of the property state in Hong Kong, public ideology identifies private property as a crucial symbol of social status. To broaden this perspective, I suggest that the epistemological gap stems from the contextualised characteristics of inner-city redevelopment in China. Particularly, this epistemological gap reflects how the interaction between the process of gentrification and other urban processes stimulated by urban redevelopment, as well as their social effects, impacts the meanings and significance of gentrification to original residents. By focusing on the Global East, Shin et al. (2016) argue that the complexity of gentrification arises partly because the process of gentrification can be concurrent with multiple urban processes. These other urban processes (such as the "concurrent development of a low-rise neighbourhood's densification") may have either facilitated or been juxtaposed with the gentrification process (Shin et al., 2016). In such cases, the authors suggest examining the interaction between gentrification and other urban processes. Moreover, gentrification studies should take into account the wider, structural level of urban transformation beyond that occurring solely at the neighbourhood scale. This would help to identify the predominance of gentrification in the trend of urban change.

Following the approach suggested above, this study provides three thematic analyses of the urban processes and resulting social changes stimulated by inner-city redevelopment. However, these processes are threads converging in inner-city redevelopment rather than occurring as the results of other types of urban initiatives. Partly, they can be thought of as alternatives to the conceptual use of gentrification in Chinese contexts. Each of the next three sections illustrates how these processes form a de facto process of gentrification and also presents elements juxtaposed with gentrification.Original residents are categorised into three groups according to the specific processes in which they are involved.The study will end with a discussion of to what extent gentrification has been a central feature of inner-city redevelopment in the post-reform cities of China and of how contextual factors will impact the explanation of gentrification in China.

2 Methods and data

Three redevelopment projects in Chengdu, the capital city of Sichuan Province located in southwest China, are selected for analysis (Figure 1) . The three projects illustrate different modes of inner-city redevelopment and different methods of compensation for original residents, insofar as a relatively complete picture of urban processes and the social effects of urban redevelopment can be constructed. The first two cases, the Jinniu Wanda (JW) and Caojia Alley (CJA) projects, concern residential redevelopment. These two old neighbourhoods originally consisted of work unit (danwei) compounds. In 2012, the JW neighbourhood was redeveloped into high-rise residential real estate. Approximately 2000 households have since been resettled in the newly built JW neighbourhoods, while another 1162 households have been resettled off-site or received cash compensation. Similarly, residential redevelopment of the CJA area is expected to be completed by the end of 2016. The new buildings of the CJA neighbourhood will house approximately 3000 households that had previously owned properties on the site. Up to 700 households have been relocated off-site to three communities located onthe outskirts of the city.

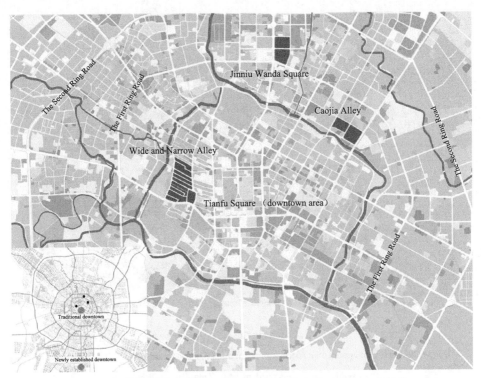

Figure 1   Locations of redeveloped neighbourhoods in the inner city of Chengdu

Source: Map drawn by author based on materials provided by Chengdu Institute of Planning and Design

The Wide and Narrow Alleys（WNA）was previously a neighbourhood containing historical dwellings of the Qing Dynasty. This area experienced commercial redevelopment during the 2000s and was designated as a historic and cultural district by the municipal government in 2008（Figure 2）. Most of the traditional buildings were demolished and reconstructed using traditional construction techniques. All but one of the indigenous residents were relocated off-site during the process of commercialisation.

Primary data for this study were obtained from semi-structured interviews with officials and life history interviews with residents. Two rounds of fieldwork were conducted in 2014 and 2015. In addition to nine officials who participated in decision-making regarding the above-mentioned projects, three groups of original residents have assisted in this study. These groups include 15 property activists, 40 subsidised tenants and owners who were relocated either off-site or on-site due to urban redevelopment, and 20 rural-urban migrants who were displaced from the redeveloped neighbourhoods. In the following text, each interviewee is assigned a code determined by the category

Figure 2　Types of dwellings in the old，inner-city neighbourhoods

（a）Danwei buildings and commercial apartment in original CJA neighbourhood；　（b）Traditional dwelling

preserved by indigenous resident（Mr. Yang）in the WNA area．

Source：Photographs taken by author in 2015

of the informant（O for officials，CJA for CJA residents）as well as a sequential interview number. Additional use has also been made of population census data at the municipal and sub-district levels.

3　（De）Construction

In large Chinese cities，three types of locations are most likely to be targeted by urban redevelopment：danwei compounds，dilapidated historical areas and migrant enclaves. These areas represent alternative forms of urbanism produced during a specific period and based on specific property systems in China. They include danwei housing，municipally owned public housing，traditional dwellings owned either privately or by municipal authorities，rural housing built by urbanised villagers and low-quality shelters constructed illegally（Ma and Wu，2005；Lin，2007）. The dwellings, for the most part, are occupied by working-class inhabitants, including production workers, rural-urban migrants and urbanised villagers. Most of the residents are tenants or subsidised owners, although there is also a minority of private owners.

In the 1960s, classical gentrification in the advanced west was developed in the context of a post-industrial society and post-modernist urbanism that was especially championed by the new emerging middle class. Objecting to the supremacy of economic values and formalistic culture under Fordism and mass production, the new middle class's engagement with historic preservation, neighbourhood construction and political reform reflected a trend of social liberalisation and cultural innovation (Ley, 1996). Nevertheless, gentrificationpromoted by individual-led cultural innovation has been limited in China. It is the state that leads large-scale, urban redevelopment in large Chinese cities (Lees et al., 2016).

The salient result of state-facilitated urban redevelopment is a spectacular, sweeping urbanism in post-reform cities and the destruction of a large volume of historic buildings. Seen from the case of Chengdu, in 2000, nearly half of all residents in the five districts of Chengdu inhabited housing that was built before 1990, and 67.93% of the residents were located in the inner city. From 2000 to 2010, 131 430 households moved out of old structures, with this entire movement stemming from the inner city (Population Census of Chengdu Municipality, 2000 and 2010) [1]. Moreover, since the late 1990s, the state-facilitated urban redevelopment program has been integral to the reform of housing privatisation. Based onthe socialist housing welfare system, inner cities in China have maintained most of the affordable public housing in the city on the eve of reform. In 2000, nearly half of all households in the main urban districts of Chengdu were either public tenants or owners subsidised by danwei and municipal housing authorities. Among the subsidised tenants and owners, over 75% were located in the inner city. During just one decade of the 2000s, the share of private homeowners in newly built commercial apartments (not including subsidised owners of the danwei housing) escalated from 6% to 30% of the whole households in the inner city. In contrast, public tenants decreased from 23% to 2.5% in the inner city.

---

[1] The urban form of Chengdu city is characterised by a concentric structure.In this study, the inner city refers to urban districts within the Second Ring Road, while the scope of outskirts is defined by urban districts outside the Third Ring Road.

In this scenario, urban redevelopment in China have achieved one of the ends of gentrification, as the new urbanism has arguably leaned towards high-income consumers. The new urbanism, particularly with regard to residential areas, has been characterised by the paradigm of gated communities in large Chinese cities. From a cultural geographical perspective, these newly built, gated communities have been generally described as fields cultivating new social and cultural norms that embody a modernist, civilised lifestyle and a consumer citizenship (Zhang, 2006; Ren, 2013; Davis, 2006; Pow, 2009b) . More than a few scholars have shown that spatial consumption of these gated communities, as well as of newly built commercial sectors, has been linked to the construction of class identity and the territorialisation of the middle class (Pow, 2009a, 2009 b; Pow and Kong, 2007; Zhang, 2010) .

Moreover, the state-led construction of middle-class consumer culture is in line with exclusionary practises towards otherness. These exclusionary practises can originate from middle-class consumers in gated communities, who endeavour to protect their spatial privileges by segregating themselves from public space, as well as from low-income consumers in the city (Pow, 2009a) . Then, concurrent with the rise of the new Chinese urbanism, neighbourhoods of low-income workers experience increasing disinvestment due to the market transition of state-owned enterprises and housing reform (Wang et al., 2005; Wu, 2004b; Logan, 2004; Wu et al., 2012) .At a broader level, the change represents a transformation of state-society relations, more specifically, state-society-capital relations at the political, ideological and institutional level (Lin, 2007; He and Lin, 2015) . According to Lin (2007), the Chinese reformist state, followed by the emerging new urbanism, has abandoned the parental role it played during the socialist era while moving towards a more "relaxed and more flexible state–society relation" . This social transition is from the egalitarian, working-class politics of Mao to the reformist state that endorses individual entrepreneurship and encourages profit-making by individuals with market capabilities.

Property activism and cultural activism emerge as individuals and communities are faced with housing demolition and dispossession. This study identifies three groups of activists; a majority are private homeowners in old, inner-city neighbourhoods. The first group is composed of the owner-occupants of courtyard dwellings, particularly in the former WNA neighbourhood. In effect, most of buildings in the WNA neighbourhood were confiscated by the government when the Chinese Communist Party arrived in the city; the Communist Party then rented these buildings to residents as public housing. Buildings that remained in the possession of individuals eventually inspired activism by their current owners. The second group consists of residents who purchased commercial apartments developed by private developers during the early stages of land and housing marketisation. The last group consists of owners of housing constructed by urban villagers that often falls short of complete urban land-use and construction permits. All three groups of homeowners do not necessarily appear in each case of inner-city redevelopment; their involvement depends on the tenure composition of redeveloped neighbourhoods. In particular, rural housing owned by urbanised villagers is less common in inner cities than it is in the peripheral areas of Chinese cities.

In China, property demolition and redevelopment presuppose plans to compensate residents for the loss of their original homes. According to the latest Regulation on Conveyance of Buildings on State-owned Land and Compensation, issued by the State council in 2011, private owners are offered two forms of compensation (State Council, p 590). They can exchange their old property for either a new property or an amount of cash equivalent to the value of the old property. The new properties are high-rise apartments located in gated communities either adjacent to the original sites or at the outskirts of the city (Li and Song, 2009). For the most part, private homeowners expressed greater sensitivity to property rights and on-site living rights than did tenants and subsidised owners. The informants clearly distinguished their status in the redevelopment projects by claiming that their property rights had been violated. In contrast, tenants and subsidised owners stood to benefit more from the government's compensation policies.

> From the perspective of residents living in public housing, they think the government is right, conforming to their benefits, by which they mean the benefits of the majority. However, for us, in effect, this is illegal. We are private homeowners. (CJA14, homeowner compensated in cash)

Not only did they pay more for their owner-occupancy arrangements, but private homeowners also maintained a greater consistency in their lifestyles and residential choices than did subsidised residents. In the old CJA neighbourhood, private homeowners resided in commercial apartments that were multi-storied and located alongside open streets and lanes (Figure 2 (a)). The old WNA area featured hutong (alley) neighbourhoods and courtyard dwellings built during late imperial China (Figure 2 (b)). Neighbourhood relationships are a key indicator that distinguishes lifestyles in old neighbourhoods from lifestyles in the gated communities. When asked about the meanings of their old dwellings and neighbourhoods, indigenous residents specified that the notions of zai (residence) and hutong represent a nucleus of Chinese mass culture, which is rooted in Confucianism (WNA57). The spatial pattern, characterised by dwellings, inward courtyards and narrow streets, allows hutong neighbourhoods to be purely residential spaces, while, according to indigenous residents, the entry of retail stores on the streets and road widening projects have launched waves of spatial invasion into residential areas.

> Zai resided by the mass reflects the aestheticism of modesty; just like mansions accommodating government officials concretise the aestheticism of elegance. Yuan (inward courtyard) and hutong present the intimate social relations in mass neighbourhoods. But since the road was widened and retail shops were arriving, the ties have been completely broken. Previously, we could easily go the neighbour's house and chat with each other. (WNA57, property activist)

Following the redevelopment of the WNA and CJA neighbourhoods, most of the activists ultimately moved out, either accepting a higher amount of compensation or submitting to coercion. Mr. Yang is the only resident who retained his dwelling in the WNA neighbourhood, but his family no longer lives there because the area has been substantially commercialised (Figure 2). Yang's resistance to the demolition of his property has lasted seven years; the situation is currently at a stalemate. More than a few activists have made accusations of unfair treatment during the process of redevelopment and resettlement by the government and developers. However, the absence of a legally permitted and publicly acknowledged method of protection for private property rights has largely reduced the efficacy of resistance (Shih, 2010; He, 2012). Moreover, the fact that city residents seldom care about tradition and culture, combined with their refusal to align themselves with the activists in resisting the takeover, hugely disappointed the activists. Ironically, as Yang said, "It is owing to my acquaintance with foreign friends that the house has been reserved so far" (WNA57).

The above process shows the cultural politics at work in state-facilitated urban redevelopment, which grants absolute privileges, both ideologically and substantively, to consumers conforming to the new urbanism and increasingly undermines alternative urbanisms. Moreover, the property and tenure system in China makes the protection of alternative urbanisms unwarranted. Nevertheless, state-facilitated gentrification is not a direct result of the new middle class embracing the renewed vitality of a dense urbanism. It includes two parallel processes of spatial representation and class formation: on the governmental side, state-led cultural construction links the consumption of the new urbanism with a perceived ladder of social mobility; on the consumer side, relatively affluent consumers increasingly separate themselves from the relatively egalitarian society of the socialist period and merge into the new urbanism. Newly built areas thus contribute to forming cultural distinctions and class identity among affluent consumers.

4 Privatisation

In contrast to activists, tenants and owners housed by the municipal housing department and danwei had a relatively affirmative attitude towards urban redevelopment, and they yearned for improved housing. Members of this social group are, for the most part, production workers who have retired or been laid off from state-owned enterprises. They are mostly indigenous households who have lived in their neighbourhoods since the early stages of the establishment of the People's Republic of China. Production workers' households have historically made up approximately one-third of all households in the old CJA and JW neighbourhoods.

The comparatively affirmative attitude of production workers is stimulated by a series of remedial policies that promoted homeownership during the process of urban redevelopment in their neighbourhoods. As previously mentioned, urban redevelopment in China includes compensation plans for housing losses experienced by original residents. For production workers who occupied properties either completely or partially collectively owned, decisions about compensation methods involve the basic issue of systematic housing reform in accordance with the transition from a socialist redistributive economy to a market economy. Due to the fragmented and diverse tenure conditions that vary among cities and neighbourhoods, the decision has been decentralised to the local actors (see Article 27, State Council, 2001, p 305). City-based studies show a common trend of compensation for subsidised occupants that favourspublic-private tenure conversion and increasing monetary compensation. For instance, Shin (2016) recorded the compensation methods used in a case in Guangzhou launched in 2006.What initially began as on-site relocation later turned into off-site property exchange without tenure change for the public tenants; the process ended with encouraging the purchase of economic and functional housing. A primary reason for the altered methods at the local level is the necessity of winning consensus among residents while maintaining social stability. In particular, this tendency has been reinforced by the release of regulation No.590 by the central government in 2011, which strengthened regulations of forcible eviction of residents during urban redevelopment (State Council, 2011, p 590).

The Chengdu Municipal Government encourages public tenants to purchase newly built housing in the resettlement communities, in line with public-private tenure conversion. The amount of compensation for the household's old property would then be applied to the purchasing fees of a new apartment (O5). Meanwhile, residents are required to pay low tenure conversion fees to the government. In the CJA redevelopment project, for instance, public tenants who previously occupied two rooms with an area of 38 square metres could exchange their units for an on-site rebuilt apartment with an area of 68 square metres after paying CNY$11 400 (CNY$300 per square metre) upon tenure conversion. The off-site rebuilt apartment could be 1.5 times larger than the on-site option due to the difference in housing prices.

The promotion of working-class homeownership reveals the local government's intention of reconfiguring state-society relations through privatisation. On one hand, the danwei system and local government anticipate and therefore attempt to avoid welfare pressure by maintaining their roles as housing providers post-redevelopment. Moreover, the huge costs of the demolition of old housing and resettlement of original residents necessitate social investments, to be made through land marketisation. On the other hand, the state-danwei-society relations established in the socialist era, when the local state and work units shared social responsibilities, have preconditioned the decision-making of local actors. Homeownership can effectively stop any anticipated social unrest that develops among production workers in response to the withdrawal of the welfare provider(O1, O5, O6).

Access to homeownership is a basic motive for production workers to leave their original housing sites and relocate in the resettlement communities. This is because during the process of housing privatisation and resettlement, the working class has witnessed a place-based social transformation associated with a sense of upward social mobility(Figure3). However, rather than being a functionalist evolution, the transformative process is internally contradictory. On one hand, possessing a private apartment can empower production workers in a market society more than the improvement of their housing conditions. On the other hand, housing privatisation and residential relocation engender new dilemmas for the working class in resettlement communities.

Figure 3   On-site resettlement community of the JW project and off-site resettlement community of the CJA project.

Source: Photo graphs taken by author in 2015

At first, housing privatisation cultivates an identity of homeownership among production workers. In the resettlement communities, their new identity as homeowners can be a basic rationale for relocated residents to demand high-quality services from property managers and developers. Additionally, resettled residents adapt to lifestyle changes mainly in the private spheres of daily life, such as having a private kitchen, a gated garden, separate community facilities and services provided by property managers. These lifestyle and identity changes bring widely perceived upward mobility to the resettled workers. Additionally, the amount of compensation available has led to speculative activities among residents seeking windfall profits. This is most obviously exemplified by the phenomenon of upstart wealthy people living among the previous homeowners of illegally constructed buildings or rural housing in China（Wu et al., 2012）. Seizing the advantage of housing privatisation, production workers have similarly and increasingly used urban redevelopment and compensation as a critical vehicle in changing their lives："Please feel free to demolish it; you demolish once, my life gets better. The more you demolish buildings, the more my life becomes better and better"（JW15）.

Nevertheless, housing privatisation also alters state-society relations, prompting working-class homeowners to enter a market society. Following sweeping spatial commodification and rising consumption levels, low-income residents must constantly mediate the imbalance between their consumption and income while living in resettlement communities. Nonetheless, there are still residents who cannot afford property management fees each month. In the meantime, rising consumption behaviours have generated numerous social issues, such as the increase in gambling behaviours and debts among the younger generations of relocated families.

> Previously, she（the friend of the interviewee）was poor, but beautiful. Now she gets a house. She borrowed a lot of money to decorate the house. The decoration is really beautiful. She also bought a car. She said it cost her more than a hundred thousand. People thought she was really becoming rich. But it was actually a second-hand car cost only twenty or thirty thousands. Now she daren't live here. She just disappeared. She can even not afford the salaries to the decoration workers!（PR7, CJA resident off-site relocated）

Moreover, these changing consumption patterns alter social interactions in neighbourhoods, which could damage the social capital of the working class. During the transition to homeownership, property rights are important for organising social interactions. As argued in the literature on China's middle class, along with spatial privatisation, the gated community becomes a decisive, practical field for forming new dimensions of collective interest and mobilising the market society（Tomba, 2005; Zhang, 2010）. Indeed, in the resettlement communities, the working-class residents have been mobilised to behave like market men; they have formed self-governing homeowner associations to address community problems. However, the sense of self-protection, plus the geographic separation of neighbours in high-rise apartments, has cultivated growing estrangement and distrust among community members. For instance, this distrust has been found among the residential representatives of the homeowners' associations and the rest of the community members, for the community members believe that the residential representatives would win personal interests by engaging in community management.

This tendency towards social alienation is reinforced by the complex social composition of the resettlement communities and the conflicting claims to property rights. For instance, households who own multiple properties may either lease their extra apartment or modify it for commercial use to generate extra income. In addition, with the exception of production workers, the resettlement communities have also assembled residents relocated from previously urbanised villages. Unlike production workers, urbanised villagers are likely to occupy public space for private use. A resettlement community thus reorganises members of the working classes who are transitioning from their former lifestyles and consolidates all of their disputes and conflicts.

> This (resettlement) community is nearby a large wholesale market and the railway station.There were about 70% are outsiders and renters. They used the apartment as storage or self-employed business. The community members are divided into small groups. Still, the city residents can hardly get along with the rural people. They are not rational and low educated, merely expecting personal interests, or their small groups'. They do not know how to participate in community management.(PR15, JW resident on-site relocated)

Housing privatisation for production workers is an important manifestation of how urban redevelopment in China diverges from the conventional understanding of gentrification, because privatisation indeed brings into great improvement of housing conditions and even identity change for the working class. However, it remains to be seen whether and how this conflicted transformation will improve the life chances of the resettled residents. Moreover, the retrenchment of housing welfare among the working class is likely to lead the resettlement community, similar to the demolished old neighbourhoods, to eventual disinvestment. Additionally, it is important to note that even the positive response of production workers does not necessarily erase the exclusionary nature of urban redevelopment. Essentially, questions remain to be answered as to how new social issues and inequities are generated following urban privatisation.

5 Formalisation and Commodification

During the process of urban redevelopment, private tenants are formally refused any type of compensation. Most of the private tenants are rural-urban migrants, who do not share the privilege of an urban household registration (hukou) . In the case of the CJA neighbourhood, these tenants make up two-thirds of all residents. Urban redevelopment thus causes the direct displacement of migrant tenants. Migrants must search for new rental housing before a redevelopment project is initiated. The displaced tenants from the CJA neighbourhood have either moved to the remaining old neighbourhoods in the inner city or to the urban villages located on the peripheries of the city or finally decided to return to their home cities.

> I have been living in the area of Balizhuang throughout the years. Initially, we lived in the fourth block. When they began to demolish it, we started moving. The first was the eighth block, then ninth, one by one. Now we live in the sixth block of Balizhuang. Usually, when we were signing the contract, the landlords would tell us an estimated date of demolition. (CJA37, displaced vendor)

However, in addition to direct eviction, rural-urban migrants have faced new types of social exclusion after being displaced from the old neighbourhoods due to spatial commodification and formalisation in the inner city. Primarily, inner-city redevelopment aggregates a tenure-based social excision of migrants. Due to the public housing system of the socialist period, China's inner cities have historically contained a large proportion of affordable urban rental housing. Urban redevelopment is associated with a sharp decrease in affordable rental housing in the inner city, which subsequently contributes to the rise of homeownership of commercial real estate. According to census data, the percentage of the registered agricultural population residing in the urban districts of Chengdu decreased throughout the 2000s. However, the outskirts of the city witnessed an increase of 356 412 rural-urban migrants compared with an increase of 54 377 in the inner city (Population Census of Chengdu Municipality, 2000 and 2010).

Then, the new-build mode of urban redevelopment has caused displaced tenants to suffer from increasingly severe issues of employment displacement in the inner city. The rural-urban migrant interviewees either are self-employed or work in low-end service and retail jobs, such as selling agricultural products, clothing, etc. Many of these rural-urban migrants expressed a dependence on living and working in the old neighbourhoods (Wu, 2012). Accordingly, the mobility of these tenants is highly spatialised, and they are concentrated in different types of old neighbourhoods or in informal, less desirable places in the city (Wu, 2002; Li and Zhu, 2014). As a consequence of the increasing formalisation of commercial places, low-income migrants have faced an obvious compression of space in which they can compete for their livelihoods. Additionally, the new patterns of consumption have sent the informal, undeveloped sectors of the city into a downward spiral.

> For us, the businessmen, the spaces for setting up stalls are increasingly small. They were always demolishing them. After they demolished it, we would find an alternative. It is increasingly hard to find a proper place. You see, the Wusi Factory has been demolished, so has Fangzheng Road. Now it is the Caojia Alley. It is said after the reconstruction of the Caojia Alley, it will come here, to the Worker's Village. Everywhere is under demolition. I think they should give us some living spaces. (CJA42, displaced resident)

With all these concerns, low-income migrants often define urban redevelopment as a process of gentrification more than the other social groups in the old neighbourhoods, even though they have never used the term of gentrification. According to low-income migrants, urban redevelopment signifies the upgrading of the geography of consumption and residence, the luring of high-income consumers, and the constant displacement of the lowest classes. In the meantime, however, as the government has strengthened spatial governance and social control in the remaining old neighbourhoods of the inner city, the migrants tend to generally avoid participating in urban affairs, including resistance to urban redevelopment, due to a fear of being evicted by the street managers from the remaining old neighbourhoods.

CJA43: Now every market place is formalised. The rent of the formal market is too high. It is okay if the location is good. However, if not, you can hardly balance your rental cost. For example, if there were five or more people like us who sold fish in the formal market, it was too competitive. Especially, the formal market is often for only one community, and the consumers are too limited. The informal market is much better because it is located in the open street and serves communities all around. Now people living in the high-rise apartments are too lazy to go to this market. They like the shopping mall. They hope to buy cooked food and clean vegetables in the supermarket. It does not matter that the price would be one yuan higher than the fresh vegetables from the farmer.

Yang: So what do you think is the essential meaning of demolition and removal to you?

CJA43: Demolition means an increase in prices, everything, the house, the stalls, and the fish, the clothes, the vegetables. Everything goes up (CJA43, displaced vendor).

Despite these difficulties and predicaments, all of the informants counterintuitively indicated a low expectation forthe Chengdu urban hukou. A frequently mentioned motive for maintaining their rural hukou was the gains expected through property acquisition of their rural land and housing. However, an underlying reason offered by these tenants was the recognition of the de-linking of urban hukou and their housing opportunities in the city. This finding is confusing, as the assumption is that urban identity can improve one's housing opportunities in the city because public policies directly associate housing possession with the right of citizenship. A paradox emerged as residents explained, "If I can afford housing in the city, who cares about an urban hukou? If the government offers me an urban hukou, but I can still not afford housing, what's the use of the hukou?" (CJA42). From the perspective of migrants, housing availability and hukou status are not interconnected and do not mutually reinforce each other. Rather, the ability to reside in private housing in the city determines one's hukou status or, more succinctly, one's right to the city.

The experience of rural-urban migrants illuminates the existing process of gentrification in China. Moreover, through overwhelming endorsement of homeownership and the formalisation and commodification of urban spaces, urban redevelopment in China prompts a broader process-a process of changing mechanisms for creating social inequities for rural-urban migrants. Previously, inequality was derived from institutional marginalisation in the welfare assessment of rural-urban migrants based on the hukou registration system. Currently, however, inequalities of rural-urban migrants are worsened by consumption-based exclusion. Certainly, this is not to say that only rural-urban migrants experience consumption-based exclusion. This observation is related to a broader interpretation of the changes in social injustice that are emerging along with urban restructuring. Working class residents who, thus far, have not accepted a compensation plan are relevant to this discussion. Even for production workers who can benefit from urban redevelopment, consumption and displacement pressures have accompanied tenure changes and resettlement.

6 Conclusion

Rather than unquestioningly introducing gentrification into the Chinese context, this paper has identified three urban processes of, and attendant social outcomes concurrent with, the proceedings of inner-city redevelopment. The three processes include state-led urbanism (de) construction, working-class housing privatisation, and spatial formalisation and commodification. The significance of the three processes transcends the neighbourhood scale and should be thought of as part of the engineering of an urban transition. Accordingly, these urban processes result in cultural cleansing, place-induced social change and new types of inequities among working-class groups. Therefore, they extend far beyond physical displacement.

The purpose of this paper is to extract an actual gentrification process from these processes while stressing the contextualised characteristics of gentrification in China. I argue that although it intertwines with other categories of urban processes and multiple social meanings, a process of gentrification is emerging among the other types of urban processes and social meanings and is becoming a significant thread of inner-city redevelopment in China. This tendency is evidenced by increasingly uneven development between the redeveloped neighbourhoods and alternative places and the consumption-based social exclusion of those ill-suited or powerless to access the new urbanity.

Nevertheless, this is not to say that the three processes must be encompassed by anall-inclusive concept of gentrification. According to the revelations of urban and social processes along with urban redevelopment, I suggest that urban redevelopment yields broader meanings of urban transition and social modernisation in large Chinese cities. This is because urban redevelopment is accompanied by institutionalised transitions in urban regimes and capital creation, reconfiguration and reallocation of spatial resources, restructuring of social relations, construction of a consumer culture, and changing subjectivity in every life. This systematic transition can yield outcomes that support the poor in the short-term but subsequently encourage the rise of new inequalities and struggles. Additionally, although significant, urban redevelopment is still only a part of what promotes urban and social transitions. For instance, spatial commodification may accompany the reconstruction of a low-income housing system. Although to date the evidence indicates that the latter is inefficient (Huang, 2012), these conditions generate questions about the ascendancy of the gentrification process in Chinese contexts. Thus, gentrification scholarship shall be treated as one category of theoretical production empirically grounded in urban renewal, but it is by no means a concept large enough to encompass all the meanings and significance of urban renewal in China. In particular, gentrification adds powerfully to the criticism of social injustice and class-led urban change in urban redevelopment. It contributes to specifically theoretical perspectives and analytical components, which deserve to be illuminated in Chinese cities.

Based on this understanding, the paper also reveals the contextualised characteristics of gentrification in large Chinese cities. However, it is important to note that these contextualised characteristics are not necessarily the results of purely endogenous forces, but rather they may reflect different types of global-local relations. They should also not be treated as exclusive to China, as they may be useful in the generalisation of gentrification at a wider scale, where comparable conditions are identified. First, as the primary forces of gentrification shift to the state, with its authority and policy initiatives, gentrification in China is no longer simply an interaction between incoming gentrifiers and displacees.State-led gentrification complicates the process of gentrification, transforming it from a direct class invasion to a construction of new urbanism and attendant social dynamics. A defacto gentrification process in China is consolidated by two trends: first, the reformist ideas of the state that support housing privatisation and land capitalisation create placed-based privileges within the new urbanism. Second, urbanism has lured affluent consumers during China's post-reform period and spatially separated them from the mass society formed during the socialist period. In this case, it is the central nexus between the state, the new urbanism and social change (consumer class formation and working-class exclusion) in urban redevelopment that explains the direct cause and social effects of gentrification.

Second, in China, the operation of urban redevelopment is concomitant with compensation plans to address the housing losses of former occupants. However, due to fragmented property and tenure conditions, the compensation plans generate divergent outcomes for different tenure groups. On the one hand, this forces out some of the original residents through direct eviction, cultural marginalisation and enforced property acquisition. On the other hand, this compensation also greatly improves the housing conditions of some residents. In particular, a path-dependent institutional reform of the socialist housing system facilitates a pro-ownership policy for the danwei workers. Institutional embeddedness at the local level necessitates a fine-grained analysis of social power reconfiguration among all residents engaged in gentrification. Such an analysis must connect gentrification to institutional changes in property and tenure systems.

A final aspect of gentrification in China is still pertinent to the compensation plans. Up to a point, the existence of compensation plans for the working class may be treated as a process juxtaposed with gentrification, as it could produce contradictory results such as working-class homeownership or even the on-site resettlement of original residents. In discourses of the central government's policies, urban redevelopment is often discussed in tandem with tactics that aim at tackling low-income housing problems (State Council, 2013, p 25) . Since 2010, the central government has even considered giving rural-urban migrants the housing security of public rental housing (Huang and Tao, 2015) . These situations stress a relatively different, and perhaps more dynamic, set of state-society relations in China.

Because these relations are dynamic, the juxtaposed processes do not directly erase class conflicts but may signify the establishment of new realms of class conflict, as long as there is a tendency (on the part of the state and urban societies) to endorse housing commodification and homeownership. Then, gentrification studies in China should scrutinise the new shape of the housing system and the new mechanism of establishing social inequalities post-gentrification.Such studies should also examine whether the privatised cities will be pro-poor or at least improve life prospects among the urban poor. How will the results inform policy making as related to the low-income housing system? This requires a shift in our research agenda on class conflicts from measuring displacement to uncovering the reproduction of social inequities for the working class.

Funding

This work was supported by the UBC-China Scholarship Council Doctoral Scholarship（201206050015）plus a MITACS Global Link Research Award（IT06334）.

References

Butler T. 2007. For gentrification? Environment and Planning A, 39（1）: 162-181.

Chengdu Statistic Bureau. 2012. Tabulation on the Sixth Population Census of Chengdu Municipality 2010. Beijing: China Statistics Press.

China's National Bureau of Statistics. 2000. The fifth population census of Sichuan Province 2000. http: //chinadataonline. org/member/county2000/［2000-12-20］.

Davis D. 2006. Urban Chinese homeowners as citizen-consumers // Garon S, Maclachlan P. Eds. The Ambivalent Consumer（pp. 281-299）.Ithaca: Cornell University Press.

He S. 2010. New-build gentrification in central Shanghai: Demographic changes and socioeconomic implications. Population, Space, and Place 16（5）: 345-361.

He S. 2012. Two waves of gentrification and emerging rights issues in Guangzhou, China. Environment and Planning A, 44: 2817-2833.

He S, Lin G. 2015. Producing and consuming China's new urban space: State, market and society. Urban Studies, 52（15）: 2757-2773.

He S, Wu F. 2007. Socio-spatial impacts of property-led redevelopment on China's urban neighbourhoods. Cities, 24（3）: 194-208.

Hsing Y. 2010. The Great Urban Transformation: Politics of Land and Property in China. New York: Oxford University Press.

Huang Y. 2012. Low-income housing in Chinese cities: Policies and practices. The China Quarterly, 212: 941-964.

Huang Y, Tao R. 2015. Housing migrants in Chinese cities: Current status and policy design. Environment and Planning C: Government and Policy, 33（3）: 640-660.

Lees L, Shin H, López-Morales E. 2015. Introduction: "Gentrification" -a global urban process // Lees L, Shin H, López-Morales E. Eds. Global Gentrifications: Uneven Development and Disparity（pp.1-18）. Bristol, UK: Policy Press.

Lees L, Shin H, López-Morales E. 2016. Planetary Gentrification. Cambridge: Polity Press.

Ley D. 1996. The New Middle Class and the Remaking of the Central City. Oxford: Oxford University Press.

Ley D, Teo S Y. 2014. Gentrification in Hong Kong? epistemology vs ontology. International Journal of Urban and Regional Research, 38 (4): 1286-1303.

Li S M, Song Y. 2009. Redevelopment, displacement, housing conditions, and residential satisfaction: A study of Shanghai. Environment and Planning A, 41 (5): 1090-1108.

Li S M, Zhu Y. 2014. Residential mobility within Guangzhou city, China, 1990–2010: Local residents versus migrants. Eurasian Geography and Economics, 55 (4): 313-332.

Lin G C S. 2007. Chinese urbanism in question: State, society, and the reproduction of urban spaces. Urban Geography, 28 (1): 7-29.

Logan J R. 2004. Socialism, market reform, and neighbourhood inequality in urban China // Ding C, Song Y. Eds. Emerging Land and Housing Markets in China (pp. 233-248). Cambridge, MA: Lincoln Institute of Land Policy.

Ma L J C, Wu F. 2005. Restructuring the Chinese City. London, UK: Routledge.

Maloutas T. 2012. Contextual diversity in gentrification research. Critical Sociology, 38 (1): 33-48.

Pow C P. 2009a. Neoliberalism and the aestheticization of new middle-class landscapes. Antipode, 41 (2): 371-390.

Pow C P. 2009b. Gated Communities in China: Class, Privilege and the Moral Politics of the Good Life. London: Routledge.

Pow C P, Kong L. 2007. Marketing the Chinese dream home: Gated communities and representations of the good life in (post-) socialist Shanghai. Urban Geography, 28 (2): 129-159.

Ren H. 2013. The Middle Class in Neoliberal China: Governing Risk, Life-Building, and Themed Spaces. New York: Routledge.

Shih M. 2010. The evolving law of disputed relocation: Constructing inner-city renewal practices in Shanghai, 1990–2005. International Journal of Urban and Regional Research, 34 (2): 350-364.

Shin H. 2009a. Residential redevelopment and the entrepreneurial local state: The implications of Beijing's shifting emphasis on urban redevelopment policies. Urban Studies, 46 (13): 2815-2839.

Shin H. 2009b. Life in the shadow of mega-events: Beijing Summer Olympiad and its impact on housing. Journal of Asian Public Policy, 2 (2): 122-141.

Shin H. 2013. The right to the city and critical reflections on China's property rights activism. Antipode, 45 (5): 1167-1189.

Shin H. 2016. Economic transition and speculative urbanisation in China: Gentrification versus dispossession. Urban Studies, 53 (3): 471-489.

Shin H, Li B. 2013. Whose games? The costs of being "Olympic citizens" in Beijing. Environment and Urbanisation, 25 (2): 559-576.

Shin H, Lees L, López-Morales E. 2016. Introduction: Locating gentrification in the Global East. Urban Studies, 53 (3): 455-470.

Slater T, Curran W, Lees L. 2004. Gentrification research: New directions and critical scholarship. Environment and Planning A, 36（7）: 1141-1150

State Council of the People's Republic of China. 2001. Regulation on the Demolition of Urban Houses, No. 305. http: //www.gov.cn/gongbao/content/2001/content_60912.htm［2001-12-20］.

State Council of the People's Republic of China. 2011.Ordinance of Housing Conveyance and Compensation On State-Owned Land, No. 590. http: //www. gov. cn/zwgk/2011-01/21/content_1790111.htm［2011-12-20］.

State Council of the People's Republic of China. 2013. Opinions on accelerating the shantytown renewal, No. 25. http: //www. gov. cn/zwgk/2013-07/12/content_2445808.htm［2013-12-20］.

Tomba L. 2005. Residential space and collective interest formation in Beijing's housing disputes. The China Quarterly, 184: 934-951

Wang Y P, Wang Y, Bramley G. 2005. Chinese housing reform in state-owned enterprises and its impacts on different social groups. Urban Studies, 42（10）: 1859-1878.

Wu F. 2004a. Residential relocation under market-oriented redevelopment: The process and outcomes in urban China. Geoforum, 35（4）: 453-470.

Wu F. 2004b. Urban poverty and marginalization under market transition: The case of Chinese cities. International Journal of Urban and Regional Research, 28（2）: 401-423.

Wu F, 2012. Neighbourhood attachment, social participation, and willingness to stay in China's low-income communities. Urban Affairs Review, 48（4）: 547-570.

Wu F, Zhang F, Webster C. 2012. Informality and the development and demolition of urban villages in the Chinese peri-urban area. Urban Studies, 50（10）: 1919-1934.

Wu W. 2002. Migrant housing in urban China: Choices and constraints. Urban Affairs Review, 38（1）: 90-119.

Wyly E, Hammel D. 1999. Islands of decay in seas of renewal: Housing policy and the resurgence of gentrification. Housing Policy Debate, 10（4）: 711-771.

Zhang L. 2004. Forced from home: Property rights, civic activism, and the politics of relocation in China. Urban Anthropology, 33（2-4）: 247-281.

Zhang L. 2006. Contesting spatial modernity in late-socialist China. Current Anthropology, 47（3）: 461-484.

Zhang L. 2010. In Search of Paradise: Middle-Class Living in a Chinese Metropolis. New York: Cornell University Press.

Zhang Y, Fang K. 2004. Is history repeating itself? From urban renewal in the United States to inner-city redevelopment in China. Journal of Planning Education and Research, 23（3）: 286-298.

北京市郊区空间发展与郊区活动空间

申 悦 柴彦威

摘 要 在中国城市快速郊区化过程中，郊区的建成环境、住房类型、社会群体等方面的异质性不断凸显，城市空间组织形式变化所导致的城市问题不断涌现，需要更多聚焦于郊区的研究，并加强对其中人的关注。本研究以北京为例，首先从空间的视角出发，概述了近年来北京市的城市空间扩张过程，以及郊区人口、住房、产业、商业设施等要素的空间发展。研究显示郊区的各类要素不断增加和完善，四环至六环之间成为近年来郊区空间发展最为迅速的地域。然后，本研究从人的视角出发，以北京市上地－清河地区为例，利用居民一周的活动日志与 GPS 轨迹数据，刻画并分析郊区各类人群的活动空间特征。根据样本的居住地与就业地是否位于该地区内将样本分为三类，分析不同群体的通勤、购物及休闲空间，研究显示三类人群在社会经济属性、通勤、购物、休闲方面均具有显著的差异性。研究反映了北京的郊区空间正在不断走向复杂化和成熟化。

关键词 郊区；物质空间；活动空间；GPS 数据；北京

1 引言

随着中国郊区化的发展，旧城改造的逐步推进、政府在郊区进行的大型住宅开发项目、土地和住房改革深化后郊区商品房的开发、居民对住房条件改善的需求和居住观念的改变进一步促进了居住的郊区化（冯健等，2004；李祎等，2008）；城市土地有偿使用制度的建立、城市产业升级的需求、城市环境门槛的提高、企业自身发展的需要促进了制造业郊区化幅度的不断提高（周一星和孟延春，1998）；伴随着居住郊区化产生的需求，具有一定价格优势、并对用地空间有较大需求的大型购物中心和超市在郊区逐渐发展壮大；以 Office Park 为载体的

作者单位：申悦，华东师范大学中国现代城市研究中心；柴彦威，北京大学城市与环境学院。

办公活动在北京、上海等特大城市出现（陈叶龙和张景秋，2010）。中国城市郊区空间的内涵越来越丰富，与城市空间相互作用，构成了都市区空间的重要组成部分。

与北美、欧洲或第三世界国家的城市相比，当代中国的郊区功能相对多样、复杂（Zhou and Logan，2008）。20 世纪 80 年代以来，中心区大规模的更新、改造迫使居民外迁到郊区，郊区豪华别墅和"门禁社区"（gated communities）的建设导致有车族的增长，同时，大量的流动人口也在向郊区集聚。中国大城市不断加剧的郊区化进程，将郊区变成了高度异质化的社会空间，封闭社区、拆迁安置社区、开发区等在空间上相互邻近而又彼此隔离（魏立华和闫小培，2006）。在这样高度异质化的郊区空间中形成了多元化的社会群体，包括不同时期从不同地点（城市迁出、就地非农化、远郊迁入、外地迁入居民）基于不同的原因（随就业郊迁、保障性住房安置、拆迁安置、为改善住房主动郊迁、拥有二套住宅的季节性郊迁居民）迁居至郊区的居民，以及在郊区就业的居民（非本地居住的郊区就业者、外来务工人员）。郊区空间的异质性及郊区社会群体的多样性使得郊区问题变得复杂，需要立足郊区，将其作为具有异质性的空间展开研究。

在中国城市快速郊区化过程中，城市空间组织方式发生了剧烈的变化，城市空间由计划经济体制下以职住接近为特色的单位模式向市场经济主导下职住分离的郊区化模式转变，产生了一系列的城市问题。对于居民而言，可能引起通勤时间的增加及生活质量的下降，甚至影响家庭内部分工及家庭成员关系（柴彦威，张艳，2010）。对于城市而言，长距离通勤的增加可能引发交通拥堵及环境问题（马静等，2011），郊区空间的异质性及不同居民移动能力的差异则可能引发隔离、不公平等社会问题。这些问题的产生在一定程度上是由于已有的对于中国城市郊区的规划和研究中对于"人"的关注的不足。本研究以北京为例，将空间的视角和人的视角相结合，从人口、产业、商业设施等要素出发理解北京市的郊区空间及其发展，基于一周的日志调查数据理解郊区中各类人群的活动空间。

2　北京市郊区空间发展

北京是中国最早基于实证研究提出郊区化进程开始的城市，也是中国郊区化进程最典型、程度最剧烈、受到关注最多的城市之一。周一星指出北京在1982 ～ 1990 年进入郊区化过程，开启了对于中国城市郊区化和郊区空间的研究

（周一星，1996）。位于华北平原的区位使北京具有扩张的可能，在国家的产业搬迁、卫星城建设、土地与住房改革等引导，以及城市扩张的自身需求的共同作用下，北京经历了 20 多年的郊区空间快速发展与"摊大饼"式的城市扩张，人口、产业、服务设施、交通等各类要素不断在郊区集聚，郊区空间乃至整个都市区空间都已发生了剧烈的变化。由于北京市郊区化进程与郊区空间的典型性、代表性与复杂性，本研究选取北京作为案例城市进行郊区空间的研究。

北京经历了快速的城市化过程，1949 年以前，北京的城市建成区基本在内外城墙（二环路）以内（方修琦等，2002）。到 20 世纪 70 年代，除了一些在郊区新建工业区相应形成的居住区外，城市居住区主要在二环至三环之间由内向外逐步发展，集就业、居住和服务于一地的"单位大院"成为城市空间的基本构成要素（顾朝林，1999；马清裕和张文尝，2006）。改革开放之后，北京的城市化进入了快速发展阶段，从 20 世纪 80 年代到 1995 年，中心建成区面积增加了近两倍，随着二环、三环和四环路部分路段的全面贯通，城市中心区的边缘也进一步向四周扩张。到了 2000 年，北京的城市边界扩展到四环以外、五环附近，北京的北部和南部差异显著，北四环附近已经十分繁华，但南三环外的发展仍非常滞后。2000 年后，大量的城市基础设施建设使得交通路网进一步完善，环线和轨道交通建设加快，开发区和大型居住区扩展，城区边界不断外扩。城市道路方面先后实现了四环路、五环路和六环路的通车；轨道交通方面形成了"中心成网、外围成轴"的轨道交通网格局。为了进一步疏散中心城的产业和人口，促进人口向新城和小城镇集聚，北京市确立了"两轴—两带—多中心"的城市空间结构，规划建设通州、顺义、亦庄等 11 个新城，北京城市周边区域的吸引力不断上升（柴彦威和塔娜，2009）。

近年来，随着土地和住房改革的深化，北京市的郊区化不断加速，除人口和工业以外，各类要素均开始在郊区集聚，郊区空间不断复杂化和成熟化（周一星，1999；周一星和孟延春，1998）。

2.1　郊区人口不断增加

1990 年以后，北京的郊区化出现主动型与被动型共存的新特征，人口郊区化的速度和范围增加，居民开始追求良好的自然环境和宽阔的居住空间而主动向郊区迁移（冯健等，2004）。2000 年以后，北京市的郊区人口进一步增加，尤其在郊区兴建的巨型居住区和郊区新城快速扩张，吸引了大量人口在该区域居住。

根据第五次和第六次人口普查街道尺度的常住人口数据，得到 2010 年北京市分街道的人口密度分布及 2000 ~ 2010 年分街道的人口增长率分布（图 1）。从人口密度的分布看，二环至四环之间已成为人口高密度区域，西北部地区许多街道的人口密度已经达到 2 万人 / 千米² 以上，而五环外的部分地区，如天通苑、上地 – 清河地区，人口密度也已经在 1 万人 / 千米² 以上。从人口增长率的分布看，五环至六环之间是近十年来人口的快速增长区，其中又以北部和东南部地区增速最快，上地、天通苑、回龙观、亦庄等地区近十年的增长率达到 200% 以上。

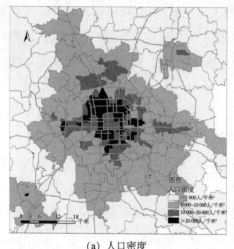

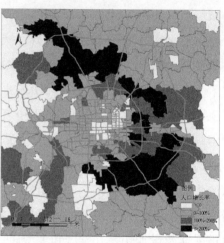

(a) 人口密度　　　　　　　　　(b) 2000 ~ 2010 年人口增长

图 1　2010 年北京市分街道人口密度与增长率分布

资料来源：根据北京市第五次、第六次人口普查数据绘制

2.2　郊区兴建了大量居住区，居住空间呈现微观上隔离和宏观上混杂的特征

1990 年后，"住宅郊区化"深入人心，许多房地产开发商将其视作一种基本的城市居住理念进行宣传甚至炒作，利用低密度的居住环境和生活方式吸引居民到郊区居住；1998 年年底，以回龙观、天通苑、建东苑等为代表的 19 个首批经济适用房项目获得批准，逐渐在北京市郊区，尤其是远郊形成巨型的郊区居住区；郊区的商品房和经济适用房的开发成为郊区居住空间发展的主要形式（冯健等，2004；李祎等，2008）。此外，计划经济时期基于职业和行业的社会空间分异也开始出现变化，经济因素开始成为居住空间分异的重要因素，居住隔离开始出现，都市区商品住宅价格呈现出圈层式递减、扇面结构及北高南低的特征。与

西方国家有所不同，在计划经济的惯性和市场机制的共同作用下，北京的居住空间分异呈现出微观上隔离和宏观上混杂的特征：富裕的阶层在郊区的高档别墅区和市中心的高级公寓；低收入家庭只能选择交通不大便利、价格便宜的郊区经济适用房；外来人口和低收入人口则在城市边缘的城中村或是旧城亟待改造的棚户区（Huang，2005）。而在郊区，居住空间呈现出高档商品房、经济适用房、城中村共存而又相对隔离的特征。

2.3　郊区开发区承接了外迁的制造业和新兴的高新技术产业

1990 年以来，北京市对于污染企业搬迁和治理的力度加大，使得市区污染扰民企业向外迁移；城市土地有偿使用制度的建立导致城区土地"退二进三"式的功能置换，对工业郊区化起到较大的推动作用；企业为了满足自身发展需求开始主动搬出市区；而郊区众多开发区开始兴建，成为承接工业外迁的重要空间载体，引领制造业不断向开发区集聚（冯健等，2004；郑国和周一星，2005）。与此同时，由于新兴的高兴技术产业是北京市设立开发区的主要宗旨，在郊区空间中的比重不断加大（郑国和邱士可，2005）。与全国的"开发区热"类似，20 世纪 90 年代后北京市的开发区也出现了数目过多、布局不合理、土地利用效率低下等问题。经过清理整顿后，到 2011 年，北京市保留 3 个国家级（包括中关村国家自主创新示范区、北京经济技术开发区和北京天竺综合保税区）和 16 个市级开发区。

2.4　郊区大型购物中心兴起，商业设施不断完善

近年来大型购物中心或大型超市在北京市郊区迅速兴起并快速发展。主要是由于：一方面，大型综合超市及仓储式超市要求较大的用地空间，郊区相对较低的土地租金符合其低成本的需求；另一方面，随着人口与居住的郊区化，郊区空间中的购物需求逐渐增加，而郊区大型超市相对低廉的价格及日渐便利的交通吸引了居民在此消费（冯健等，2004；龙韬和柴彦威，2006）。北京市超市、便利店、仓储式商场等商业业态不断发展，郊区居住区附近的商业设施也不断完善。从 2010 年北京市商业设施密度的分布看，北京市的商业设施分布基本呈现由内城向外圈层递减的特征，二环附近是商业设施高度集中的地区；四环以内的商业设施已经相当完善；四环至六环之间的主要居住区（如清河地区、亦庄地区），

都有相当数量的商业设施分布；六环外的商业设施主要聚集在郊区城或重点镇附近（图2）。

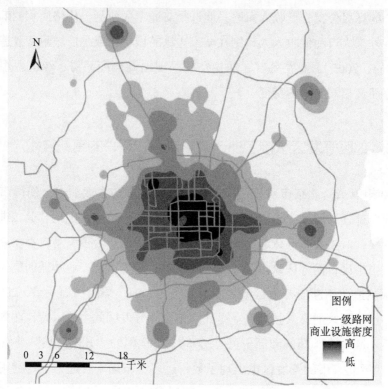

图2　2010年北京市商业设施密度的空间分布

资料来源：根据北京市商业设施 POI 数据绘制

3　北京市郊区活动空间

3.1　案例地区与研究数据

通过对北京市郊区空间的基本特征和发展过程的分析可以发现，近年来四环至六环之间已成为郊区空间发展最为迅速的地域。本研究选取位于五环至六环之间的上地－清河地区作为研究案例（图3）。该地区位于北京市海淀区中东部，属于以居住职能为主的城市边缘集团（清河地区）与高新技术产业园（上地地区）的混合地区，占地约16千米²，常住人口约24万、就业人口约14万。

该地区覆盖了传统工业区、新兴产业开发区及单位社区、政策性住房社区、商品房社区、城中村等多种建设年代和开发模式的居住区，是北京西北部大型综合性边缘组团、重要的郊区就业中心与居住组团。过境的高速公路、城铁将上地－清河地区与邻近的城市功能组团（如中关村城市就业中心、回龙观巨型社区等）及中心城区相连，为地区带来巨大的过境交通流。此外，在上地－清河地区就业的职工大多不具有在本地区购房的能力，同时部分居住在该地区的居民在中心城区或其他地区就业，职住空间错位的现状进一步加剧了地区交通压力。该地区作为北京郊区快速城市化地区与交通流节点，有较好的典型性与研究价值。

图 3　上地－清河地区区位

本研究数据主要来源于 2012 年 9～12 月北京大学行为地理学研究小组在北京上地－清河地区实施的北京居民日常活动与交通出行调查的第一手资料。由于该地区同时包含大量的居住区和就业岗位，调查分别针对除城中村、部队大院外的 23 个社区的居民，以及上地信息产业基地 19 个典型企业的就业者进行抽样。调查通过向被调查者发放定位设备，并结合互动式调查网站和面对面及电话访谈等方式开展，通过社区居委会和企业抽取 791 个样本，每个样本的调查持续时间为一周，调查内容包括样本的社会经济属性、样本一周的活动日志及 GPS 轨迹。最终获得有效样本 709 个，有效率为 89.63%，其中社区有效样本 480 个，企业有效样本 229 个，基本与该地区的居住与就业人口比例相符。

3.2　样本群体分类及其社会经济属性

在获取的有效样本中，社区样本主要居住在上地－清河地区，其中有少量居民在该地区就业；而企业样本均在上地－清河地区就业，有部分样本在该地区居住。本研究根据样本的居住地与就业地是否在上地－清河地区内将所有样本分为三类：第一类为居住和就业均在上地－清河地区的样本，第二类为居住在该地区而在北京市的其他地区就业的样本，第三类为在该地区就业而居住在其他地区的样本。本研究通过对郊区中这三类群体活动空间特征的分析及对比，理解北京市的郊区空间。

基于 GPS 定位数据，分别提取样本的居住地与就业地，去除居住或就业地空间信息缺失的样本，本研究共获得有效样本 611 个，其中职住均在上地－清河内的样本为 135 个，占样本总体的 22.1%；居住在上地－清河地区在外就业的样本为 290 个，占样本总体的 47.5%；在上地－清河地区就业在外居住的样本为 186 个，占样本总体的 30.4%。在所有居住在上地－清河地区的样本中，31.8% 的居民在该地区就业；而在所有在上地－清河地区就业的样本中，42.1% 的就业者在该地区居住。

对各类样本的社会经济属性进行统计（表 1），可以发现三类群体的社会经济属性具有显著差异。样本中女性略多于男性，平均年龄在 35 岁左右，其中在该地区就业的样本年龄显著偏低。样本总体中有北京户口的样本约占 70%，其中在该地区居住的样本中非北京户籍样本仅为 12%，而在该地区就业的样本中非北京户籍样本高达 67%。样本总体的受教育程度相对较高，具有本科及以上学历的样本比例超过 50%，其中在该地区就业样本的本科及以上学历比例偏高。样本总体中约有 75% 为已婚样本，其中在该地区居住的样本中已婚率高达 90%，平均家庭人数为 3.2，而在该地区就业的样本已婚比例相对较低，平均家庭人数仅为2.1。在个人驾照和家庭小汽车数量方面，居住在该地区的样本驾照拥有率和家庭的小汽车数量均较高，在该地区就业的样本驾照拥有率和家庭小汽车数量均较低，而职住均在该地区样本的家庭小汽车数量接近样本总体的平均水平，但由于其职住相对接近不需要开车通勤，其驾照拥有率相对较低。在职业和收入方面，约 90% 为全职工作样本，其中在该地区就业样本中中等收入比例最高，而在该地区居住样本中高收入比例最高。在住房属性方面，67% 的样本拥有自己的住房，平均居住年限为 7.5 年，其中在该地区就业样本的房屋自有率仅为 35%，且不到 6 年的平均居住年限显著低于另外两类群体。

可见，尽管该地区的住房类型多样，但由于以商品房为主，在该地区居住在外就业的样本中，有北京户口、高收入、已婚、住房自有的样本比例较高；上地地区的信息技术产业园提供了大量的就业岗位，在该地区就业在外居住的样本年龄偏低、学历偏高，样本中无北京户口、单身、无驾照、租赁房屋、居住年限较少的比例较高；职住均在该地区样本的特征接近样本总体的平均水平，但由于职住接近，拥有驾照的比例相对偏低。

表 1　郊区中不同群体样本的社会经济属性

	类别	职住均在上地－清河内		居住在上地－清河内，在外就业		在上地－清河内就业，在外居住		样本总体	
		N	百分比/%	N	百分比/%	N	百分比/%	N	百分比/%
分类变量	总体	135	100.0	290	100.0	186	100.0	611	100.0
	性别 男性	63	46.7	144	49.7	77	41.4	284	46.5
	女性	72	53.3	146	50.3	109	58.6	327	53.5
	户口 北京户口	104	77.0	255	87.9	61	32.8	420	68.7
	非北京户口	31	23.0	35	12.1	125	67.2	191	31.3
	教育程度 本科以下	60	44.4	144	49.7	62	33.3	266	43.5
	本科及以上	75	55.6	146	50.3	124	66.7	345	56.5
	婚姻状况 单身	29	21.5	28	9.7	93	50.0	150	24.5
	已婚	105	77.8	261	90.0	92	49.5	458	75.0
	驾照 有	48	35.6	136	46.9	59	31.7	243	39.8
	无	87	64.4	154	53.1	127	68.3	368	60.2
	就业状况 全职工作	125	92.6	237	81.7	180	96.8	542	88.7
	其他	10	7.4	53	18.3	6	3.2	69	11.3
	收入 低收入（＜2000元）	27	20.0	54	18.6	17	9.1	98	16.0
	中等收入（2000～6000元）	86	63.7	162	55.9	132	71.0	380	62.2
	高收入（＞6000元）	22	16.3	74	25.5	37	19.9	133	21.8
	房屋产权 自有	87	66.4	240	87.6	63	35.4	390	66.9
	租赁	44	33.6	34	12.4	115	64.6	193	33.1
		均值	标准差	均值	标准差	均值	标准差	均值	标准差
连续变量	年龄	36.49	9.54	36.87	8.81	29.40	6.97	34.51	9.11
	家庭人数	2.80	1.11	3.20	1.06	2.12	1.09	2.78	1.17
	小汽车数量	0.54	0.59	0.72	0.57	0.41	0.58	0.58	0.59
	居住年限	8.82	7.27	9.91	7.74	5.61	6.71	8.35	7.56
	职住距离	1.42	1.03	10.42	7.13	10.19	10.28	8.12	8.44

3.3　各类群体的通勤特征

在 ArcGIS 中将每个居民的居住地与就业地用直线进行连接，得到每个样本的职住连线及整体的通勤格局，分别对三类样本进行职住距离统计及职住格局分析［表1，图4（a），图5（a）］。为了更好地反映不同类型群体的通勤格局，分别对居住在上地－清河内在外就业样本的就业地和在上地－清河内就业在外居住样本的居住地进行核密度分析（Kernel Density Analysis），并分析各类样本职住连线的线性方向平均值（Linear Directional Mean），得到样本的平均通勤方向[图4（b），图5（b）]。

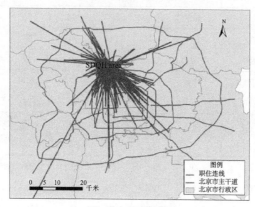

（a）样本的通勤格局

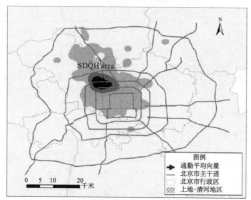

（b）样本的居住地分布与通勤方向

图4　居住在上地－清河内在外就业样本的通勤格局与通勤方向

从样本的职住直线距离看，样本总体的平均职住距离为 8.12 千米，职住距离在 10 千米以下的居民达到 60% 左右，只有 10% 左右的居民通勤距离在 20 千米以上。其中，职住均在该地区样本的平均通勤直线距离仅为 1.42 千米，职住非常接近；而在该地区居住在外就业和在该地区就业在外居住样本的平均职住距离均为 10 千米左右，其中在该地区居住样本的平均职住距离略长，而在该地区就业样本职住距离的标准差略大，及样本间职住距离的差异较大。

从样本的通勤格局与通勤方向看，居住在上地－清河内在外就业的居民主要向内城方向进行通勤，而南部的中关村地区是最主要的就业区域，也有部分居民在四环内长安街以北地区及上地－清河地区西北就业，因此南、东南和西北为

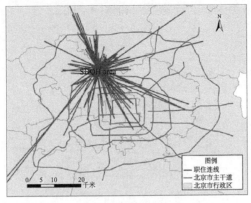

（a）样本的通勤格局

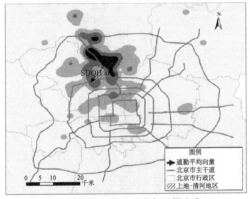

（b）样本的居住地分布与通勤方向

图5　在上地－清河内就业在外居住样本的通勤格局与通勤方向

居民主要的通勤方向，但平均方向为向南。在上地－清河地区就业在外居住的就业者主要由东部和北部向该地区进行通勤，主要由于有相当大比例的就业者居住在回龙观等京北大型居住区内，另外也有少量居民居住在北二环至北四环之间，向该地区进行逆向通勤，因此通勤方向主要为东北和南部向该地区的通勤，平均方向为西南向。可见，该地区的职住空间错位较为明显，在通勤早高峰阶段，大量的居民向内城方向通勤，而大量的通勤者自东北和南部涌入该地区，造成了东北部和南部道路的交通拥堵较为严重。

3.4　各类群体的购物与休闲活动特征

将样本一周的活动日志与 GPS 轨迹相匹配，提取每个活动的空间位置信息。由于就业地在一定程度上反映了工作活动的空间分布，本研究在此基础上聚焦非工作活动，分别对三类样本的购物与休闲活动在空间上进行核密度分析（图6~

图8），理解郊区中各类人群的购物空间和休闲空间。

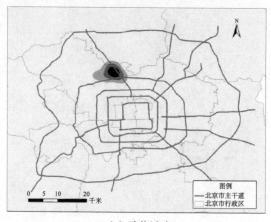

（a）购物活动

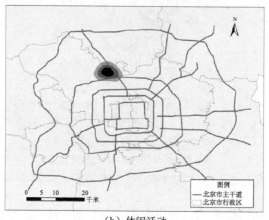

（b）休闲活动

图6　职住均在上地－清河内样本的购物与休闲活动分布

　　对于职住均在上地－清河内的样本，其职住非常接近，日常活动的空间范围相对集中，购物与休闲活动也主要在上地－清河地区内部，反映了该地区的购物与休闲设施基本能够满足此类群体的日常需求（图6）。居住在上地－清河内在外就业样本，其购物活动相对集中，主要在上地－清河内，在主要的就业地中关村地区和内城CBD地区也有一定的购物活动分布；休闲活动的分布趋势与购物活动相似，沿居住地和主要的就业地向外扩散，但其分布更加分散，在西北部二环至六环之间均有相当比例的休闲活动分布（图7）。在上地－清河内就业在外居住样本，其购物活动的空间分布相对分散，主要的购物地点位于北京西北部三环至六环之间，包括主要居住地回龙观地区附近的商业中心及中关村地区，

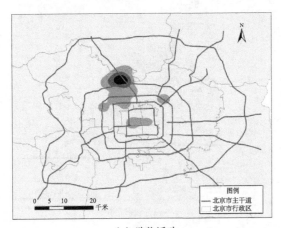

（a）购物活动

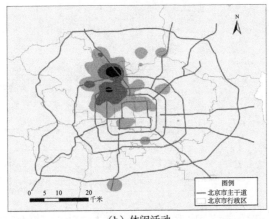

（b）休闲活动

图 7　居住在上地 - 清河内在外就业样本的购物与休闲活动分布

而在其就业地上地 - 清河地区以及内城 CBD 区域仅有少量购物活动分布；休闲活动则相对集中在就业地上地 - 清河地区附近（图 8）。

随着近年来郊区购物休闲等各类设施的不断完善，郊区中的各类群体不必进入内城就能满足其日常需求，而北京市西北部的上地 - 清河地区、中关村地区、回龙观地区已逐渐成为主要的购物休闲次中心。对于上地 - 清河地区中的各类群体而言，居住者的购物活动和就业者的休闲活动主要集中在该地区内部，而居住者的休闲活动和就业者的购物活动相对分散，即购物活动与居住地的关系更加密切，而休闲活动与工作地的关系更加密切。

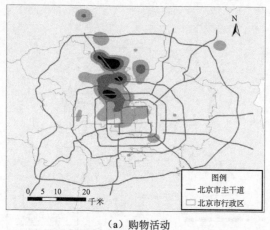

（a）购物活动

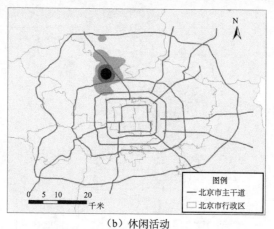

（b）休闲活动

图8　在上地-清河内就业在外居住样本的购物与休闲活动分布

4　结论与讨论

在中国城市快速郊区化过程中，郊区的建成环境、住房类型、社会群体等方面的异质性不断凸显，需要更多聚焦于郊区的研究，而不仅仅是关注郊区化的过程。同时，郊区化中城市空间的组织形式发生改变，职住分离程度的不断增加在一定程度上导致了交通拥堵等城市问题的出现，也可能引发生活质量下降、社会公平等社会问题，因此郊区研究需要加强对其中人的关注。本研究以北京为例，首先从空间的视角出发，概述了近年来北京市的城市空间扩张过程，以及郊区中人口、住房、产业、商业设施等要素的空间发展；进而从人的视角出发，以北京市上地-清河地区为例，利用居民一周的活动日志与GPS轨迹数据，通过分析郊区中不同群体的通勤、购物及休闲空间，透视郊区活动空间。

研究显示，近年来北京市郊区的人口不断增加；兴建了大量居住区，居住空间呈现微观上隔离和宏观上混杂的特征；位于郊区的开发区承接了内城外迁的制造业和新兴的高新技术产业；郊区大型购物中心逐渐兴起，商业设施不断完善；北京市的四环至六环之间成为近年来郊区发展最为迅速的地域。

研究以上地-清河地区为例，根据样本的居住地与就业地是否位于该地区内将样本分为三类，这三类人群的社会经济属性和活动空间特征都显示出显著的差异性。职住均在上地-清河地区的样本由于其职住非常接近，驾照拥有率相对较低，非工作活动的活动空间也相对集中在家附近。居住在上地-清河地区而在外就业的居民中，有北京户口、高收入、已婚、住房自有的样本比例较高；主要向内城方向进行通勤，而南部的中关村地区是最主要的就业区域；购物活动主要在居住地附近，休闲活动相对分散。在上地-清河地区就业而在外居住的居民中，受到该地区产业类型的影响，以年轻、高学历、无北京户口、无房的单身白领为主要群体；主要居住在该地区以东和以北，以回龙观为主要的居住地；该群体的购物活动相对分散而休闲活动主要集中在就业地附近。可以推测北京市的郊区居民更倾向于在居住地附近进行购物活动而在就业地附近进行休闲活动。

在经历了二十几年的郊区化进程后，北京的郊区空间正在不断走向复杂化和成熟化。各类要素不断在郊区中集聚，郊区空间的异质性在各方面逐渐凸显。在物质环境方面，表现为土地利用破碎化、设施分布不均；在住房类型方面，表现为商品房、回迁房、单位住房、经济适用房在空间上相互邻近而又相对隔离；而在行为方面，表现为不同类型群体之间的行为差异。同时，郊区空间也在不断成熟化，居民除了在郊区居住，也有相当比例的人群在郊区就业，并且各类群体的日常购物、休闲活动也在郊区中发生，郊区空间已成为郊区居民和就业者日常生活空间的一部分。而当北京市的郊区空间进一步完善后，郊区中各类群体对于城区空间的依赖性将大大降低，在郊区形成具有综合性职能的城市次中心。

致谢

本研究获得国家自然科学基金青年项目（41501180），国家自然科学基金面上项目（41571144），国家自然科学基金海外及港澳学者合作研究基金项目（41529101）联合资助。

参考文献

柴彦威，张艳.2010.应对全球气候变化,重新审视中国城市单位社区.国际城市规划,（1）：20-23，46.

柴彦威，塔娜.2009.北京市60年城市空间发展及展望.经济地理,（9）：1421-1427.

陈叶龙，张景秋.2010.郊区办公活动的区位影响因素分析——以北京市亦庄为例.首都师范大学学报（自然科学版）,（6）：69-73.

方修琦，章文波，张兰生，等.2002.近百年来北京城市空间扩展与城乡过渡带演变.城市规划,（4）：56-60.

冯健，周一星，王晓光，等.2004.1990年代北京郊区化的最新发展趋势及其对策.城市规划,（3）：13-29.

顾朝林.1999.北京土地利用/覆盖变化机制研究.自然资源学报,（4）：307-312.

李祎，吴缚龙，费尔普斯N.2008.中国特色的"边缘城市"发展：解析上海与北京城市区域向多中心结构的转型.国际城市规划,（4）：2-6.

龙韬，柴彦威.2006.北京市民郊区大型购物中心的利用特征——以北京金源时代购物中心为例.人文地理,（5）：117-123.

马静，柴彦威，刘志林.2011.基于居民出行行为的北京市交通碳排放影响机理.地理学报,（8）：1023-1032.

马清裕，张文尝.2006.北京市居住郊区化分布特征及其影响因素.地理研究,（1）：121-130，188.

魏立华，闫小培.2006.大城市郊区化中社会空间的"非均衡破碎化"——以广州市为例.城市规划,（5）：55-60，87.

张艳，柴彦威.2009.基于居住区比较的北京城市通勤研究.地理研究,（5）：1327-1340.

郑国，邱士可.2005.转型期开发区发展与城市空间重构——以北京市为例.地域研究与开发,（6）：39-42.

郑国，周一星.2005.北京经济技术开发区对北京郊区化的影响研究.城市规划学刊,（6）：23-26，47.

周一星.1996.北京的郊区化及引发的思考.地理科学,（3）：7-15.

周一星.1999.对城市郊区化要因势利导.城市规划,（4）：13-17，64.

周一星，孟延春.1998.中国大城市的郊区化趋势.城市规划汇刊,（3）：22-27，64.

Huang Y. 2005. From work-unit compounds to gated communities：Housing inequality and residential segregation in transitional Beijing//Laurence J C Ma，Wu F L. Eds. Restructuring the Chinese Cities：Changing Society, Economy and Space. London：Routledge.

Zhou Y, Logan J R. 2008. Growth on the edge：The new Chinese metropolis//Logan J R. Ed. Urban China in Transition. Warwickshire：Blackwell Publishing Ltd.

The Development of Suburban Space and Suburban Activity Space in Beijing

Shen Yue[1], Chai Yanwei[2]

（1. Center for Modern Chinese City Studies, East China Normal University, Shanghai 200062, China. 2.College of Urban and Environmental Sciences, Peking University, Beijing 100871, China）

Abstract　In the rapid process of suburbanization of Chinese cities, the heterogeneity of built environments, housing types, social groups in suburbs emerge gradually, and the urban problems which are caused by the transformation of urban space organization increase continuously. It is important to focus on not only suburbanization but also suburbs, and pay more attention to people and individuals. This paper took Beijing as a study case, describing the recent urban expansion process and the development of population, housing, industry, commercial facilities and other factors in Beijing from a spatial perspective. The facts show that various types of factors increase and improve constantly in Beijing suburbs, and the area between the fourth ring road and the sixth ring road developed the most fast recently. Then this paper took the Shangdi-Qinghe area in Beijing as the study area, using one week activity dairy and GPS trajectory data of residents and employees to delineate and analyze activity space of various types of people from a people perspective. We classified all the respondents into three types according to whether the residential area and employment area of each respondent was in Shangdi-Qinghe area, and analyzed the commuting, shopping and recreation space of different groups. The results show that the suburban space of Beijing has been moving towards more and more complex and mature, and there are significant differences in socio-economic attributes and activity spaces among various groups in suburbs.

Keywords　suburb; physical space; activity space; GPS data; Beijing

混居还是分开

——来自居住小区尺度的混居模式调研

钱志佳　陈小兵　何　丹

摘　要　住房体制改革和市场经济改革背景下，我国社会阶层分化，城市居住空间日益分异。鉴于社会融合的诉求，欧美盛行的混居模式引入中国实践。以绍兴市天镜南苑为研究对象，通过问卷和访谈获取数据，运用逻辑回归方法，分析居民的满意度、迁居意愿及社区交往，评价居住小区尺度上"大混居小分异"模式的社会效应。结果表明，"大混居小分异"模式虽然实现了空间上的混合，但居民社会交往浅层化，未能改善低收入群体的社会网络和经济地位，并未产生预期的社会融合效应。

关键词　大混居小分异；居住小区尺度；社会融合；社区交往

1　引言

"居者有其屋"古已有之，住房乃生存必需。住房问题一直是关系社会和谐稳定、人民安居乐业的重要民生问题。自1988年国家进行住房体制改革以来，住房逐步商品化，市场机制导致不同区域间发展不平衡，从而引起城市居民贫富差距逐步显著，居住空间分异逐渐成为普遍现象。

欧美国家的经验表明，居住空间分异容易造成社会阶层隔离，导致社会阶层对立，进而引发贫民窟深化、犯罪率上升等社会问题。考虑到有限的城市建设用地及日渐扩大的社会贫富差距，秉承兼顾公平原则，国内政府逐步通过城市规

作者单位：钱志佳、陈小兵，华东师范大学中国现代城市研究中心。
通讯作者单位：何丹，华东师范大学中国现代城市研究中心。

划、土地出让政策调控房地产市场等手段促进混合居住，如规定开发商高比例配建 90 米²以下小套型住房、商品房需按比例配建保障房等。

欧美国家的混居实践起源于第二次世界大战后。为应对大萧条时期建造的大量低造价公共住房导致的贫困集中、种族隔离等社会分化问题，美国政府在 20 世纪 70 年代中期先后提出 Section 8、Hope VI、MTO 等住房计划，混居模式作为城市更新、公共住房转换的重要手段日益流行（Bohl，2000；de Souza Briggs，1997；Khadduri，2001；von Hoffman，1996）。与美国不同，欧洲混居实践起源于第二次世界大战后的新城建设。第二次世界大战后，为应对住房严重短缺问题，欧洲各国政府建造了大量低造价的社会住宅，后来成为低收入群体聚居的场所。20 世纪 90 年代后期，欧洲开始逐步倡导住房所有权类型多样化的混居政策，将社会融合与城市更新融入其中（Arthurson，2008），如荷兰 1997 年提出的以社会混合为核心的大城市政策（Major City Policy），法国 2003 年启动的以促进社会融合、可持续发展为目标的城市复兴项目（Programme National de Renovation Urbaine）。

目前有关混居模式改变居民社交网络的例子还很少（de Souza Briggs，1997），不同阶层之间并无过多交流（Brophy et al.，1997），所谓的模范效应也并未被发现（Lelévrier，2013）。甚至有学者认为社区内中产阶级的介入会破坏原本紧密的家庭和社区社会网络，盲目地提倡混居会导致社区冲突（Atkinson，2008；Goetz，2002）。但也有个案显示共同的背景能增强邻里交往（Kleit，2005）。同时，鲜有研究表明混居对就业与收入有着积极的影响，混居并不能增加低收入群体就业率和收入（Bolster et al.，2007；Oreopoulos，2003）；仅通过大量混合居住的社会住宅营造不同阶层的社会交流从而推动低收入群体就业是行不通的（Galster et al.，2008）。所谓的"邻里效应"无非是房屋产权所有者自主选择的结果，而非因果关系（van Ham and Manley，2009）；混居模式对邻里声誉并没有明显的提升作用，居民对混居模式的态度也出现分化，低收入群体支持力度最大，其他社会阶层却并不热衷（Biggins and Hassan，1998）。

纵观欧美各国住宅、邻里更新政策，增强混合居住的手段无外乎三种：稀释原有居民、人口多元化、分散贫困人口（Kearns and Mason，2007）。尽管混居政策预期的社会交往和经济效应并没有显现，政府仍不遗余力地推行混居政策（Bolster et al.，2007）。不可否认，西方社会推行混居模式对提高住房质量、疏散贫困人口（Kleinhans，2004）、降低犯罪率（Livingston et al.，2014）起到了很大的作用，居民的安全感和居住满意度大大提升；但在社交网络多元化、提供就业与提高收入及解决种族隔离问题上，混居模式目前仍收效甚微。

20世纪90年代以来，我国城市化浪潮兴起，住房逐步市场化，混居研究也由此兴起。国内学者通过对国外城市居住分异（李志刚和张京祥，2004；李志刚等，2004a；刘晔等，2009；陆超和庞平，2013）和混居政策（刘学良，2010；孙斌栋和刘学良，2010）的研究评述，发现欧美国家普遍采用混居政策来试图缓解贫困集中问题，加强邻里交流，减少社会排斥，增加弱势群体就业机会（孙斌栋和刘学良，2010）。

与此同时，国内学者结合我国社会转型期的国情特点，在城市规划、人文地理、社会学等学科展开讨论，并在分析欧洲高福利国家的住房政策基础上提出我国的保障房建设"大混居小分异"的居住模式（陆超和庞平，2013；罗震宇和秦启文，2009；穆晓燕和王扬，2013；吴莉萍等，2011），强调良好的设计、管理、财政支持及广泛的社会支持是混居成功的关键（单文慧，2001）。目前我国城市居住空间仍是自然社区占主导，但居住同质化、阶层化逐渐突起（徐晓军，2000），单体均质、整体异质的社区空间特征正在形成（吴启焰等，2002），住房市场化和居民居住选择是导致居住分异的主要原因（李志刚等，2004b）；与欧美普遍存在的少数种族聚居和贫民聚居引发犯罪问题不同，我国面临的主要矛盾是贫富差距导致的居住分化问题（吴启焰，2001）。

快速城市化背景之下，国内相关研究进一步发展为微观空间层次上的研究，如大城市社会空间分异实证研究（穆晓燕和王扬，2013）、混居模式可行性分析（田野等，2006）。学者开始尝试对国内不同阶层混合居住利弊进行评价（吴莉萍等，2011），"互惠—多样—混居"的居住模式被提出来，以改善和解决城市低收入阶层的住房问题（魏立华和李志刚，2006）。

总体而言，目前国内学者研究多停留于借鉴欧美混居的经验上，对国内混居的实证研究（尤其在居住小区尺度上）相对缺乏，对于"大混居小分异"混居模式适宜尺度的讨论尚无定论，也鲜有针对国内混居的评价。

综合以上欧美国家和国内混合居住相关研究评述，不由得引发城市规划、城市社会学界的思考：混居能否真正促进社会融合？混居能否改变不同阶层间的社交网络，从而实现促进弱势群体就业的目标？混居对于高收入群体有利还是有弊？因此，本文将在欧美国家和国内混居模式的实践与评价的基础上，选择典型的混合居住小区——绍兴天镜南苑为研究对象，运用问卷调查和半结构式访谈的方法获取一手数据，在居住小区尺度上探讨"大混居小分异"混居模式的特征及其社会效应。

2 研究区概况

2.1 空间布局

本文选择绍兴市越城区天镜南苑为案例。天境南苑地处绍兴城南的二环线以外（图 1），与大型城市公园——名人广场为邻，住户约 1800 户，根据《城市居住区规划设计规范》（2003 年修订版），规模属于居住小区一级，该小区分为东、西两组团，仅以半透的绿化墙相隔（图 2），共享天镜南苑小区外周边配套设施。东、西组团建于 2003~2005 年，由同一开发商开发并由同一家物业公司管理。不同的是，西组团为拆迁安置房，户型面积较小，以多层为主，物业管理费远低于东组团，住户数量较东组团多，为非门禁住区；而东组团属于商品房，以别墅、低层公寓为主，户型面积较大，享有封闭式的物业管理（表 1）。

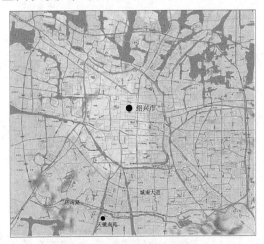

图 1　小区位置示意图

资料来源：http://map.baidu.com/?newmap=1&s=s%26wd%3D%E7%BB%8D%E5%85%B4%E5%B8%82%26c%3D293&from=alamap&tpl=mapcity

图 2　小区的东组团入口（左）、西组团入口（中）和分隔东西组团的绿化墙（右）

资料来源：笔者自摄

表 1　东、西组团特征对比

指标	天镜南苑东组团	天镜南苑西组团
小区性质	商品房	政策性住房
是否为门禁小区	是	否
建筑年代	2005 年	2003 年
总建筑面积	30 000 米²	约 50 000 米²
占地面积	48 000 米²	47 000 米²
容积率	0.625	约 1.064
住宅类型	独立别墅、联体别墅和 4 层为主的低层公寓	4~5 层低层公寓
户型面积	独立别墅 290～350 米²，联体别墅 250 米²，公寓 100～200 米²	58～200 米²，以 100 米² 以下为主力户型
住户数量*	约 400 户	约 1330 户
物业管理费	2.50 元/（米²·月）	0.35 元/（米²·月）
物业公司	绍兴如家物业管理有限公司	
地产开发商	浙江金盾华通房地产开发有限公司	
地理区位	城南二环线外	
街道辖区	绍兴市越城区城南街道南苑社区	
周边公园	名人广场	
所属学区	小学为树人小学，初中为长城中学	

　　*　因西组团大部分拆迁户并未把户籍迁移至该街道，为提高准确性，住户数量根据建筑户数估算

　　本文主要采用随机问卷调查，东组团和西组团各发放问卷 200 份，其中有效问卷东组团 159 份，西组团 169 份。为弥补问卷调查中可能存在的片面性，笔者还对部分居民及工作人员作入户访问式调查。

2.2　居民构成

　　东西组团居民在人口结构和社会经济特征上存在差异（表 2）。两个组团居民居住时间在五年以上的住户均占到一半左右。在年龄结构上，东组团 35～45 岁的中年人占主导，而西组团主要以 35 岁以下的中青年及 45 岁以上的中老年住户为主，有老龄化趋势。与西组团大部分为拆迁住户不同，东组团均为商品房住户。住户流动性上，东组团较西组团稳定，西组团租房比例较东组团高，且外地人员租住车库情况较为普遍。从人均月收入来看，东组团居民相对富裕。职业结构上，东组团非退休居民中以私企老板、企事业单位人员为主，西组团职业级别则相对较低，下岗待业、非稳定工作人员较多。在文化程度上，东组团也高于西组团。

表 2　居民人口结构与社会经济特征对比　　　　　　（单位：%）

指标		天镜南苑东组团	天镜南苑西组团
年龄	25 岁及以下	6.9	6.5
	26～35 岁	23.3	23.7
	36～45 岁	18.9	18.3
	46～59 岁	34.0	30.8
	60 岁及以上	17.0	20.7
房屋来源	购买商品房	96.2	14.8
	购买拆迁安置房	0	58.6
	购买经济适用房	0	11.2
	租房	3.8	15.4
居住时间	1 年以内	3.8	5.9
	1～3 年	14.5	17.2
	3～5 年	32.1	21.3
	5 年以上	49.7	55.6
文化程度	初中及以下	29.6	45.6
	高中／中专	33.3	28.4
	本科／大专	35.2	25.4
	硕士及以上	1.9	0.6
职业类型	政府国企事业单位	22.0	10.7
	文教科研人员	13.8	7.7
	商业／服务业	13.2	14.2
	技术人员	4.4	5.3
	工人	9.4	15.4
	个体经营人员	5.7	8.3
	退休	20.1	34.3
	其他	11.3	4.1
个人月收入	2 000 元以下	8.2	7.7
	2 000～5 000 元	39.0	63.3
	5 000～10 000 元	42.1	21.9
	10 000 元以上	10.7	7.1

资料来源：笔者问卷调查

3 案例研究

3.1 居住满意度

总体而言，满意度（1～5表示满意度由最低到最高）东组团（3.69）稍高于西组团（3.49），通过独立样本 t 检验东西两组团的居民满意度是否存在差异，显著性概率为0.006，说明东组团与西组团居民在小区满意度上存在显著差异。东组团居民在充分考虑区位、环境等因素之上自主选择该处房产，同时门禁所带来的安全感使得满意度较高。而西组团大部分住户属于被动拆迁，但由于经济等原因无力改变现状，同时西组团随意进出的车辆和外来人员及租住车库内的外来务工者也是满意度较低的原因之一。

与东组团单一的商品房源不同，西组团住房结构多元化，以拆迁安置房为主，夹杂部分经济适用房和少量商品房，租房现象较为普遍。西组团内，租房的满意度最高（3.92），其次为购买商品房（3.56）和经济适用房（3.42），拆迁安置房（3.37）最低。使用单因素方差分析检验西组团内不同房屋来源的居民对于住区满意度的差别，显著性概率为0.000，可认为在天镜南苑西组团不同房屋来源的居民满意度有显著差别。究其原因，西组团不少住户属于被动拆迁，但无力购买商品房，只能屈于现状；租房者不少是租车库的外来务工者，低廉的房租支持了其满意度。

交叉表分析（表3）并未得出小区满意度与是否认识对方居民有统计学上的意义。笔者通过居民访谈了解到，东西组团大部分居民对于隔壁组团的存在抱以无所谓的态度，因为平时交流不多，也无利益纷争。

表3 满意度与是否与对面居民有交流的交叉列联表

小区满意度	您是否与对面居民有交流		合计
	否	是	
满意	9	4	13
一般	65	62	127
不满意	83	87	170
非常不满意	4	14	18
合计	161	167	328

资料来源：笔者根据问卷调查整理

3.2 迁居意愿

问卷中东西组团有搬迁意愿的居民所占比例均不高，其中东组团 32.1% 的意向搬迁比例较西组团（25.4%）高。笔者采用二元逻辑回归分析东西组团居民迁居的可能性，以确定对迁居影响最大的因素。家庭生命周期被普遍认为是居住选择的主要影响因子之一，为此笔者选取年龄段作为变量；与此同时，选取文化程度、职业、是否退休、个人月收入作为居民的社会经济特征表征；选取居住小区、房屋来源、居住时间作为住房因子用来解释居民居住空间选择行为；小区满意度、邻里交往则作为情感因子。

回归分析结果（表 4）显示，年龄段、居住时间及与对方组团有交流对东西组团居民迁居意愿均有较为显著的正向影响，但具体而言，影响两组团居民迁居意愿的因素不一而同。

表 4 东西组团居民迁居意愿差别的 logistic 回归系数

		天镜南苑东组团		天镜南苑西组团	
		非标准化系数	标准误差	非标准化系数	标准误差
自变量	年龄段	0.608	0.220***	0.610	0.254**
	文化程度	0.985	0.298***	0.119	0.282
	（虚拟变量）政府国企事业单位人员	0.578	0.484	0.094	0.597
	（虚拟变量）退休	−0.169	0.623	−0.260	0.591
	个人月收入	−0.754	0.277***	0.111	0.277
	（虚拟变量）商品房	0.731	1.162	−0.333	0.546
	居住时间	0.547	0.239**	0.624	0.232***
	（虚拟变量）与对方组团居民有交流	0.693	0.385*	1.703	0.391***
	遇到困难会求助于邻居	0.852	0.426**	−0.227	0.390
	小区满意度	0.341	0.279	0.604	0.331*
	常量	−6.515	1.990	−7.121	1.960
对数可能性（-2 log likelihood）		177.408		179.438	
卡方（自由度）		42.251（10）		54.697（10）	
样本数		159		169	

* $p < 0.1$，** $p < 0.05$，*** $p < 0.01$，p 为显著性水平

注：因变量：搬迁意愿是 =1；自变量：东组团 =1，政府国企事业单位人员 =1，退休 =1，商品房 =1；与对方组团居民有交流 =1；遇到困难会求助于邻居 =1；年龄段：25 岁及以下 =1，26～35 岁 =2，36～45 岁 =3，46～59 岁 =4，60 岁及以上 =5；个人月收入：2000 元以下 =1，2000～5000 元 =2，5000～10000 元 =3，10 000 元以上 =4；文化程度：初中及以下 =1，高中 / 中专 =2，本科 / 大专 =3，硕士及以上 =4；居住时间：1 年以内 =1，1～3 年 =2，3～5 年 =3，5 年以上 =4；小区满意度：非常不满意 =1，不满意 =2，一般 =3，满意 =4，非常满意 =5。

资料来源：笔者根据问卷调查整理

　　情感交流、小区满意度对东西组团居民迁居有不同程度的正向影响，这也从侧面反映了住房市场化背景下，邻里关系逐渐断裂，居民迁居更多地考虑经济等现实问题（魏立华和李志刚，2006）。同时结果表明，工作单位、是否退休及房屋来源对迁居都没有表现出较大的影响。这是因为两组团涉及人群广泛，社会经济特征多样化，一些拆迁户未必属于低收入人群，拥有不只一套拆迁安置房；同时涉及低收入劳动者因工作地转换等原因的搬迁。需要注意的是，退休因子远没有年龄段影响明显。究其原因，由于小区地处郊区，与大型公园为邻，环境优美，不少东组团居民购置房产用于养老，而西组团大部分退休老人多属拆迁户或随子女拆迁，对交通出行需求较低，加之不高的经济水平，迁居意愿较低。

　　结合访谈，笔者发现东西组团居民的搬迁原因截然不同。年龄段、文化程度及个人月收入对东组团居民搬迁意愿有显著的影响，居住时间和遇到困难求助邻居的影响没有前三者强烈；而居住时间、与对方组团居民有交流对西组团搬迁意愿的影响最为强烈，年龄段的影响稍弱一些。绝大部分东组团居民收入较高，许多居民拥有多处房产，并存在搬离的可能性；他们大部分处于中年，正处于事业上升期，对于住房要求逐步提高，而又有足够资本购买新房产。值得注意的是，东组团居民即便搬离东组团，也无意出售房屋。东组团别墅价格不菲，良好的居住环境使得别墅区居民搬迁意愿极低。而西组团的拆迁居民迫于财力有限虽有抱怨但仍选择居住于此，同时也有个别家庭因拆迁致富转手卖掉原先小区选择较高档住区的个案。相比之下，部分有学龄儿童的中青年家庭搬迁意愿较大，有购置学区房的需求。

3.3　社区交往

　　尽管表5显示半数以上的居民会参与居委会组织的活动，但问卷中进一步提出何种活动时，绝大多数居民选择政治活动，即选举投票、人口普查活动。其他文娱、公益等居委会组织的活动东西组团的居民参与度都普遍不高，居委会形同虚设，居民因居委会认识产生交流的几率极小。

表5　居民参加居委会组织的活动　　　　　　　　　　　　　　　（单位：%）

	天镜南苑东组团	天镜南苑西组团
是	53.5	51.5
否	46.5	48.5

资料来源：笔者根据问卷调查整理

东西组团居民均认同邻里交往的重要性，其中均值（1~5 表示重要性由最低到最高）东组团（3.92）略低于西组团（4.08）。但在实际邻里交往中表现明显不同。表 6 中的问题反映交往程度由浅入深。东西组团的居民绝大部分都认识邻居；但西组团居民之间的熟识和信任程度远高于东组团。商品房小区的邻里关系仅限于相互认识，拜访过邻居的居民不足四成，社区交往呈现表面化的特点。原本拆迁安置地块的邻居搬迁至西组团后又成为了邻居，旧住区的邻里关系也就延续到新住区。其中，老年人因闲暇时间较多，在社区交往中最为活跃，交往对象一般为同龄人；而东组团的在职居民则因空余时间较少、自我意识较强，社区交往最弱。

表 6　内部居民的邻居网络　　　　　　　　　　　　　　　　（单位：%）

邻居网络		天镜南苑东组团	天镜南苑西组团
您认识您邻居吗？	是	80.9	97.0
	否	19.1	3.0
您拜访过您邻居吗？	是	34.5	88.7
	否	65.5	11.3
当遇到困难时，您会求助于邻居吗？	是	44.8	52.7
	否	19.5	11.2
	视情况而定	35.7	36.1

资料来源：笔者根据问卷调查整理

笔者进一步通过逻辑回归研究不同特征的居民认识对方组团居民的可能性。结合居民特征，笔者选取性别、年龄段、是否退休、文化程度及个人月收入表征居民特征；鉴于问卷中约 81% 的居民常去名人广场散步，选取是否商品房、居住时间、散步地点作为住房因子；在社区交往方面，笔者将邻里交往重要性、遇到困难是否求助邻居及是否参加居委会活动列入其中。

表 7 显示，居民特征对是否认识对方组团居民没有表现出较大的影响。参加居委会活动对东西组团居民相识有显著的影响，且对西组团作用强于东组团。而名人广场对东组团居民认识西组团居民有较为显著的影响，不少东组团居民通过散步、晨练认识，而这部分人以退休老年人及中年妇女为主。邻里交往重要性的认识、参加居委会活动对西组团居民认识对方组团居民有显著的影响，求助邻居的影响则稍弱一些。在问卷和访谈中，笔者发现散步、锻炼、固有的工作、朋友、老邻居关系是相识的主要方式，但交流大多停留于见面打招呼层面，通过与上层人士交流改变弱势群体的社交网络暂时未能发现。

表7 东西组团居民认识对方组团居民的可能性的 logistic 回归系数

		天镜南苑东组团		天镜南苑西组团	
		非标准化系数	标准误差	非标准化系数	标准误差
自变量	性别	-0.345	0.371	-0.176	0.386
	年龄段	0.232	0.203	-0.391	0.259
	文化程度	-0.051	0.268	-0.109	0.281
	（虚拟变量）退休	0.432	0.602	0.337	0.597
	个人月收入	-0.094	0.256	-0.057	0.278
	（虚拟变量）商品房	1.296	0.979	-0.313	0.549
	居住时间	-0.217	0.239	0.410	0.238*
	（虚拟变量）名人广场	0.691	0.408*	-0.213	0.477
	邻里交往重要性	0.321	0.277	1.065	0.278***
	（虚拟变量）遇到困难会求助于邻居	0.685	0.404*	0.906	0.384**
	参加居委会组织的活动	0.829	0.392**	1.575	0.411***
	常量	-2.725	1.844	-5.543	-5.543
对数可能性（-2 log likelihood）		190.355		176.502	
卡方（自由度）		27.285（11）		56.449（11）	
样本数		159		169	

* $p < 0.1$，** $p < 0.05$，*** $p < 0.01$，p 为显著性水平

注：因变量：认识对方小区居民 =1；自变量：女 =1，退休 =1，商品房 =1，名人广场 =1，遇到困难会求助于邻居 =1，参加居委会组织的活动 =1；年龄段：25 岁及以下 =1，26～35 岁 =2，36～45 岁 =3，46～59 岁 =4，60 岁及以上 =5；文化程度：初中及以下 =1，高中 / 中专 =2，本科 / 大专 =3，硕士及以上 =4；个人月收入：2000 元以下 =1，2000～5000 元 =2，5000～10 000 元 =3，10 000 元以上 =4；居住时间：1 年以内 =1，1～3 年 =2，3～5 年 =3，5 年以上 =4；邻里交往重要性：非常重要 =1，重要 =2，一般 =3，不重要 =4，完全不重要 =5。

资料来源：笔者根据问卷调查整理

同时，小朋友之间的交流仅限于一定范围内的阶层内进行。无论东组团还是西组团，收入较高的家庭会刻意避免自己的小孩与西组团租用车库农民工的小孩玩耍，而在同一幼儿园就学的小朋友家庭经济水平大致相同，交流则在允许范围内。

4 结论与讨论

城市混居模式在不同的发展阶段具有不同的政策内涵，由最初强调的社会经济混合到住房类型多样化再到种族的融合及市场作用下的社会融合。本调查选

择了 10 公顷约 1800 户的天境南苑作为案例来研究混居模式对社会交往的影响。天镜南苑东、西组团在 10 公顷的地理空间上虽是混合居住形态，但是物理阻隔（围墙、门禁等）和社会经济背景的差异在空间上又形成了东西组团互相分异的形态——"大混居小分异"混居模式。这一混居模式在社区交往与社交网络形成上各自独立，并没有促成真正的社会融合。

首先，研究发现"大混居小分异"并没有促进居民间的交往。东西组团之间邻里交往呈现浅层化，名义上的自治组织——居委会并没有成为促进社会融合的组织平台，证明了仅靠政府管理等延伸至居委会的做法无法达成促进不同阶层居民交流的目的。另外，研究发现公共空间（名人广场）成为东、西组团居民（主要是西组团居民）交流的主要空间载体。虽然这部分交流以闲暇较多的老年居民为主，但也再次证明公共空间在社区交往中的重要性，应在居住区规划与建设中予以高度重视。

其次，研究发现"大混居小分异"并没有改善低收入群体的社会经济地位。对于期望部分西组团居民通过从事家政服务受雇于东组团居民的设想，调研发现实现的难度较大。由于居民缺乏日常交流带来的信任感降低了"相互服务"的可能性，绝大多数的家政服务还是依赖于市场。大部分收入较高的家庭出于为学龄儿童考虑会选择购买优质学区的住房，而对于那些低收入家庭只能继续"留守"。此外，东西组团家长会刻意避免自己的学前儿童与收入差距过大家庭的小孩接触。这些表明期望通过下一代"无差别化"的交流提高潜在的社会经济地位这一目标的实现同样存在一定的难度。

再者，研究发现"大混居小分异"部分支持了混居模式会带来物业管理矛盾的结论。这些矛盾主要来源于不同收入阶层对住房质量、环境要求和管理需求的不同。由于天镜南苑东西组团在空间上分组团"大尺度混居"，住户之间的矛盾并没有"小尺度混居"（商品房住户与政策性房住户混居于同一小区内）明显，但是物业管理公司与西组团住户的矛盾仍然存在。西组团曾发生过因只有不足三成的住户交物业管理费而处于数日无人管理的僵持状态。在一定意义上，这会损害同属一家物业管理公司的东组团居民和已交物业管理费的西组团居民的利益，从而降低整个天境南苑居民的归属感。

最后，研究发现"大混居小分异"没有显著地刺激高收入阶层的搬迁意愿。在该模式下，高收入阶层并没有强烈的搬迁意愿，原因并不在于双方交流而带来的归属感，恰恰在于空间上存在一定的"小分异"形成的互不干扰状态。多数研究表明，绝大部分家庭在住房生命周期中对住房要求是逐步提高的。调查同时发现居民潜在的搬迁意愿受学龄儿童择校需求而重新购置优质学区房的影响非常大，这也从侧面说明了公共服务设施均等化对于混居政策推行的重要性。

基于规划设计的混居政策实施是一种政府行为，目的是促进不同收入阶层居民之间的交流。但就本案例的"大混居小分异"的居住模式看来，该模式并没有促进不同收入阶层之间的交流，混居模式有其名而无其实。空间上多大的尺度范围有利于混居？经济上多大的收入差异有利于混居？市场机制引导下，精英阶层因其经济社会资源而拥有优先选择权，如果其居住意愿降低离开混居区域，混居又将如何实现？价高质优的商品房中要求配建政策性住房，对于开发商而言成本骤然提高，潜在收益降低，这又将是一场空间的利益博弈。政府如何兼顾空间资源分配的公平与效率，这将是亟待未来城市管理者思考和解决的问题。

致谢

本研究获得国家自然科学基金面上项目（41471138）、教育部人文社会科学重点研究基地重大项目（11JJDZH007）、教育部哲学社会科学研究重大课题攻关项目（11JZD028）资助。

参考文献

李志刚, 张京祥 . 2004. 调解社会空间分异，实现城市规划对"弱势群体"的关怀——对悉尼 UFP 报告的借鉴 . 国外城市规划, 19（6）: 32-35.

李志刚, 吴缚龙, 刘玉亭 . 2004a. 城市社会空间分异：倡导还是控制 . 城市规划学刊,（6）: 48-52.

李志刚, 吴缚龙, 卢汉龙 . 2004b. 当代我国大都市的社会空间分异——对上海三个社区的实证研究 . 城市规划, 28（6）: 60-67.

刘学良 . 2010. 欧美混合居住政策的效应研究及对我国的启示 . 上海：华东师范大学硕士学位论文 .

刘晔, 李志刚, 吴缚龙 . 2009. 1980 年以来欧美国家应对城市社会分化问题的社会与空间政策述评 . 城市规划学刊,（6）: 72-78.

陆超, 庞平 . 2013. 居住隔离现象的内在机制探索与对策研究——法国大型社会住宅建设对中国大型保障房建设的启示 . 城市规划, 37（6）: 52-56.

罗震宇, 秦启文 . 2009. 城市居住空间分异与群体隔阂——对失地农民城市居住问题与对策的思考 . 城市发展研究, 16（1）: 8-11.

穆晓燕, 王扬 . 2013. 大城市社会空间演化中的同质聚居与社区重构——对北京三个巨型社区的实证研究 . 人文地理,（5）: 24-30.

单文慧 . 2001. 不同收入阶层混合居住模式——价值评判与实施策略 . 城市规划,（2）: 26-29.

孙斌栋, 刘学良 . 2010. 欧洲混合居住政策效应的研究述评及启示 . 国际城市规划, 25（5）: 96-102.

田野, 栗德祥, 毕向阳 . 2006. 不同阶层居民混合居住及其可行性分析 . 建筑学报,（4）: 36-39.

魏立华, 李志刚 . 2006. 中国城市低收入阶层的住房困境及其改善模式 . 上海住宅,（2）: 74-80.

吴莉萍, 黄茜, 周尚意 . 2011. 北京中心城区不同社会阶层混合居住利弊评价——对北太平庄和北新桥两个街道辖区的调查 . 北京社会科学,（3）: 73-78.

吴启焰 . 2001. 大城市居住空间分异研究的理论与实践 . 北京: 科学出版社 .

吴启焰, 张京祥, 朱喜钢, 等 . 2002. 现代中国城市居住空间分异机制的理论研究 . 人文地理, 17（3）: 26-30.

徐晓军 . 2000. 论我国社区的阶层化趋势 . 社会科学,（2）: 52-55, 59.

Arthurson K. 2008. Australian public housing and the diverse histories of social mix. Journal of Urban History, 34（3）: 484-501.

Atkinson R. 2008. European urban policies and the neighbourhood: An overview. Proceedings of the ICE-Urban Design and Planning, 161（3）: 115-122.

Biggins N, Hassan P R. 1998. Northfield Precinct One, a Review of the Social Objectives. Department of Sociology Flinders University of South Australia, Adelaide.

Bohl C C. 2000. New urbanism and the city: Potential applications and implications for distressed inner-city neighborhoods. Housing Policy Debate, 11（4）: 761-801.

Bolster A, Burgess S, Johnston R, et al. 2007. Neighbourhoods, households and income dynamics: A semi-parametric investigation of neighbourhood effects. Journal of Economic Geography, 7（1）: 1-38.

Brophy P C, Smith R N. 1997. Mixed-income housing: Factors for success. Cityscape: 3-31.

de Souza Briggs X. 1997. Moving up versus moving out: Neighborhood effects in housing mobility programs. Housing policy debate, 8（1）: 195-234.

Galster G, Andersson R, Musterd S, et al. 2008. Does neighborhood income mix affect earnings of adults? New evidence from Sweden. Journal of Urban Economics, 63（3）: 858-870.

Goetz E G. 2002. Forced relocation vs voluntary mobility: The effects of dispersal programmes on households. Housing studies, 17（1）: 107-123.

Kearns A, Mason P. 2007. Mixed tenure communities and neighbourhood quality. Housing Studies, 22（5）: 661-691.

Khadduri J. 2001. Deconcentration: What do we mean? What do we want? Cityscape: 69-84.

Kleinhans R. 2004. Social implications of housing diversification in urban renewal: A review of recent literature. Journal of Housing and the Built Environment, 19（4）: 367-390.

Kleit R G. 2005. HOPE VI new communities: Neighborhood relationships in mixed-income housing. Environment and Planning A, 37（8）: 1413-1441.

Lelévrier C. 2013. Social mix neighbourhood policies and social interaction: The experience of newcomers in three new renewal developments in France. Cities, 35: 409-416.

Livingston M, Kearns A, Bannister J. 2014. Neighbourhood structures and crime: The influence of tenure mix and other structural factors upon local crime rates. Housing Studies, 29（1）: 1-25.

Oreopoulos P. 2003. The long-run consequences of living in a poor neighborhood. The Quarterly Journal of Economics: 1533-1575.

van Ham M, Manley D. 2009. The effect of neighbourhood housing tenure mix on labour market outcomes: a longitudinal investigation of neighbourhood effects. Journal of Economic Geography: 17.

von Hoffman A. 1996. High ambitions: The past and future of American low-income housing policy. Housing Policy Debate, 7（3）: 423-446.

Mixing or Segregation: A Case Study on the Scale of Residential Quarter

Qian Zhijia, Chen Xiaobing, He Dan

（The Center for Modern Chinese City Studies, East China Normal University, Shanghai 200062, China）

Abstract Under the background of housing system reform and market economy reform, social stratum and urban residential space are getting increasingly differentiated in China. In view of the demands of social integration, housing mix, which is prevalent in Europe and America, is introduced into China's practice. Through questionnaires and interviews in Tianjingnanyuan, applying logistic regression method, this paper analyzes the residents' satisfaction, desires to move and community contacts, and evaluates the social effects of "large-scale mixing and small-scale segregation" model on the residential quarter scale. The results show that: "large-scale mixing and small-scale segregation" model promotes spatial mix in housing, but the social interaction of residents from different communities remains in surface. Meanwhile, the model fails to improve the social network and economic status of low-income groups, and does not generate the expected effect of social integration.

Keywords large-scale mixing and small-scale segregation; residential quarter scale; social integration; community contact

民工子弟小学学生课余行为空间研究

——以上海市闵行区某民办小学为例

龙丁江　孔　翔　陶印华

摘　要　行为空间是指主体行为在地理空间上的投影，能反映出主体参与社会交流的状况，对于分析不同群体间的社会融入过程具有积极价值。开发区周边是外来民工子弟较为集中的地方，存在不少民工子弟小学，其学生的行为空间状况可能影响到民工子弟融入城市主流社会的路径和能力。本文拟基于对上海市闵行区某民工子弟小学五年级学生课余行为空间的调查，探讨民工子弟课余行为空间的特点及对城市社会融合的影响。研究发现，民工子弟学校学生课余行为空间的范围较小，倾向于内群体的社会交往，虽然能在短期内建构起对城市寄居空间的地方感，但难以真正融入城市。扩大民工子弟的课余行为空间，有助于促进民工子弟外群体的社会交往，进而有利于提高其社会融合。为此，建议为外来民工子女搭建更多与城市儿童互动交流的平台。

关键词　行为空间；社会融合；社交网络；民工子弟学校

1　引言

外来劳务人员的随迁子女教育和社会融合问题一直受到各界的关注（王慧娟，2012），截至2013年年底，全国义务教育阶段的随迁子女达1277万人，2012年年底在上海接受义务教育的随迁子女约为53万人[①]。随着各地相继落实了"两为主"的义务教育政策，随迁子女在公办学校就读的比例明显提高，但是

作者单位：龙丁江，华东师范大学中国现代城市研究中心，海口市城市规划设计研究院；陶印华，华东师范大学城市与区域科学学院。

通讯作者单位：孔翔，华东师范大学中国现代城市研究中心。

① 王浩成.2014.全国义务教育阶段随迁子女达1277万.中国新闻网.http://www.chinanews.com［2014-02-20］.

在教育资源不足的小城市或大城市远郊地区，民办子弟学校的作用仍不可忽视。例如，上海，2012 年仍有超过 13.6 万名随迁子女就读在 157 所专门招收随迁子女的民工子弟小学①。由于缺少与当地儿童共同交流互动的条件，民工子弟学校学生的社会融合问题更值得关注。民工子弟在融入城市过程中的困难有可能造成年青一代抵抗主流社会的心理和行为，有研究显示民工子弟学校学生的校园暴力和越轨等"失范行为"时有发生（熊易寒和杨肖光，2012），"反学校文化"盛行，工子弟学校学生并不愿意接受城市主流价值观（金灿灿等，2009），心理健康水平普遍较低，存在自卑、内向等心理问题；民工子弟学校学生自我意识迷茫，对城市缺乏归属感，缺少自信心与进取心（徐晶晶，2010），他们在新的环境中存在明显的高孤独感、相对剥夺感和不同程度的社会歧视遭遇，身份认同面临危机（袁晓娇等，2009）。虽然上述判断只是抽样分析的结果，但随迁子女所面临社会融合困境可能造成深远的影响却已达成共识。绝大多数相关研究主要从户籍制度、家庭经济状况、城乡文化差异等结构性因素展开，相对忽视日常生活中的随迁子女社会交往的局限，社会交流阻碍，更少从随迁子女日常生活的微观层面进行深入探讨。本文主要结合对上海市闵行区某民工子弟学校学生的日常行为空间研究，初步探讨民工子弟学校学生在日常行为方面面临的社会交往困境，以期对促进随迁子女的社会融合有所裨益。

2 行为空间与社会融合

2.1 社会融合的内涵

芝加哥学派最早开始对社会融合的研究，Park 等认为融合是不同个体或群体"通过共享历史和经验，相互获得对方的记忆、情感、态度，最终整合于共同的文化生活"（Park and Burgess，1924），主要表现为外来族群和主流人群在就业、教育、社会和文化等方面的差异逐渐消减和彼此间社会排斥、歧视逐渐消除的过程（Bolt et al，2010）。国内研究倾向于认为社会融合是一种再社会化过程（田凯，1995），或是"个体和个体之间、不同群体之间或不同文化之间互相配合、互相适应的过程"（任远和邬民乐，2006）。改革开放以来，社会融合则突出表现

---

① 徐运 . 2013. 2012 年沪共有 53.8 万名随迁子女在义务教育阶段学校就读 ［EB/OL］. 东方网 . http：//sh. eastday. com/m/20131025/u1a7733443. html［2013-10-25］.

为外来务工人员在居住、就业、价值观念、行为模式和生活方式等方面逐渐向城市范式变换的现代化过程（张文宏和雷开春，2008；马西恒和童星，2008；王桂新和张得志，2006）。虽然社会融合研究尚未形成统一的测量指标体系（吴缚龙和李志刚，2013），但心理的身份认同感一般被认为是社会融合的主要指标（任远和乔楠，2010；崔岩，2012），而由于身份认同与城市生活满意程度相关，也会影响居民的留居意愿（汪明峰等，2015），因此城市适应和留城意愿也常常成为社会融合的衡量指标。

2.2　社交网络在社会融合中的作用

从社会融合的概念内涵看，社交网络是促进社会融合的重要基础。例如，Seeman 就认为个体借助社会关系或网络与城市社会发生关系，从而形成城市身份认同是社会融合的基础（Seeman，1996）。周皓也认为外来人口通过与本地群体构建起良性的互动交往有助于形成相互的认可（周皓，2012），张广济提出只有融入当地的主流社交网络中，外来群体才能获取正常的经济、政治、公共服务等资源（张广济，2010），这都揭示了社会网络在社会融合中的价值。Tajfel 就曾提出个体会通过自我归类将社交对象分为内群体和外群体（Tajfel and Turner，1979），早期的国外移民由于处在弱势地位，主要会通过内群体的社交网络来融入当地，如在巴黎的温州人（王春光和 Beja，1999）、纽约唐人街（周敏和林闽钢，2004）的移民等都通过乡土性社会关系来逐步适应"异国他乡"的生活。近年来，国内外来务工人员在移居城市的过程中也常借助乡土性的社交网络，较快地适应在异乡的生活。但是，社会融合并不主要取决于强有力的内群体纽带，而是取决于广泛的群际交往，特别是与外群体的个人直接互动对社会融合可能具有更深远的影响（布劳，1991）。因此移民与城市其他群体建立密切接触而不是"形式、表面"的交流，将有助于消除彼此的隔阂，更好地接纳对方（王毅杰和史晓浩，2010），也就是说外群体的交往是外来务工人员融入城市的重要途径（叶鹏飞，2012），它能帮助外来务工人员从本地社会获得的更多情感和社交支持，增强其对所在城市的归属感和身份认同感（黄侦等，2015）。

2.3　行为空间与社交网络

行为空间是指主体行为发生过程在地理空间上的投射，由于人们的行为会不自觉地在空间选择上具有偏好（Rushton，1969），并且个体或群体的行为活动与其心理活动、价值观及社会交往存在密切关系（Chapin，1978），因此行为空间研究能间接反映主体的社会网络状况。例如，主体间行为空间的重合就可能为主体间的交流互动创造了条件，当散步、小憩、驻足、游戏等行为空间能够经常性重叠，便能够为不同群体在日常生活中的交流互动创造条件（盖尔，2002）。就随迁子女而言，已有研究显示，拓展移民儿童的日常行为空间范围不仅能为其提供更好的成长机会（Alexander and Inchley，2005；Page et al，2009），也有助于增强他们认识周边环境的能力（Rissotto and Tonucci，2002），从而更好地与同龄群体、社区服务人员等其他群体建立起社会交往（Spilsbury，2005），随迁子女在日常生活中与谁结伴、在哪里活动、社交活动的频率等也都会影响到其与城市不同群体的交流状况（Greenman and Xie，2008）。因此，对于随迁子女而言，其行为空间的拓展不仅有助于提高其环境感知能力，更可能会扩大其社交网络，从而有助于与其他群体隔阂的消除。相反，行为空间过于狭窄则可能会导致随迁子女难以与所在城市建立广泛的社交和情感联系。因此，结合实地调研，分析随迁子女的行为空间特征及对社会网络的影响，会有助于揭示他们的社会融入状况及面临的难题，进而寻找到解决方案。

3　实地调研和方案设计

3.1　方案设计

对民工子弟学校学生而言，学校之外的活动对社会融合更有意义（栗治强和王毅杰，2014）因此问卷主要调查其课余生活的行为特征，主要涉及：课余活动的时间距离、主要地点、主要同伴、购物活动的主要地点、到访上海市区频率及每周课余休闲频率这六项指标。课余活动的时间距离、活动地点及购物活动地点由近到远分别赋值为 1～4，到访上海市区频率与每周课余休闲频率的由低到高赋值为 1～4，主要同伴的选择由自己一人、家人、周边朋友及上海儿童四个选项依次赋值为 1～4。结合民工子弟学校学生社交网络的特点，通过"平常与上海儿童一起出去玩耍频率"来刻画其外群体社会交往状况，由"平常和身边外地儿童一起出去玩耍频率"来反映内群体社会交往状况，社会交往根据"几乎不""一周一次""两三天一次""每天"的程度分别赋值为 1 ～ 4。社会融合的指标包括"城市适应""留城意愿"和"身份认同",指标具体操作化测量如下:"身份认同",按照"老家人""说不清"和"新上海人"赋值为 1、2、3,其余指标同样采用类似方式设计,社会融合度为三个指标的总和。

3.2 调研对象和过程

研究拟在上海市闵行开发区周边的民办 XX 小学进行随迁子女的行为空间调查,由于开发区周边常常是随迁子女较为密集而教育资源相对不足的地方,民工子弟学校在解决随迁子女入学方面发挥的作用较大。因此本案例可能对许多类似地方的随迁儿童社会融合问题都具有启示与意义。调查于 2015 年 5 月 6 ～ 17 日进行,主要以五年级学生为考察对象,这主要是考虑到五年级这一年龄阶段是随迁子女成长中较为关键的阶段,学生自我意识开始形成,已具有一定的独立的人际交往能力,对社会融合也有一定的意识,并具备正确理解问卷能力,较为符合调查的要求。研究分为两个阶段,第一阶段的预调研主要访谈家长、学生和老师,并随机抽取 30 份样本检验调查问卷。第二阶段是在优化问卷的基础上,以集中填写的方式完成问卷,期间,研究人员对问卷进行介绍和解答,研究共发放问卷 150 份,回收 150 份,其中漏答较多的 10 份,有效问卷为 140 份,回收率93.3%。

4 结果分析

4.1 描述分析

4.1.1 受访者社会属性

由受访者信息显示,在 XX 民办小学(调查)男性人数稍多于女性,受访者的年龄主要在 10 ～ 13 岁,12 岁及以上占比 68.8%,比城市五年级学生的平均年龄(11 岁)偏大。受访者普遍在上海居住时间不短,居住超过 5 年的随迁子女占总数的 51%,但其流动性和转学率较高,在上海搬过两次家以上的随迁子女人数超过 60%,大部分学生的一周零花钱在 10 ～ 30 元,较城市儿童的平均水平明显偏低(表 1)。

表 1　受访者社会属性

项目	属性	比例 /%	项目	属性	比例 /%
性别	男	55.7	现住地居住时间	1 年以内	1.4
	女	44.3		1 ~ 3 年	21.4
年龄	10 岁	1.4		3 ~ 5 年	25
	11 岁	37.1		5 年以上	52.1
	12 岁	47.9	每周零花钱	0 ~ 10 元	27.9
	13 岁	12.9		10 ~ 30 元	49.3
在沪迁居情况	0 次	16.4		30 ~ 80 元	17.1
	1 次	21.4		80 元以上	5
	2 次	35			
	3 次及以上	27.1			

4.1.2　课余行为空间特征

随迁子女的课余行为空间较为狭窄，形式单一，主要在学校和家两个节点之间，尤其是居住地周边，课余休闲行为较少，他们较少进入城市中心，到访上海市区大都一年一次，而其课余活动的时间距离主要在 10 分钟步行时间之内（52.1%），地点局限在小区和家等封闭性的空间；在其购物行为上，随迁子女的主要购物地点集中在街道周边小型超市，碧江广场也是重要的去处。此外，他们主要是以周边儿童或同学为玩伴（65.0%），缺少与上海儿童的交往即外群体交往和父母的陪伴（表 2 ）。

表 2　课余行为空间特征

项目	属性	比例 /%	项目	属性	比例 /%
每周休闲活动频率	没有	34.3	课余活动主要地点	家内	24.3
	1 ~ 3 次	41.4		小区内	47.1
	3 ~ 5 次	17.9		小区周边	13.6
	5 次以上	6.2		更远地方	14.3
到访上海市区频率	一年一次	66.4	日常主要购物地点	周边超市	50.7
	三个月一次	17.1		碧江广场	22.1
	一个月一次	10.7		莘庄广场	10.0
	一周一次	5.7		人民广场	17.1
课余活动时间距离	10 分钟内	52.1	课余活动主要同伴	自己一人	16.4
	10 ~ 30 分钟	23.7		亲戚家人	14.3
	30 ~ 60 分钟	17.1		周边朋友	65.0
	60 分钟以上	6.4		上海儿童	4.3

4.1.3 社会网络特征

民工子弟学校学生与内群体交往密切，由于随迁子女所居住的社区和就读的学校都是以外地人居多，在日常生活中与周边外地同龄人彼此相互熟悉，经常相互交往（表3），因此，他们也普遍感觉适应城市生活（76.4%），也有很高的留居意愿，在未来留在上海的意愿高达82.9%.访谈显示，随迁子女的内部整合较好，在他们的年纪并没有感受到由社会排斥和歧视等所引起的不适，家庭和内群体社会交往为随迁子女提供了亲情和友情的陪伴，让其在寄居的空间拥有"家"的感觉。但民工子弟学校学生尚未形成外群体的社交网络，很少和上海儿童交往的随迁子女占45.0%，有不少随迁子女还未有过与上海儿童交往的经历。在访谈中还得知，随迁子女较少进入博物馆、科技馆、青少年宫、文化活动中心、公园及广场等上海儿童常集聚的城市公共空间，与上海儿童的行为空间重合度较低，因而无法嵌入上海儿童的日常行为空间中，导致其与上海同龄人缺少交流的机会和互信的环境。虽然他们对上海具有归属感，但并不能改变他们身份上的认同，仍有60.7%的随迁子女不认为自己是新上海人，认为自己是新上海人的仅占21.4%。

表3　社会交往与社融合

项目	属性/比例			
内群体社会交往	很少/4.3%	一周一次/16.4%	两三天一次/27.1%	每天/52.1%
外群体社会交往	很少/45.0%	一周一次/27.9%	两三天一次/9.3%	每天/17.9%
城市适应	不适应/4.3%	一般/19.3%	适应/76.4%	
留城意愿	不愿意/5.7%	看情况/11.4%	愿意/82.9%	
身份认同	老家人/60.7%	说不清/17.9%	新上海人/21.4%	

由此可见，民工子弟学校学生主要基于内群体交往，在客居的空间里找到了家的感觉，但是由于日常与上海儿童的行为空间的重合度较低，外群体社会交往较少，大部分的随迁子女依然认为自己属于外来人，随着年龄的增长，他们与城市群体的隔阂可能会因此逐渐地显现，过度依赖内群体交往形成的"家"的感觉和地方认同可能不利于他们在成长过程中对城市的融入。

4.2　相关分析

为更明确随迁子女的行为空间、社会交往与社会融合之间的关系，研究进一步利用SPSS21.0对随迁子女的行为空间与社交网络进行相关性分析。表4分析结果显示，内群体社会交往与大多数随迁子女的课余空间行为变量都呈负向相关，而且与每周休闲活动频率和课余活动主要同伴具有显著的负相关关系，即每周课余休闲频率越多的随迁子女，其内群体交往就会越少，其相关系数为 -0.339。另外，在课余活动同伴的选择上越倾向于外向性同伴，如周边朋友或上海儿童一起进行课余活动，其内群体交往就越少；在外群体社会交往方面与多数的变量都是正向相关，其中与课余活动时间距离、活动地点、活动同伴及休闲频率的正向相关性显著，即课余活动时间距离和活动地点越远，随迁子女的外群体交往可能越多，其相关系数分别为 0.220 和 0.277，主要是由于课余活动范围的扩大，能接触到的城市群体越多，具有更多与本地群体交流和交往的机会，社会交往便更广泛。外群体社会交往和课余活动主要同伴及课余休闲频率都具有正相关性，其相关系数分别为 0.176 和 0.190。

表 4 也反映了内群体社会交往与外群体社会交往之间的关系，由相关分析的结果表明内群体社会交往与外群体社会交往具有显著的负相关，即越是倾向于内群体交往的随迁子女，其外群体社会交往的程度就会越低，进而反映了民工子弟学校学生如果越偏向于内群体社会交往，其外群体社会交往就会越少。

表 4　课余行为空间与社会交往相关分析

	内群体	外群体	到访市区	时间距离	活动地点	购物地点	活动同伴	休闲频率
内群体	1							
外群体	-0.171*	1						
到访上海	-0.024	0.096	1					
时间距离	-0.093	0.220*	0.166*	1				
活动地点	0.045	0.277**	0.025	0.095	1			
购物地点	-0.061	0.086	0.145	0.178*	0.174*	1		
活动同伴	-0.179**	0.176*	-0.020	-0.081	0.239*	-0.085	1	
休闲频率	-0.330*	0.190*	0.059	0.025	-0.182	-0.045	0.107	1

* $p < 0.05$, ** $p < 0.001$

4.3　回归分析

为了进一步分析民工子弟学校学生行为空间特征和社交网络对其社会融合的影响，通过城市适应、留城意愿和身份认同三个指标的总和构建起社会融合度，以社会融合度为因变量，行为空间特征和社会交往 8 个变量为自变量进行回归分析，考察民工子弟学校学生的行为空间特征和社会交往对社会融合的影响，最终得到表 5。结果发现外群体社会交往、课余活动时间距离、休闲频率、活动同伴及活动地点都影响随迁子女的社会融合状况，其调整 R^2 为 0.265。而内群体社会交往、到访上海市区频率和购物地点没有显著地影响其社会融合。

表 5　社会融合影响因素线性回归模型（N=140）

		B	Beta
社交网络	外群体社会交往	1.056*	0.6701
	内群体社会交往	−0.085	−0.063
	课余活动时间距离	0.221*	0.246
	每周休闲活动频率	0.350*	0.214
	到访上海市区频率	−0.043	−0.27
课余行为空间特征	课余活动主要同伴（自己一人 =0）		
	家人	0.288	0.070
	周边朋友	0.546	0.180
	上海儿童	1.375**	0.293
	课余活动主要地点（家内 =0）		
	小区内	0.133	0.046
	小区周边	0.854*	0.207
	更远地方	0.942*	0.213
	日常主要购物地点（周边超市 =0）		
	碧江广场	0.112	0.023
	莘庄广场	0.182	0.018
	人民广场	−0.156	−0.041
	常数	6.769***	
	调整的 R^2	2.65	
	F	9.435***	

* $p < 0.05$；** $p < 0.01$；** $p < 0.001$

在社交网络对社会融合的影响上，通过解释型回归发现外群体交往更有利于随迁子女融入城市社会，回归系数为 1.085，在与上海儿童交流和交往的过程中，有助于随迁子女构建基于本地化的社交网络，积累更多融入城市的社会资本。虽然倾向于内群体社会交往与社会融合具有负向相关，但并不显著。

课余行为空间特征会影响随迁子女的社会融合，课余活动时间距离和每周休闲活动频率都对社会融合具有正向影响，即民工子弟学校学生的课余活动时间距离越远、每周休闲活动频率越多则其社会融合程度越好。这主要是由于扩大和提高随迁子女的课余活动时间距离和每周休闲活动频率，有利于促进随迁子女与本地儿童交流，有助于外群体社会交往，进而对社会融合有积极影响。课余活动主要同伴中（以自己 1 人为参照组）常与上海儿童为同伴的随迁子女要比选择独自一人的随迁子女的社会融合状况要好。在课余活动主要地点中（以自家为参照组），选择周边小区和更远的地方进行课余活动的随迁子女的社会融合要比选择在家的随迁子女要好，回归系数分别为 0.854 和 0.942。

5 结论与启示

结合某民工子弟学校学生的问卷调查和实地访谈，研究发现，民工子弟学校学生的课余行为空间相对狭小、封闭，与城市儿童的行为空间重合度较低，接触到上海城市儿童的机会较少，其社交网络主要是基于内群体的社会交往，但大多数随迁子女适应城市并且具有留在城市的意愿，并没有感觉到社会歧视和排斥所带来的不适，基于内群体的社会网络和家庭亲情让随迁子女在客居的城市内找到了"家"的感觉。但民工子弟小学学生与外群体的社会交往存在困难。在身份认同上主要将自己视为外来人。因此建议关注随迁子女的行为空间，为随迁子女与城市儿童搭建互动交流的平台，优化民工子弟学校及外来民工聚集区周边的儿童娱乐设施、公共空间等社会资源配置，增加随迁子女与城市儿童的行为空间重叠度，同时还要促进民工子弟学校与公办学校间的跨校交流与合作，增强彼此之间的交流互动，最后应该鼓励随迁子女进行跨群体的社会交往。

致谢

本研究受国家自然科学基金项目"开发区建设与地方文化空间的重构"（41271170）资助。

参考文献

布劳 P. 1991. 不平等与异质性. 王春光，谢圣赞译. 北京：中国社会科学出版社.

崔岩. 2012. 流动人口心理层面的社会融入和身份认同问题研究. 社会学研究，（5）：141-160.

盖尔 J. 2002. 交往与空间. 何人可译. 北京：中国建筑工业出版社.

黄侦，黄小兵，包力. 2015. 群体异质性视角下农民工社会融合比较研究. 宏观经济研究，（5）：127-138.

金灿灿，屈智勇，王晓华，等. 2009. 流动和留守儿童吸烟行为的特点和影响因素. 中国特殊教育，（11）：70-74.

栗治强，王毅杰. 2014. 掣肘与鼓励：农民工随迁子女城市社会融合机制研究. 华东理工大学学报（社会科学版），（2）：93-100.

马西恒，童星. 2008. 敦睦他者：城市新移民的社会融合之路——对上海市 Y 社区的个案考察.

学海,（2）: 15-22.

任远, 乔楠. 2010. 城市流动人口社会融合的过程、测量及影响因素. 人口研究,（2）: 11-20.

任远, 邬民乐. 2006. 城市流动人口的社会融合: 文献述评. 人口研究,（3）: 87-94.

田凯. 1995. 关于农民工的城市适应性的调查分析与思考. 社会科学研究,（5）: 90-95.

汪明峰, 程红, 宁越敏. 2015. 上海城中村外来人口的社会融合及其影响因素. 地理学报,（8）: 1243-1255.

王春光, Beja J P, 等. 1999. 温州人在巴黎: 一种独特的社会融入模式. 中国社会科学,（6）: 106-119.

王桂新, 张得志. 2006. 上海外来人口生存状态与社会融合研究. 市场与人口分析,（5）: 1-12.

王慧娟. 2012. 城市流动儿童的社会融合. 重庆理工大学学报（社会科学）,（6）: 61-67.

王毅杰, 史晓浩. 2010. 流动儿童与城市社会融合: 理论与现实. 南京农业大学学报（社会科学版）,（2）: 97-103.

吴缚龙, 李志刚. 2013. 转型中国城市中的社会融合问题. 中国城市研究,（6）: 27-38.

熊易寒, 杨肖光. 2012. 学校类型对农民工子女价值观与行为模式的影响——基于上海的实证研究. 青年研究,（1）: 71-82.

徐晶晶. 2010. 进城务工人员随迁子女心理健康状况的比较研究. 思想理论教育,（10）: 62-68.

叶鹏飞. 2012. 探索农民工城市社会融合之路——基于社会交往"内卷化"的分析. 城市发展研究,（1）: 81-85.

袁晓娇, 等. 2009. 教育安置方式与流动儿童城市适应的关系. 北京师范大学学报（社会科学版）,（5）: 25-32.

张广济. 2010. 生活方式与社会融入关系的社会学解读. 长春工业大学学报（社会科学版）,（3）: 42-44.

张文宏, 雷开春. 2008. 城市新移民社会融合的结构、现状与影响因素分析. 社会学研究,（5）: 117-141.

周皓. 2012. 流动人口社会融合的测量及理论思考. 人口研究,（3）: 27-37.

周敏, 林闽钢. 2004. 族裔资本与美国华人移民社区的转型. 社会学研究,（3）: 36-46.

Alexander L M, Inchley J. 2005. The broader impact of walking to school among adolescents: Seven day accelerometry based study. British Medical Journal, 331（7524）: 1061-1062.

Bolt G A, Özüekren A S, Phillips D. 2010. Linking integration and residential segregation. Journal of Ethnic and Migration Studies,（2）: 169-186.

Chapin F S. 1978. Human Time Allocation in the City. London: Edward Arnold: 13-26.

Greenman E, Xie Y. 2008. Is assimilation theory dead? The effect of assimilation on adolescent wellbeing. Social Science Research,（1）: 109-137.

Page A S, Cooper A R, Griew P. 2009. Independent mobility in relation to weekday and weekend physical activity in children aged 10-11years: The PEACH Project. International Journal of Behavioral Nutrition and Physical Activity,（6）: 12-23.

Park R, Burgess E. 1924. Introduction to the Science of Sociology. Chicago: University of Chicago Press.

Rissotto A, Tonucci F. 2002. Freedom of movement and environmental knowledge in elementary school children. Journal of Environmental Psychology, (22): 65-77.

Rushton G. 1969. Analysis of spatial behavior by revealed space preference. Annals of the Association of American Geographers, (9): 391-400.

Seeman T E. 1996. Socialties and health: The benefits of social integration. Annals of Epidemiology, 6 (5): 442-451.

Spilsbury J C. 2005. We don't really get to go out in the front yard'-children's home range and neighborhood violence. Children's Geographies, (3): 79-99.

Tajfel H, Turner J. 1979. An integrative theory of intergroup conflict. The Social Psychology of Intergroup Relations, (33): 94-109.

Behavior Space of Migrants' Primary School Students in Their Spare Time : A Case Study in a Migrants' Primary School in Minhang , Shanghai

Long Ding-jiang, Kong Xiang , Tao Yin-hua

(The Center for Modern Chinese City Studies, East China Normal University, Shanghai 200062, China)

Abstract Behavior space refers to the geographical scope of behavior, which may reflect the status of specific subject participating in social communication. Therefore the study of behavior space may have a positive value play for analyzing social integration process among different groups. In the surrounding area of development zones, there may be gathering lots of migrants' children and some migrants' primary schools. Behavior space in spare time of students in these schools might influence the integration path and capacity of migrants' children into urban mainstream society. Based on the investigation of students of grade five in a migrants' primary school in Minhang, Shanghai, this research mainly explores the characters of behavior space of migrants' children and its influence on social integration. The study found that the migrant children's behavior space of the after-school activities is on a much smaller scale. Besides, they tend to carry out social interaction within the group, which could construct a sense of place in the short term. However, they have difficulty in truly integrating into the city. Expanding the behavior space of the migrants' children will contribute to their social interaction, and then improve the condition of the social integration. Therefore, it is suggested that more platforms be provided to promote the interaction and communication between migrants' children and host urban children.

Keywords behavior space; social integration; social network; migrants' primary school

20 世纪 60 ~ 70 年代上海
苏北人社区的城乡关系

——基于杨浦区一卷档案的个案分析

张伟然

摘 要 本文是基于一份生活作风错误档案的研究。主人公和主要关系人都是生活在上海东北角纺织工社区的苏北人，内容从 20 世纪 60 年代延续至 70 年代。当时生活在上海东北角的这些苏北人，虽然过着三班倒的工人生活，但在很大程度上还保留着原籍的情感特点。他们聚居而成社区，平常通过亲戚、同乡互相交往。同时，他们与苏北老家保持着异常密切的联系。一到休假就回苏北探亲。主人公甚至还在老家建房，以备退休后回原籍养老。与此相应的是，当时杨浦区残存着一些乡村景观。这种生活环境和情感方式反映了计划经济时代在沪苏北人的普遍情形。本文有助于揭示当时上海相当一部分城市居民的情感特点。

关键词 上海；杨浦区；苏北人；城乡关系；计划经济时代

十余年前，因为一个偶然的机会，我买到一卷"文化大革命"中上海杨浦区某工人的"生活作风错误"档案，稍后又买到该档案的附件。案卷中的材料生成于 1963 年 11 月至 1972 年 9 月；故事从 1966 年 10 月绵延至 1972 年 8 月。其中情节颇为曲折，牵涉的人物为数众多，而大多为 20 世纪 40 年代从苏北移居上海的第一代移民。初读未竟，我发现其中的空间问题很值得关注，遂于 2009 年写了一篇文章专门探讨（张伟然，2009）；同时，深感其中处理问题的方式颇为奇特，本来是一些感情问题，却总是先扯到政治上，然后又是没完没了地斗经济，最后却以不了而了之，于是又写了一篇文章讨论这三者之间的关系（张伟然，

作者单位：张伟然，复旦大学中国历史地理研究所。

2013)。

在研读资料和写作上述文章的过程中，我不止一次去故事发生的现场作实地踏察。40 多年过去，当年的地理景观已明显发生变化，但案卷中主人公当年逗留过的那些路线和地点仍清晰可考。特别令人感慨的是，物非而人是，案卷中社区居民的精神气质与上海其他社区仍有点不同，处处透着相当浓厚的乡土气息。

由此笔者感到，对于这样一个移民社区，城乡关系是一个很有意思的地理学问题。特别在案卷中故事发生的 20 世纪 60～70 年代。因为当时的居民都是刚刚离乡而入城的第一代居民，与故土之间保持着割舍不断的万千联系；他们来到上海，既有一个不断吸收城市文化、逐渐融入城市生活的过程，也为上海这座城市带来了新的文化元素。这种过程带有很强的时代特征。因而案卷中所反映的城乡关系，不仅可以反映 20 世纪 60～70 年代，实际上也是整个计划经济时代的一个缩影。在此从地理景观、人际网络、与老家的联系三个方面加以论述。展开之前，为便于理解，先对故事内容略作交代。出于保护隐私的考虑，具体人名、地名作了一些技术处理。

1 案卷故事梗概

王根生于 1921 年，苏北江都人；1940 年到上海做工，先后服务于多家浴室。事发时在附近一家街道浴室工作。刘美与他住隔壁，是一个大型国棉厂的职工，比他小 3 岁，也是苏北人，丈夫于 1964 年支内。

1966 年 10 月，王根与刘美开始全面来往。1967 年五一节开始幽会。从此一发不可收拾，两人经常幽会。多数在男方家，有时也在女方家。并且常出去玩，看电影，平均每礼拜出去两次。1970 年 6 月，刘美向组织上告发。7 月初，单位给王根办学习班，以王根交一份检讨而结束[①]。

1970 年 10 月，王根、刘美旧情复燃。他们觉得在家里幽会提心吊胆，决定向外拓展空间。他们找到刘美的小姐妹徐丽，趁她上班时借她的房子。徐丽也是苏北人，比刘美小几岁，她自觉得比刘美更好看，于是横刀夺爱，要王根丢掉刘美，跟她好。王根来者不拒，兼容并包。及至徐丽不准他和刘美再去她家，王根选择继续跟刘美好，宁愿艰难地利用各种人脉资源，流动幽会。

---

① （王根）：《检查书》，Ⅰ30，1970.7.5，第 1～5 页。按，此档案系本人私藏，引述格式为：著作者（如果有），篇名，卷次序号，生成时间，页码（各文件单独起算）。

1972 年春节期间，回家过年的刘美丈夫掌握到王根与刘美相好的证据，逼刘美再向组织上揭发。2 月 24 日单位又给王根办学习班，4 月 3 日结束 [1]。

五一节后，刘美又伺机跟王根和好。经过一次双方家庭参与的肢体冲突，8 月初，两人又恢复约会。由于空间资源匮乏，只好又选择在王根家里。但此时他们已经被无数双眼睛盯牢，没出三天，组织上便知道又出了事情。8 月 24 日，单位给王根办第三次学习班，延续至 9 月 8 日结束 [2]。

案卷中的资料到此为止。其中牵涉的人物，包括亲眷、同事，基本上是苏北人，大多数住在附近。显然，这是一个很典型的以苏北人为主体的移民社区。

2　社区当时的地理景观

作为上海东北部一个以纺织为主业的区域，杨浦区的城市化是从南部的黄浦江沿岸向北逐步推进的。1893 年，"熙华德线"正式成为公共租界虹口地区界址，引翔港镇以东南地区（大致从今周家嘴路大连路至平凉路东端一线与黄浦江之间）成为公共租界东区，由此开始了由传统江南水乡的农村景观向现代棉纺织工业区景观的过渡。此后至 20 世纪 40 年代，这一地区的发展日新月异（罗苏文，2011），不仅完全成为市区的一部分，而且还带动了其以北区域的城市化进程。1945 年抗战胜利后，这一地带以北至虬江之间的区域，就成立新市街保甲区，至 1947 年改称新市区。但这一地带的北界（大致沿长阳路一线）长期成为市区与郊区、工业区与农业区的景观分界线。新市区从景观上属于近郊农业区，1949 年有农田 1244.0217 公顷，南部种蔬菜，北部产粮棉（杨浦区地名办公室，1989）。

1949 年以后，这一带的城市化进程进一步加速。不仅扩建、新建并迁入了大量的大中型工厂，而且新建了大量的工人住宅区。1951 ～ 1953 年，就在控江路以北至走马塘之间建成了长白、控江、凤城、鞍山 4 个新村，容纳了沪东各厂的 1 万住户（上海市杨浦区志编纂委员会，1995）。与此同时，道路系统及水、电、煤、卫等市政建设也在同步推进，对很多道路进行了新建、扩建。例如，始筑于 1913 年的宁国路，1952 年因改建原西广线而在其南端新辟宁国南路，将其从杨树浦路延伸至黄浦江，1962 年筑成沥青混凝土路面（杨浦区地名办公室，1989）。杭州路于 1915 年开始填浜筑路，只开通杨树浦港至宁武路一段；1958

---

[1]　（王根）：《谈话》，Ⅰ 23，1972.2.24 ～ 29，第 1 ～ 23 页；王根"交待"，Ⅰ 6，1972.2.1，第 1 ～ 14 页。
[2]　（王根）：《学习班》，Ⅰ 24，1972.8.24 ～ 9.8，第 1 ～ 36 页。

年填没祝家浜辟筑宁武路至隆昌路一段（杨浦区地名办公室，1989）。

虽然告别了以农田、河浜为主的乡村景观，但这一地区的土地利用总体上还停留在一个比较低级的阶段。以厂房、仓储、码头、道路及住宅为主，住宅中存在着大量的棚户区。商店及第三产业用地所占比例很低。其商业"素以小型、分散、低档为特点，新中国成立后虽有新建和调整，但并未根本改变局面"（上海市杨浦区志编纂委员会，1995）。这一状况直到 20 世纪 80 年代以后才逐渐改观。

案卷中主人公的住处在引翔港镇东南，离宁国路、杨树浦路不远，差不多相当于晚清公共租界东区的中间位置。周围道路除辟筑较早的杨树浦路（1869）、兰州路（1891）外，基本上是从 1910 年后开始辟筑，然后在 20～40 年代陆续延伸、增宽，且路面逐渐升级。如南北向的临青路（1911）、松潘路（1911）、宁国路（1913）、眉州路（1913），东西向的平凉路（1902）、海州路（1913）、杭州路（1915）、河间路（1915）等。

主人公居住的小区，建筑杂乱无章，显然原来是一片棚户区。其马路对面，是一片较大的建于 1921 年、1931 年的工人新村，拥挤而且低矮，只有两层楼高。其单位房屋及附近商店，也都只有二三层楼。

填浜筑路，农田改建厂房、仓储、住宅，这种程度的城市化，有点类似于摊大饼。乡村景观逐渐消失，但用地仍比较粗放。长阳路以北，控江路、双阳路边都还有菜田；以南的兰州路河浜边，则仍有一些砖窑。男女主人公在双阳路菜田、控江路菜田都约会过①②。他们约会一般都是先在住处附近约定时间，然后分别离家，到不远的某个地点会合；之后再去到更远的某个地方。相当多情况下，他们就是一起逛逛马路，或坐在菜地、河滨边谈谈。有一次为了避人耳目，他们还渡江到浦东大道的田埂上去谈了半天③。

住在如此低矮的城区，离家不远就能领略到乡野风情，其生活方式显然与在乡村中不可能有本质区别。男女主人公相约走在马路上，要谈话了约在一块菜地或砖窑边，几乎就是他们以前乡村生活的逻辑延伸。

他们的出行方式，基本上以步行为主。男女主人公单位距住处直线距离都只有 500 米，上班通勤步行只需要十几分钟。出门约会（多数情况下须打着走亲戚的旗号），一般也是步行。只有偶尔去远处，如去提篮桥、五角场或更远，才需要利用公共交通。

---

① （王根）：《陈述笔录》，Ⅰ 05，1972.3.17，第 1～2 页。
② （王根）：《谈话》，Ⅰ 23，1972.2.24～29，第 1～23 页；王根"交待"，Ⅰ 6，1972.2.1，第 1～14 页。
③ （王根）：《学习班》，Ⅰ 24，1972.8.24～9.8，第 1～36 页。

3 社区的人际交往网络

案卷中男女主人公双方都有不少亲戚在上海，而且多数住在杨浦区。在办学习班过程中王根多次表示"杨浦区亲眷多"，犯生活错误的事传出去在亲眷间难为情。可见其人际交往中，亲戚是最重要的一种人脉网络。

王根有个姐姐，与他妻子同在一个棉纺厂上班，她家就住在王根上班的路上。他交往很密切的还有一个侄子，住在附近一个棉纺厂的工房。他在上海好像还有两个兄弟或叔伯兄弟，案卷中没有特别说明[①]。他在填表时填社会关系只写他姐姐和妻子的姊妹。1955年的一份登记表中显示，他太太有三个姐妹、一个哥哥[②]。此外，他们在一个棉纺厂有个亲家，平常也偶有交往。

刘美在上海的亲戚也很不少。她有一个姐姐，住在浦东；可能是过江要乘轮渡不太方便，平常来往并不频繁。她有个弟弟，住在控江路一个工人新村，姐弟俩经常来往。此外，她在上海还有好几个亲戚。她姑子，资料中或称老姑子，或称大姑子，应该是她丈夫的姐姐，就住在附近不远。她与大姑子关系很密切，经常去她家。有一次老姑子生孩子，她早上四点半就起来，要王根陪她从宁国路摆渡去浦东洋泾买老母鸡，给老姑子送汤[③]。

对于老姑子，刘美按平辈称呼，但对于老姑子的丈夫，她按小辈的口吻尊称为大姑父。此外她还有个三姑父，以此类推，应该就是她三姑子家。也在上海，但住处不详，平时交往似不多。但有一次她三姑父生病在中山医院住院，她要王根陪她一路走到医院门外[④]。他住处离刘美一家应该不近，想必这是两家平素交往不很密切的一个重要原因。

当然，也有一些亲戚彼此间互不来往。刘美有个亲戚住在同一个弄堂内，彼此间形同陌路。这种情况无论乡村城市都相当常见，在此不提。

除了亲戚，同事也是一种极重要的人脉，而在这一点上，表现出了相当大的男女差异。女性与同事在工作之余交往很密切，可以形成一个情谊很深厚的朋友圈子；而男性与同事之间，除了上班之外几乎没有什么交往。这里面显然包含有同乡的因素。案卷中女性同事之间能成为朋友的，大多有一层同乡的关系；而男

---

① （王根妻子）：《陈述笔录》，Ⅰ15，日期不详（当为1963年11月某日），第1页。
② 《积极份子情况登记表》，Ⅱ05，1955，第1页。
③ （王根）：《陈述笔录》，Ⅰ05，1972.3.17，第1～2页。
④ （王根）：《谈话》，Ⅰ23，1972.2.24～29，第1～23页；王根"交待"，Ⅰ6，1972.2.1，第1～14页。

主人公与同事之间私交较淡，除领导之外看不出来与谁关系特别好，很可能只是普通同事。闲暇时男主人公偶尔也会去同乡家里玩，可见在当时这一社区的人际交往中，地缘比业缘似乎更加重要。

正因为有这样的男女差异，男女主人公在通过人脉以获得空间资源时表现出了极大的不同。那个年代社会控制极严，非婚男女去旅馆开房几乎是一件不可能之事。男女主人公各自有家庭，他们一般性出去玩玩可以在马路上、餐馆里、电影院、公园、河边、菜地、田埂上解决，但如果要幽会，就非得有一个私密空间不可。唯一的办法就是向亲戚朋友求助。案卷中通过女性的人脉借到的私密空间，无一例外都是通过同事。刘美多次想带王根去她弟弟家，都被王根断然拒绝。而每次去她同事家，王根便欢喜雀跃，哪怕只是去一般性白相相。

而男性要找私密空间，就只好通过亲戚，不能依靠同事。刘美的弟弟曾带人到刘美家，不然他就只好转战公共厕所。王根在杨浦区亲戚不少，能方便借房间的只有他侄子。曾给王根、刘美提供方便的徐丽其实与王根有亲戚关系，沾有表姊妹的亲，但平素不太来往。王、刘去徐家纯粹是因为刘美的关系。刘、徐既曾同事，又是同乡。

通过人脉获取的空间资源，其总量无疑相当有限。每办一次学习班，暴露出一批地点；那些地点一经暴露，之后就不能再去。一去必被捉。第一次办学习班之前，王根、刘美主要是在双方家里；之后，在家里就很不方便。一度他们利用隔壁之便，在墙上打个洞互相来往，但也未能做到可持续发展，只好向外寻求资源。两次学习班办过之后，男女主人公所有的人脉资源消耗殆尽①。这可以说是那个时代特有的一个社会现象。

4 与苏北老家的联系

案卷中男女主人公及其同龄人从小生长于苏北老家，青少年以后才到上海务工，1949 年以后由于体制变化，从此成了城里人。但在乡下老家，往往还有亲戚，因此少不了经常来往。

这种来往，不可避免地附带着一些经济联系。一般而言，进城以后的男女，对乡下亲戚都会有一些接济，特别是当碰到生病、送终等人生大事。

王根的重点扶助对象是他姐姐。他 21 岁来到上海，之前在家种田。他从小

---

① （王根）：《学习班》，I 24，1972.8.24～9.8，第 1～36 页。

由姐姐带大，因此他对姐姐多有回报。平时寄钱不算，1960 年 12 月他姐姐有病，曾把她接到上海来住院 40 天，用去 200 多元，这些钱都是王根负责。当时王根在南市区一家浴室工作，他看见浴客有一件绒线衣忘在柜子里没有拿走，他居然拿起来送给他姐姐。为此在"四清"运动中作了退赔，并调到杨浦区来工作。他姐姐出院后在他家又住了十多天，当时正值三年大饥荒，粮食困难；他妻子对此有意见，夫妻间大吵，闹到派出所才解决[①]。就在 1960 年，他姐夫去世，他又花掉一大笔钱，并且回乡去了一趟。1962 年 1 月他姐姐去世，他花了 100 多元。之后他每月给他乡下两个外甥子寄 5 元钱，到 1964 年才停止[②]。

刘美则主要须照顾她乡下的母亲。本来按照传统习惯，作为出嫁女，她无须负责父母的养老送终，但显然是因为她已经进城工作，自己有一份工资收入，她对母亲承担了似乎比弟弟更多的责任。1971 年春夏之交，她母亲病重，为了准备后事，她弟弟找她要钱。为此她向王根要了 15 元。国庆节前，还是为此事，她兄弟吊住她要钱，她又问王根要了 20 元。11 月份，她老家打电报通知她，她母亲去世；她回去奔丧，又用掉六七十元。前后三次，她一共用掉 100 多元，与王根为他姐姐去世而补贴的费用大体相当。显然，她弟弟不可能也补贴这么多费用[③④]。

除了碰上这些人生大关节，平时有了闲暇，进城后的男女也会到乡下老家去走亲戚。事实上，这已成为这些"新上海人"的一种休闲方式。1970 年 7 月第一次办学习班时，王根就提到他曾在 2 月份到乡下去玩过。这种玩当然不可能空着手，总会伴随着一些经济活动。案卷中较常见的是，主人公从乡下回城时总会带一些时鲜的土特产。

由于城乡价格存在差异，在那个物资匮乏的年代，这些土特产很容易成为这些回乡客的赢利手段。1962 年，王根一次回乡时，看见乡下蟹便宜，便买了十几斤带到上海。本来准备自家享用，后来看到上海价钱大，他叫小孩子拿到五角场卖掉，共卖到 48 元，从中获利 20 多元。同样是那一年，他回乡时，堂房侄子送他 16 斤半甲鱼，拎到上海后，他又叫儿子拎到五角场去卖，每斤 2.50 元，共得 41.25 元[⑤]。

---

① （两位邻居）：《陈述笔录》，Ⅰ14，1963.11.18，第 1 页。
② （王根）：《谈话笔录》，Ⅰ02，1964.6.26，第 1 页。
③ （王根）：《陈述笔录》，Ⅰ05，1972.3.17，第 1～2 页。
④ （王根）：《谈话》，Ⅰ23，1972.2.24～29，第 1～23 页；王根"交待"，Ⅰ6，1972.2.1，第 1～14 页。
⑤ （王根）：《四清交代》，Ⅰ07，1964.1.21，第 1 页；《摘录王定荣"五反"定案材料》，Ⅰ34，1965. 10.27 定案，1971.2.23 摘录，第 2 页。

当然，更多情况下，回乡时带回来的土特产还是用于改善生活。1966 年，王根回老家带了一些虾子回上海，除了自用，他妻子还盛了一碗送给刘美[①]。1971 年，刘美还乡为母奔丧，回上海时也不忘带一些鱼肉。显然，这种情况是经常、甚至每次都会发生的。

既然有如此频繁的经济和人情往来，老家的亲戚自然也就成为这些进城男女人际交往网络的一部分。1972 年 5 月，当王根和刘美两家的关系陷入僵局，刘美的妹妹在老家听说两家闹得不成样子，她专程跑到上海来做调解。她劝王根，两个人都是要见孙子的人了，又都是家门口邻居，她建议两家"交交思想，叫叫开"，就此"从〔重〕新做人"[②]。经过这一调解，王根这才回心转意，与刘美重归于好。

这些人脉，加上对老家环境的熟悉，很自然地让这些进城男女将老家当做应急的避风港。王根和刘美在交往过程中，一种不可避免的担心就是刘美意外怀孕。但刘美对此毫不在意。她给王根宽心说，如果怀了孕，她到乡下去一次就行[③]。这一思路，从技术角度看未必最为合理，但充分反映了主人公从心理上对故土的信任。

以上所述种种，其实还不算最重要。一个堪称核心的问题是，在当时社会环境下，举国上下都以为中国的根在农村。尽管当时工农业价格的"剪刀差"政策对农村地区很不公平，但从理论概念上，农村地区并没有被抛弃。它总是充当着城市的大后方的角色。因而，当城市里待业人口过剩，多到无法容纳时，就有了一个知识青年上山下乡运动。案卷中很多家庭的孩子都赶上了这场运动，其中有些家庭下乡的还不止一个两个。其中特别值得注意的是，王根的二儿子于 1968 年选择了回乡插队，又名投亲[④]。

毫无疑问，在这些进城男女的心灵深处，乡土里深埋着他们拔不出来的根。

正因为秉持这一观念，王根于 1970 年上半年在老家造房子，准备用于退休后安居。他多次在约会中对刘美说，退休后要回乡，希望刘美跟他一起去。他甚至对刘美描绘出这样一幅美妙愿景：如果刘美丈夫跟她吵，那就离婚，他也有办法跟妻子离婚，然后他和刘美就可以结婚，"一起到乡下去过，那就快活了"。

毋庸赘言，在王根心目中，老家才是他最后的归宿。

不知道当时有多少人怀着这样的人生目标，偏偏案卷中男主人公便如此。为

---

① （王根）：《学习班》，Ⅰ 29，1970.7.2～3，第 1～2 页。
② （王根）：《学习班》，Ⅰ 22，1972.8.25，第 3 页。
③ （王根）：《谈话》，Ⅰ 21，1972.2.28，第 1 页。
④ （王根）：《陈述笔录》，Ⅰ 05，1972.3.17，第 1～2 页。

此他付出了巨大的代价，包括金钱和时间。以致在办学习班过程中，单位同事多次就经济问题跟他清算，有位同事说他造房子花了 2000～3000 元，他自己承认只花了 1600 元[①]。即便如此，以他每月 60 元的工资，1600 元在当时也堪称巨款了。

回看这之后几十年的发展和变化，不能不令人感慨万千，恍如隔世。

5 结论与讨论

在中国这样一个自古以农立国的文化传统中，城乡关系是一个十分深刻而又内涵丰富的话题。本文虽然是个案研究，但由于男女主人公都是普通工人，不具有任何特殊性，因而，他们的观念和行为中所透露出的城乡关系应该具有相当广泛的代表性。至少，那个年代由乡村入城的第一代移民对于城乡关系的理解与他们是差不多的。

据推算，以今杨浦区的地域范围，1900 年区境租界部分人口约 3.5 万，加上境内原有居民，区境人口约为 4 万。1949 年，区境内人口已达 45 万余；50 年内，人口增加 10 倍，其中多数为江、浙、皖等省的破产农民。1946 年上海市政府对榆林、杨树浦两区的统计表明，其外地籍人口分别占 88.6% 和 91.3%；而 1950 年的统计数字显示，两区外地籍人口均占 90% 以上（上海市杨浦区志编纂委员会，1995）。这一社会群体不可谓不庞大。

本文所据案卷反映的是 20 世纪 60～70 年代，但城乡关系的走向深受国家宏观经济政策的影响，在 80 年代以前，该社区样貌应该一直变化无多，除了人口在缓慢膨胀。事实上，就地理景观来说，以笔者观察所及，及至 90 年代中叶以后，随着杨浦大桥的开通，一片接一片的高楼拔地而起，这一社区的房屋、道路及各种设施才逐渐出现根本性的改观。就是说，经过改革开放十多年的发展，这一社区的地理景观才由较初级的产业工业区景观，逐渐升级为成分更丰富、产业更多元的城市景观。

也正是经过改革开放后的这一段发展，特别是受到住房改革的冲击，农村从各个方面遭到城市抛弃，住在这种社区里的居民才逐渐放弃归老乡下田园的想法。

笔者在考察中看到，主人公所在的老棚户区正在逐渐得到改造。男女主人公

---

① （单位）：《全体小组帮助》，Ⅰ23，1972.9.6，第 37 页。

两家所住的房屋均已加高为三层，外立面涂着水泥。巷道里黄发垂髫怡然自乐，也许正在等待拆迁。

可以说，改革开放，改变了中国数千年的文化走向。

参考文献

罗苏文. 2011. 高郎桥纪事：近代上海一个棉纺织工业区的兴起与终结. 上海：上海人民出版社.

上海市杨浦区志编纂委员会. 1995. 杨浦区志. 上海：上海社会科学院出版社.

杨浦区地名办公室. 1989. 杨浦区地名志. 上海：学林出版社.

张伟然. 2009. 40 年前的"生活作风错误"案卷：上海城市地理中的人脉与资源. 时代周报·人文地理，C08.

张伟然. 2013. 私情·经济·政治——计划经济时代一卷"生活错误"档案的解读 // 王奇生. 新史学. 北京. 中华书局.

The Relationship between Urban and Rural Areas of the Community of North-Jiangsu People in Shanghai from 1960s to 1970s：Case Analysis based on a Volume File of Yangpu District

Zhang Weiran

（Institute of Chinese Historical Geography，Fudan University，Shanghai 200433，China）

Abstract This study is based on archives about private life. The protagonist and major characters came from north-Jiangsu ，who lived in the textile industry community of the northeast aera of Shanghai，from 1960s to 1970s. It is impressive that north-Jiangsu people who lived a life as worker's schedule on three shifts，however，in a large part，still maintained the traditional emotion feature of hometown. They were hiving together and developed into communities，always contacted with relatives and fellow townsman. Meanwhile，they keep a rather close contact to their hometown and visit their relatives as long as they have a vocation. The protagonist even built a house in hometown for his residence after retirement. Meanwhile, there were many country landscape remained in northeast Shanghai, included some vegetable plots. These living surrounds and emotional behaviors should reflected a general life of north-Jiangsu people in Shanghai during Planned Economy period. Given the fact that population of north-Jiangsu people has reached several million at that time, this paper will help to demonstrate the emotion feature of a considerable amount of citizens in Shanghai.

Keywords　Shanghai; Yangpu district; people from North Jiangsu; relationship between urban and country; planned economy period

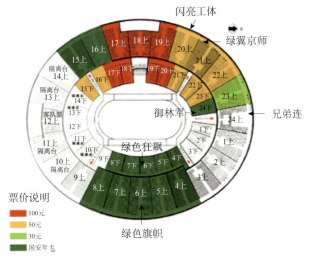

图 2　国安球迷的空间区隔

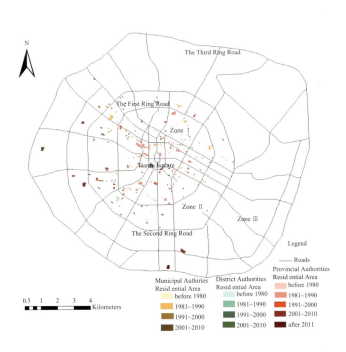

Figure 1　The distribution of the government agencies resident areas in different time